国家社科基金
后期资助项目
GUOJIA SHEKE JIJIN HOUQI ZIZHU XIANGMU

转型期村庄
集体资源的合作治理

Cooperative Governance of
Rural Commons in the Transition Period

周怀峰 著

社会科学文献出版社
SOCIAL SCIENCES ACADEMIC PRESS (CHINA)

国家社科基金后期资助项目
出版说明

后期资助项目是国家社科基金设立的一类重要项目，旨在鼓励广大社科研究者潜心治学，支持基础研究多出优秀成果。它是经过严格评审，从接近完成的科研成果中遴选立项的。为扩大后期资助项目的影响，更好地推动学术发展，促进成果转化，全国哲学社会科学工作办公室按照"统一设计、统一标识、统一版式、形成系列"的总体要求，组织出版国家社科基金后期资助项目成果。

全国哲学社会科学工作办公室

本书《转型期村庄集体资源的合作治理》是国家社科基金后期资助项目"合作视野下的转型期村庄集体资源治理"（项目编号：16FSH004）的最终成果。

目　录

第一章　导论：转型期村庄集体资源的
治理之道

转型期自然村集体资源的治理一直未得到足够的重视。其实，很多村庄集体共享资源①，如村庄内部道路、小水利设施、休闲设施、村民的互助基金乃至一些群体灾难救助服务等等，是一个典型的市场、政府和第三方志愿机制（非资源使用者的个人、团体或非政府组织等外部捐赠）等外部力量都不愿意介入或难以有效介入的领域。按照传统的主流经济学理论，市场失灵的领域政府就应介入。新兴的志愿机制理论则认为，在市场和政府都失灵的领域，作为非资源使用者的第三方，志愿机制也可以起到资源配置的作用。但对不少村庄集体资源而言，一是由于无利可图，市场将这些资源配置排除在外；二是基于政绩考核或财政拮据等原因，基层政府也不愿意涉足其中；三是不少村庄由于地处偏僻，信息闭塞甚至"空心化"，外部的个人、团体和非政府组织极少志愿涉足，志愿机制也失灵。由此，很多村庄集体资源就成了市场、基层政府和志愿机制都不愿涉足的领域。对于市场、政府和志愿机制等外部力量都不愿涉足的村庄集体资源怎样治理？究竟是等待外部力量还是通过内部集体合作治理？这是村庄集体资源使用者乃至基层乡村社会治理无法回避的现实问题。

第一节　研究问题和研究目的

一　研究的问题

本书考察的是华南地区一个与城镇逐渐融合的客家人聚居村庄②，

---

① 本书研究的村庄指的是自然村而非行政村。我国农村的自然村与行政村的关系大致有三种情况：一是自然村边界大于行政村，一个自然村包括不止一个行政村；二是自然村与行政村边界相同，一个自然村就是一个行政村；三是自然村小于行政村，多个自然村组成一个行政村，这种情况最多。本书中的自然村是指第三种情况。

② 遵照学术惯例，本书对相关的地名进行了技术处理。

村民何以能长期合作，共同解决一个市场、政府和志愿机制都不愿意涉足的领域——村民信贷资金需求问题。在此基础上，深入探究组织者事先对村民的利益输送怎样引导村民合作并转化为治理能力问题。在坎村，通过村民的集体合作，形成互助基金集体资源，把村民对信贷资金的需求问题转化为一个集体资源的治理问题，有信贷需求的村民可以从互助基金得到贷款，成功地解决了市场、政府和志愿机制等外部机制都不愿意涉足的村民信贷资金需求问题。然后，以互助基金集体资源的治理为基础，成立长期合作治理的组织——互助基金会，把对互助基金的治理扩展到村庄其他集体资源的治理。

笔者非常感兴趣的是，坎村是怎样治理市场、政府和志愿机制都失灵的村庄集体资源的。笔者准备从以下几个方面来切入研究：（1）为什么客家人聚居的坎村能在传统血缘伦理的基础上发展出多种类型的合作并对上述这类集体资源进行有效治理？（2）按照主流的产权理论，集体资源往往陷入"公地悲剧"或被代理人掏空，但为什么坎村的集体资源能有效避免"公地悲剧"、委托代理或合约失灵问题，并取得很好的绩效？（3）按照新制度主义的自主治理理论，规模较小的、流动性少的传统社会团体更容易达成集体合作治理共享资源，但为什么成员流动性较大的坎村也能取得成功？（4）虽然一些村庄也能够发起合作治理的集体行动，但多数很快就解散，而为什么坎村能够维持至今20多年？理论与实践的反差、成功和失败的鲜明对比为本书的研究提供了真实的素材。

其实，世界偏僻角落的事件也可以说明有关社会生活组织的中心问题。笔者在长期驻村的亲身体验和对互助基金会长期实地调查的基础上，围绕着上述问题，从多学科交叉的视角，分析市场、政府和志愿机制都失灵的村庄集体资源是如何得到治理的，着重探讨坎村合作的基础和合作的演化，以及村庄集体合作的组织发动和维持长期合作的机制，并对个体参与合作治理的动机作出多学科的解释，探究资源共有者或使用者群体在何种条件下更容易集体合作和自我管理、监督并遵守集体制定的规则。这就在一定程度上回答了前述问题。

二　研究目的

本书属于探究性的个案研究，是在事先构建分析框架，但尚无理论假设的基础上，通过对案例提供的数据资料进行归纳、总结与分析，在已有分析框架内对案例中的现象进行解释，并在此基础上提出相应的理论假说，目的是形成对村庄合作治理集体资源这一类现象的较为深入、详细和全面的认识以增加新的学科知识。探究的目的有两个：一是通过个案描述和分析，尝试回答组织者对村民的资源和利益输送怎样转变为村庄的治理能力问题，为党和政府怎样把目前对农村的资源和利益输送转变为基层治理能力，从而在乡村振兴新的历史时期为推动乡村治理现代化提供参考；二是揭示新时期对村庄集体资源合作治理有重大影响但易被流行的量化实证研究遮蔽和排除掉的随机因素，形成有待进一步研究来检验的初步命题假设。

笔者还希望通过对坎村长期合作治理市场、政府和志愿机制都失灵的集体资源进行探索性研究，提炼出这个村庄长期合作治理的机制、模式以及实现路径，期望研究结论能为市场、政府和志愿机制失灵的村庄集体资源治理提供新的视角，也期望能为当下的村庄社会治理机制创新提供新思维。

第二节　研究价值

首先，本研究期望能为村庄社会中市场、政府和志愿机制等外部力量都不愿意介入的集体物品治理提供新思路。村庄存在大量的市场、政府和志愿机制都失灵的领域。村民的集体共享资源由政府治理还是由市场治理，或者说由志愿者治理（如慈善机构等非政府组织）还是由使用者集体合作治理，说到底是政府、市场、社会组织和社群（群体）的分工问题，政府应当确定自己的权力边界，市场能处理的交给市场，社会组织能够处理的就交给社会组织，社群能自理的交给社群，各自不要干涉和越界。依国内外经验，村民牵头发起并自觉维系的集体合作治理模式能够较好地解决村庄小型集体共享资源供给和维持问题，是一种值得总结经验的制度安排。20世纪中叶发展起来的集体行动理论、产权理论和公共资源理论强调了集体行为的困难，通常认为集体物品的市场失灵必须由政府替代或重新界定产权，失灵是政府介入和集体物品私有化的理论依据。这是一种非此即彼的思维，而没有给介于其中的内部自组织和外部志愿机制留下空间。越来越多的经济学家认识到，政府本身也是"经济人"，更是一个特殊的利益群体，不是完全为公众利益服务的。虽然在公共品供给上，没有政府办不成的事，但政府介入又有很多麻烦，除了公共决策失误和政府机构趁机扩张外，还存在扭曲性税收带来的成本和权力寻租的成本，而且供给效率较低。但私有化也不是万能的，很多集体共享资源私有化之后就失去了共享的本性（如林地私有化）或者这种资源因私有化而消失得更快。因此，"利维坦和私有化，都不是解决公共池塘资源（集体共享资源）的灵丹妙药"（奥斯特罗姆，2012）。而作为弥补市场和政府作用发挥不足的机制同样也存在失灵问题，主要包括社会因素发展程度的不一、营利动机的驱动、责任监督的困境、自我发展能力的不足、道德约束的失范等方面造成的供给失效。志愿机制也不是解决问题的最终办法，而资源使用者的社群内部合作有时却能解决市场、政府和志愿机制都无法解决的问题，主要在于资源使用者拥有其他成员的行为、能力和需求的关键信息，社群内部成员可以利用这些信息维持群体规范，同时通过这些信息选择有效的制度安排以避免道德风险和逆向选择问题。其实，一个有效的国家经济体制，不能只是市场、政府和志愿机制的组合，还应该包括社群，四种力量在各自不同的领域发挥不同的作用，互不矛盾。即使是公共物品，也可根据不同的种类，由政府、市场（私人）、志愿机制和社群集体合作提供。

对转型期村庄集体资源而言，其供给面临如下难解的问题。第一，由于广大农村自然村的分散性以及村庄公共品的小型化或分散化等特点，考虑到现行财政制度下的基层政府（特别是落后地区）财政能力有限，基层政府无力大规模治理村庄的集体共享资源，村庄集体资源的供给问题大多需要依靠自然村村民（社群）的合作来解决。第二，即使基层政府有能力治理，不向农民收费，但由政府本身或者政府的代理人（官员）的经济人特性和村庄集体共享资源的特点决定了即使政府治理也可能面临寻租活动、信息成本和技术困境等难题。如果由政府向农民收费来治理，则可能导致"搭车收费"以及执行效率低带来的资金浪费，损害农民的福利。第三，市场不愿意介入或者无法介入，因为即使市场介入，市场机制实现村庄集体物品供给也存在两个方面问题：一是消费者不承认受益而不肯付费，二是承认受益但就是不肯付费。这样，还是无法摆脱困境，即在有些条件下，"需要人们提供某些重要的公益服务，但却没有人愿意提供这种服务，即使提供了，也不会自然地得到报酬"（穆勒，1991）。第四，志愿机制的第三方固有的缺陷和村庄集体共享资源的特点决定了其本身也无法对村庄共享资源进行有效配置。

因此，在政府、市场和志愿机制都失灵的情况下，探索资源使用者合作治理的道路利于解决目前村庄集体资源治理的难题，而使用者集体合作治理打破了单一的政府或市场治理思维，也打破了依靠第三方志愿机制治理市场和政府失灵领域的迷思，跳出了诸如传统上的公共与私人、国家与市场、市场与计划、政府与社会、政府组织与非政府组织等非此即彼的两分法思维方式，构建一种集体资源合作治理的整体性思维框架，为集体资源治理提供了第四种参考方案，也是探索村庄集体资源治理模式变迁的新路径。

其次，为乡村振兴背景下的村民自治提供经验借鉴并为基层社会管理机制创新提供新思维。村民自治必须首先唤醒村民在公共领域的公民精神、自治精神和公共精神，从被动接受向主动参与转变，从依赖他者到成为主动者转变。20世纪80年代后期开始的村民自治这种草根民主到目前发展不尽如人意甚至走样的一个主要原因在于村民的自治精神和公共精神普遍缺乏。对于村民自治的研究，目前学者对于民主的关注多于对自治的关注。在学术研究上的表现就是对村民选举和基层选举投入较多热情，而对于村庄集体共享资源的自我管理、自我服务、自我监督则没那么多的关注。其实，在现行体制下，现阶段村民自治研究的重点可能应该是先解决民生问题，重中之重应该是村民能否通过集体合作治理来解决村庄集体共享资源的供给，即在没有外部力量的条件下，村民群体能否通过集体合作来解决共享资源供给和维护、资源使用规范的提供以及使用中冲突的解决和处理等问题。如果村民集体合作治理力所能及的集体资源，从治理的共同意识开始，再到组织和发动等阶段，村民都直接参与，他们了解合作的权利和义务以及应该遵守的规范，在集体合作的过程中培育参与公共事务的行为准则规范，培养村民"自主、参与、平等"的集体合作治理意识，就能够唤醒自治精神和公共精神。这恰恰也是进一步完善村民自治制度、创新基层社会管理机制和全面推进乡村振兴的应有之义。

　　总之，市场、政府和志愿机制都失灵的村庄集体资源怎样治理是一个值得研究的主题，而村民通过集体合作达成共享资源的治理则为市场、政府和志愿机制都失灵的资源配置提供了一条很好的参考思路。因为无论是在日常生活还是在其他社会经济领域，都存在市场、政府和志愿机制都失灵的领域，都面临着集体合作治理的需求；无论是合伙制还是现代科层制公司内部的运作和管理或者集体共享资源的提供与治理等等，处处都充满着集体合作选择问题。通过集体合作的内部治理是社会经济的另一面，是解决市场、政府和志愿机制都失灵领域资源配置的另一种方法，但这恰恰是强调竞争为主导的主流经济学常常忽略的。

第三节　研究方法

　　研究者使用的分析方法不仅影响其观察问题的角度，而且在很大程度上还决定了研究的结论。集体合作治理问题的研究需要运用跨学科的方法，不能纯粹使用经济学的方法，况且，即使是纯粹的经济问题研究也需要运用跨学科的方法。

一　总体方法

　　第一，坚持个人主义和理性人假设的经济学方法论。对合作和参与集体行动的任何解释都必须建立在对个体行动者的动机进行分析的基础上。恰当地说，有待解释的问题就是集体行动中的个人参与问题，即合作而非不合作的策略中的个人选择问题。没有必要花精力去解释集体行动给群体带来的好处或其成功之处，在解释集体行动方面，群体理性是无济于事的，只有从方法论的个人主义出发，才能解释人们为什么合作和参与集体行动。研究各种复杂的社会现象，必须深入个体，只有回到个体才能解释社会现象的结构和变化，回避个人主义和理性人假设，集体合作的理论将缺少方法论的支持。个人主义和理性人假设都采用成本—收益的经济学方法，是分析个人行为的基石，虽然理性人假设忽略人的公共精神、文化传统和意识形态等因素，也没有否认理性人可以做出各种利他行为，但很明显，只有使用理性人假设，才能够为分析个人的微观行为提供基础，并与方法论的个人主义相互支持，才能得到前后逻辑一致的结论。如果设想人人都非理性地行动，在逻辑上就缺乏一致性。

第二，借鉴社会规范分析和社会网络分析方法。这两种方法与理性选择研究方法形成鲜明的对比。理性选择理论的集体合作遵循经济效率的逻辑，而社会规范理论则认为行动者必须采取社会规范的正当行为，行动应该遵循合规的逻辑；社会网络理论则进一步认为理性决策是嵌入互动关系的社会网络中的，受到具体社会情境的制约。人是具体社会情境中的人，人的行为受社会情境的影响，但又不是完全由社会情境所决定。个人主义和理性人在社会规范和社会网络的情境下，究竟发生什么变异，具体社会情境下的非理性行为怎么解读？虽然社会规范和社会网络制约着人们的选择，但这是不是否定了人的自利性？这就需要借鉴社会规范和社会网络分析的方法研究，而社会规范分析和社会网络分析方法恰恰是在反思理性人假设和个人主义方法论的基础上，将社会结构作为重要变量，丰富了个体主义研究传统的范式。

第三，采用个案研究方法论和波普尔的证伪逻辑方法。个案研究的困境在很大程度上源于外界对于其科学性的质疑，事实上，个案研究也是可以通过对方法论的不断改进而达到严密境界的。书中的个案研究遵循探索性个案研究方法，但个案研究要想获得真正的生命力，具有与定量研究同样的地位，就必须遵循自己独特的逻辑方法。如果不交代个案研究的逻辑，那么，很可能引起读者对个案研究在其"代表性"方面持怀疑、苛刻甚至否定的态度。书中的个案研究采取波普尔的证伪逻辑方法。证伪逻辑告诉我们，通过单个个案来揭示或证明"一般"是困难的，但通过个案来质疑或否定"一般"却是可行的，因为用一个个案证据来否证某个普遍命题或理论，比用同一个个案去证明一个普遍命题或理论，在逻辑上更为充分。根据波普尔的证伪逻辑理论，无论有多少个个案，都难以"证实"某个普遍命题，而一个典型个案却足以否定一个普遍命题。这种对普遍性的否定、驳斥和质疑，恰恰就是个案（反例）研究的力量所在。这种个案研究的功能有两个：一是通过与现有某个理论或理论命题相矛盾和抵触的个案进行研究，质疑现有理论或理论命题，提出新的命题假设；二是通过某种与现有某个理论或命题的预测偏离的个案进行研究，限定或缩小某个该理论或命题的适用范围、边界和条件，同时提出新的亚类型或新的变量。这种个案研究往往是一种"对话性"研究，即个案研究的问题往往来源于对现有的文献或理论的普遍适用范围的质疑，因为这些文献或理论不能有效地解释某个（些）与它们的预测相矛盾的个案或现象，或者说这些个案与现象同以往文献的结论或理论的抵触和冲突得不到合理的解释。这种矛盾意味着要么这些文献或理论是错误的，要么这些文献或理论的适用范围必须重新加以限定，缩小其适用范围。而对这些个案或现象进行研究，提供了发现新的变量与亚类型或提出可替代的理论解释的可能性和机会（王宁，2007）。坎村的个案研究就来源于对现代流行的西方集体合作理论的普遍适用范围的质疑，通过个案的研究，发现这些文献或理论不能有效地解释坎村在集体资源治理上的有效合作，或者说，坎村的个案同以往文献的结论或理论的抵触和冲突得不到合理的解释。而对坎村的个案进行研究，则提供了完善现行的集体合作理论的可能性和机会，对构建和发展本土乡村合作治理理论具有重要价值。

第四，坚持实践联系理论。没有理论，实践将是杂乱无章的；没有实践，理论将是模棱两可的；没有方法，理论与实践的联系将是牵强附会的。本书将实践联系理论，笔者长期深入村庄，从体验村庄生活的角度，考察坎村互助基金会治理过程中的集体合作过程。从集体合作形成共识开始，到组织发动和集体行动形成，再到集体合作的维持的整个阶段，本研究全景考察集体合作的发生、发展与维持的全过程，坚持对整个过程的追踪研究，把实践反馈到理论，探寻集体合作的影响因素及合作与这些因素之间的相关关系。

二 具体方法

第一，追踪研究法。对研究样本坎村在多个不同的时间点上进行调查，收集资料，然后通过对前后多次调查所得资料的统计分析来探索坎村合作的社会现象随时间变化而发生的变化及其不同现象之间因果或相关关系。本研究的前期调查和后续多次调查具有与实验研究相似的内在逻辑，因此它也具有与实验设计相似的功能，能够较好地用来分析现象之间的相关关系。对集体合作的研究来说，追踪研究能够发现一些其他方法所不能发现的问题，主要在于具体社会情境中的集体合作是一个发动、组织、管理、协调的动态过程。在此过程中，个体间不仅需要完成相互联系与沟通、形成共识、起草行动规则以及组建管理机构等工作，而且还需要有人起到领导的作用并支付初始成本，这些行为对集体合作的结果非常重要。但究竟是什么原因导致有人愿意这么做，传统的调研方法是很难观测到的，只有通过长期的追踪研究才能发现。因为静态的集体合作理论很难解释集体合作的产生、发展和维持的历史过程，而笔者小时候在坎村生活，同龄及年长的村民都相识并熟知，对村庄的历史和风俗习惯都有详尽的了解，后来也成为互助基金会的合作者之一，对基金的集体合作有局中人的体会，有地利、人和以及追踪研究的独特优势，因而具体资料的获取主要使用追踪研究方法。

第二，参与观察法。笔者通过对坎村的参与观察来讨论和回应前面提出的问题。参与观察的研究方法要求调查者有在被调查地的长期社会生活经验，参与当地的社会活动，观察人们的行为特质，从而理解和领悟当地人的生活经验和地方性的知识体系，找出其内在的社会逻辑。与其他研究技术相比，参与观察导致研究者把他自己的看法和观点强加于他试图理解的那个社会世界的可能性最小。它常常是在"没有先入之见"的情况下进行这种探讨的。因此，它为获得社会现实的真实图像提供了最好的方法。重要的是，参与观察时，由于身临其境，观察者可以获得较多的内部信息。

第三，对互助金相关当事人的深度访谈，包括正式和非正式访谈。这是本研究数据收集的另一个重要方法。笔者近年来多次回到村庄久住，有针对性地对互助基金会的相关人员进行深度访谈，获取有关信息。访谈过程中，尽可能倾听被访谈人员的看法和观点。访谈前也会准备一些提纲，但是因种种原因在访谈中不可能完全按照提纲的内容进行。不过，这并没有影响到访谈的主题，因为在访谈中，通过适当的引导与提问，可以保证访谈过程与内容基本上按照提纲设定的内容进行。

第四，访谈老人和倾听老人的口述史。坎村是客家人聚居的村庄，除了族谱外，村庄没有其他文字记载的村史文献资料，本研究以老人的口述和访谈来弥补村史资料的不足。同时，坎村互助基金会自1995年以来的档案资料也是重现坎村互助基金会历史过程的重要文献基础。探究村民合作行为的一个重要的观察角度就是将当下与村史结合起来考察村庄发展的历史过程、文化等因素对当下村民合作行为的影响与作用。结合村庄历史文化与互助基金会的历史来讨论坎村历史文化与当下人与人之间的关系，将有助于我们重新理解坎村互助基金会的合作是如何达成与维持的。

个案研究的一个特色是从特殊性行为中提炼和映照出一般性。本书希望在对坎村具有地方特殊性的合作行为研究与讨论中，体现这一人群行为的一般性，从而呈现在一个客家人聚居的村落研究中构建一般分析概念的可能。笔者6~12岁在坎村亲戚家居住6年，离开坎村26年后的2011~2017年的暑假、2013~2017年的春节，又回到坎村进行了为期超过200天的住村体验和调查。在坎村长期的参与观察、访谈、查阅互助基金会的档案文献、搜集整理村庄口述史资料，以及阐释合作行为的过程中，笔者坚持内在性理解的自觉，这可使本书以坎村为中心进行具有问题深度的讨论成为可能。

第四节　基本内容

本书根据村庄保存的文本资料和笔者深入村庄内部观察、访谈与体验得到的真实素材，复原了坎村互助基金会26年的历程，解释了村民何以能长期合作，共同解决一个市场、政府和志愿机制等外部力量都不愿涉足或无法有效治理的领域——村民信贷资金需求问题；探究了利益输送怎样引导村民合作以及如何以利益输送为契机组建村民长期合作治理组织的问题；分析了这个内生于村庄社会的治理组织稳健成长的要件和实践的学理意义；回答了组织者怎样将对村民的资源和利益支持转变为村庄治理能力的问题，为党和政府怎样把目前对农村的资源和利益输送转变为基层治理能力，从而在新的历史时期推动乡村治理现代化，提供一个成功的参考案例。

长期追踪调查研究的一个直观发现是，坎村通过村庄社会正式和非正式规范的激励和约束，解决了集体合作的组织、初始成本承担、"搭便车"和制度供给等集体合作难题，把村民对信贷资金的需求转化为集体资源的合作治理问题，有信贷需求的村民可以从作为集体资源的互助基金会得到解决，然后又以互助基金会的合作治理为基础，实现了村庄其他集体资源的合作治理。

本书以追踪研究的发现为基础，进一步提出了一种理论要素将追踪研究推向理论探索，力图发现新的知识，即坎村为什么能够在血缘伦理的基础上发展出多种类型的合作，并能根据实际设计出有效的合作制度来治理市场、政府和志愿机制都无法有效治理的村庄集体资源，其合作条件、合作模式、合作逻辑和合作动机是什么？然后以理论探索和知识发现为指向，在对村庄互助基金的合作进行描述后，用多学科的理论剖析了村庄集体合作治理的社会基础，总结出坎村的合作类型，着重探讨村庄集体合作的组织、发动和维持的制度设计，概括出合作的过程、合作条件和合作模式。根据坎村互助基金会发展遇到的问题及其预防的制度设计，本研究揭示了坎村合作发展的逻辑。同时，为了更好地设计合作制度和预测村民的合作行为，本研究还对村民的合作动机作出统一的解释。本研究还根据追踪研究发现和理论推演的结果，抽象出村庄集体合作治理的若干命题，将追踪研究升华到理论；再是以抽象出来的理论命题和研究发现为基础，以坎村的实践为鉴，就如何创新村庄集体资源治理乃至创新村庄社会治理提出相关建议，将研究回归实践。

本书通过研究发现，一是可通过合作解决村庄部分集体资源配置问题；二是村庄社会也能生成集体合作的契约秩序；三是村庄集体合作仍需权威等级；四是村庄集体合作要有组织资源为保障；五是村庄社会规范体系与村庄社会现代治理不矛盾。

通过研究，笔者认为，村民事前就能得到来自治理组织的利益输送是村民服从组织并选择合作的一个重要前提；培育村庄内部合作组织并赋予组织资源是村民合作治理的重要保障；领导者、组织和制度设计是保证村民合作治理的关键；接受新思想的外出村民的加入有助于村庄组织的现代化；深入村庄的田野调查和体验村庄生活的方法有助于深入研究影响村庄集体资源合作治理的主要变量并揭示对合作治理有重大影响但被流行的量化实证研究所轻易遮蔽和排除掉的随机因素。

笔者期望研究发现能为村庄集体资源治理提供新的视角，也期望能为当下乡村振兴的村庄社会治理机制创新提供新的参考。

第二章　集体资源合作治理的理论

第一节　集体资源治理的合作困境及其解决思路[①]

书中所指的集体资源既不是严格意义上的纯公共品，也不是私人物品，而是介于两者之间但又不完全等同于俱乐部产品的，难以排他但又可分别享用的有形或无形物品。按照主流经济学的理论，如果市场无法有效配置集体资源，就需政府干预解决。后来很多学者意识到，不少集体资源是政府和市场都无法有效配置的，由此就提出由非政府组织为代表的第三方志愿机制解决这部分资源配置问题，但在很多市场和政府都失灵的领域，志愿机制也是无能为力的，特别是广大自然村内部的集体共享资源，市场、政府和志愿机制等外部力量都无法对其有效配置，这部分集体资源的配置能否通过资源使用者内部集体合作来解决？

一　集体资源治理的合作困境

虽然存在大量的集体合作治理成功的案例，但集体合作一直是人类面临的一大困境。早在两千多年前亚里士多德就指出："凡是属于最多数人的公共事物常常是最少受人照顾的事物，人们关怀着自己的所有，而忽视公共的事物；对于公共的一切，他至多只留心到其中对他个人多少有些相关的事物"。自"搭便车"理论提出后，该理论被广为接受，并被拓展。此后，如"公地悲剧"、普遍使用的"囚徒困境"和"集体行动的逻辑"模型均说明了人们在集体资源的合作治理上，总是面临搭便车、道德风险、逃避责任或其他机会主义行为的诱惑，不合作是常态，更没有动力为集体共同利益做贡献，集体合作治理面临困境。

[①]　本小节的部分内容引自笔者与几位研究者发表在《南方农村》2014 年第 6 期的合写文章《促进集体合作的途径概述》。

虽然囚徒困境、公地悲剧、集体行动的逻辑等理论运用新古典方法和传统博弈论建立的理论模型都以无可置辩的逻辑力量证明了基于理性选择理论的集体合作无法实现，排除了群体内部自愿供给制度发生的可能性。但一方面，世界各地都有学者对当地的集体共享资源管理制度进行长期系统的研究，发现不管在先进或落后的国家或地区，人们都可能发展出完整有效的制度或规范来对这些资源进行治理，例如在渔场、森林、牧场、水资源和许多其他集体共享资源方面，确实存在着成功的自组织治理实例。美国国家研究委员会小组也披露了大量有关集体资源合作治理成功的案例；不少研究者也发现即使在农地细碎化的农业社区，仍可以就社区公共品进行集体合作。另外，不少研究者在理论上也推演出共享资源集体合作供给制度自发生成的条件。经验研究表明，自愿的集体行动和资源自我供给制度在不同的层次上都会发生；也有研究者通过引入伦理道德因素等各种不同的参数或变量修正一般有关效用函数的假设，解释了自发供给集体共享资源制度能够自动形成。埃莉诺·奥斯特罗姆荟萃了世界各地的案例，发现资源使用者本身比外部组织更能针对当地实际，发展出合理的自我管理规则，并能自我执行，有效避免"公地悲剧"（奥斯特罗姆，2012）。这些研究都从不同的角度为解决集体资源合作治理的困境提供了理论和经验的支持，即人类群体在特定情境下能够通过自组织实现群体性合作来治理集体共享资源。

虽然国际上对合作治理集体资源这一问题已有系统的实证研究，已经发展出相当完整的理论框架，但一直不存在解释集体合作困境的统一理论或解决困境的统一模式。

二　国外解决集体资源治理合作困境的代表性思路

为什么现实中存在着大量较为成功的集体合作治理？半个多世纪来，社会科学和自然科学领域的学者们运用了各种研究方法来确定集体共享资源合作治理合作行为的可能性、识别集体行动的出现和可持续性的相关条件，并评估集体行为是否以及何时有助于可持续的资源基础管理。但不同的理论以不同的分析框架为基础，不同的分析框架常常对同样的问题得出完全不同的认识。集体资源合作治理的困境涉及个体理性与群体最优结果之间的冲突，因而学术界解决的办法一般都是围绕着协调个体理性与集体最优结果之间的冲突展开。

第一是对成员的监督、惩罚和第三方强制执行。集体行动是集体合作治理所引发的群体性合作（团队生产）问题，监督利于提高团队集体合作。新制度经济学认为团队生产中的"监督"能提高团队的合作水平，不同的监督程度对应着不同的成员劳动激励与合作产出，这种理论试图解释第三方（监督者）对集体成员的监督与观察努力程度如何影响着工分制下个体的最佳投入决策与集体行动产出。如果监督的不完全就意味着成员劳动的积极性将处于较低状态，从而合作产出较少，这就面临一个问题，如果监督者偷懒怎么办？谁来监督监督者？

对违约者（搭便车者）惩罚的观点认为，利他惩罚可以得到演化且利于增加人们的合作，群体的领导者具有对搭便车者予以惩罚的权力和惩罚可以有效促进集体合作。人类学家也发现惩罚背叛是早期人类社会维护公共合作的重要机制，惩罚是社会性动物维护合作的重要手段。尽管人们对惩罚的恐惧促成集体行动中的合作，但是惩罚对集体行动中的决策者的认知框架有着消极影响，因为惩罚可以使人们把驱使合作行为的道德动机转变为获利动机，致使符合道义的行为极不稳定。但惩罚是有"成本"和"风险"的，除了需要消耗时间和精力，施罚者还要承受被报复的风险，因而谁来支付惩罚的成本有可能形成二层次的搭便车问题。另外，领导者的惩罚权也有可能滥用，导致成员的抵抗行为或者合作的效率不高，这又需要解决对权力监督的问题。

第三方强制执行，在于论证了具有权威的强制力的运用对于走出集体合作困境的必要性，在霍布斯看来，除非借助利维坦的威慑和惩罚，否则就永远无法摆脱集体行动的困境，因为私人惩罚软弱无力，达成多边契约的交易成本又太高，并且还总有人企图坐享其成。按照他的逻辑，如果没有一个强大的公共权力，任何社会秩序和社会合作都难以为继，契约只是一纸空文，甚至连最基本的安全也不能保证，所有人会生活在"一切人对一切人的战争状态"之中。运用强制力来实施惩罚和预警的第三方不仅仅局限于国家强制力，还包括具有权威的仲裁机构和个人，甚至包括传统、习俗和惯例。在健全的法治社会，强制力不表现为赤裸的暴力，而是运用更文明的正式制度和法律规范的强制。但第三方执行能够实现的最优均衡是建立在信息准确、监督能力强、制裁可靠有效和行政费用为零的假设基础上的；另外，第三方强制方案也无法保证强制力不被滥用。

对成员的监督、惩罚和第三方强制执行，都面临着一个共同的问题，即在执行监督、惩罚和强制权力者之上还应该有更大的权力来监督执行者的公正执行，但是这样无限推理下去，必然面临一个问题无法解决：谁来监督监督者、仲裁者和惩罚者的问题。当监督和实施工作的仲裁人之间存在大量的竞争时，人们可以假定仲裁人有很强的作出公正的判决的动机。如果不存在竞争，那么人们在假定公正判决所面临的问题与具有垄断地位的公共机构所面临的问题相同，依然无法解决合作的困境。

第二是多次重复博弈。针对奥尔森的集体行动理论没有动态地考察时间序列对集体行动的影响，阿克塞尔罗德（2007）运用博弈论模型研究没有集权的利己主义者如何产生合作的问题以及这样的合作需要具备什么条件，认为人们在人际互动中坚持"针锋相对"的策略是赢得人与人、企业与企业、国家与国家之间合作和信任的重要途径，"针锋相对"稳定成功的原因是它综合了善良性、报复性、宽容性和清晰性。它的善良性防止它陷入不必要的麻烦，它的报复性使对方试着背叛一次后就不敢再背叛，它的宽容性有助于重新恢复合作，它的清晰性使它容易被对方理解，从而引出长期合作。"针锋相对"策略的成功，表明合作可以从追求个人私利的理性个体中产生。根据无名氏定理，在无限重复博弈中，总是至少存在一个"子博弈完美均衡"作为成功集体行动的一个必要条件；博弈持续的时间越长，集体行动的成功维持越容易。总之，当博弈关系处在时间序列中，因徒困境中的博弈双方将会约束自己的利益最大化，通过与对方之间的互惠合作实现共同利益，博弈双方的合作一旦建立，它就会为其他人所模仿并在空中传播，最终在整个群体中实现合作，合作在演化的过程中具有不可逆转的"棘轮效应"。合作演化理论论证了在重复博弈的条件下，不合作行为将受到抑制，基于互惠的合作行为将会出现，未来的不确定性促使互惠趋于稳定，互惠和未来的不确定性是合作演化的两个关键条件。但"针锋相对"策略的合作博弈还需要其他内在条件：包括参与者数量不多，每一位参与者以往行为信息丰富，参与者对未来并非完全不予考虑，比如"针锋相对"的策略可能导致的循环报复现象等。"针锋相对"策略的问题在于,它不允许对方产生任何的错误:一旦偶然出错,就会招致双方永不合作的报复。为解决这一问题,后来人们提出了一系列的改进策略,比如"慷慨的针锋相对"策略,即如果对方的错误被控制在某个概率范围内,则本方保持合作策略等改进模型。但是,合作的长远利益、外部环境、出现争执后的公正裁决等诸如此类的问题难以解决,对于完全陌生的或者无关系的个体构成的大群体的人类合作演化则无法解释。其实,"针锋相对"策略不能百分百解决所有人的偏执问题,更为普遍的是,如果阿克塞尔罗德的假设不能完全适用,例如存在一个复杂性成本或者概率性的错误,或者当参与人参与的是一场淘汰赛而不是循环赛时,针锋相对就不是一个特别有效的策略(赫舒拉发,2012)。在现实世界中,策略和行为的多样性是相当普遍的。总之,多次重复博弈能演化出合作规范,在多次重复博弈中,合作是个体理性的选择。

第三是设计选择性激励或排他机制。具有非排他性的集体资源导致了搭便车,为了解决集体行动的困境,至少可以提出两种解决办法:一是改变集体成员的搭便车激励,使不合作行为转变为合作行为;二是建立排他机制,将不合作者排除在集体共享资源之外。至于共享资源的集体行动何以可能,奥尔森(1995)的集体行动逻辑理论从群体内部收益不同的角度涉及了个体的行为选择差异,认为在以下情况下会出现集体行动:一是其中一个人在公共产品中存在巨大利益,即使会被人共享,他也会单独提供公共产品;二是群体中的一个部分通过向他人提供消极的或积极的选择性动机,来强制或诱导他人合作;三是对小集团而言,在小集团内部施加社会压力。消极的动机或惩罚与不合作性的行为相连,而积极性的动机则与合作行为选择相连。拓展后的集体行动理论强调了群体认同感、团结感和忠诚感等内在选择性激励在集体行动动员中的作用,特别是选择性消极激励明显提高了合作效率。后来的研究进一步发现,选择性激励并不能充分解释合作产生与维持的机制,人们参与合作与集体活动的激励是多重的,经济激励并非唯一的动力,非经济激励对个体合作行为也产生重大影响。

另外,布坎南的俱乐部理论也为集体合作提供了来自市场的启示(Bachanan,1965),俱乐部作为产品使用者的组织,只允许成员享用集体性物品，但成员使用产品也必须付费，通过收费的方式将外部性内部化，通过排除（或自愿离开）的形式避免"搭便车问题"，即以俱乐部的形式实现俱乐部产品使用者自愿合作提供集体性物品。[①]

在集体行动逻辑模型中，个体行动者都成了脱离社会情境的、激进的个人主义者；个体所面对的社会现实是单一的、没有集体认同感的理想类型，价值观、意识形态和集体认同感都因此变成可以视而不见的、无关宏旨的东西。因此，惩罚搭便车者和奖励合作者就成为促进集体合作的主要手段；而布坎南的俱乐部理论则认为人与人的合作关系完全可以通过市场化的方式（收费）来解决，而现实的集体合作很多是一个基于群体内可以面对面交流的场景，并非是传统研究的"匿名"个体间的互动场景，要么是具有地缘关系的群体，要么是具有血缘关系的群体，要么是具有紧密经济或者其他因素联系在一起的群体，这些成员是可以面对面沟通、交流、谈判的。成员之间的合作关系很多情况下并不是可以用市场方法来解决的，成员之间的情感等因素对合作产生的影响在俱乐部理论中被排除在外了。

第四是利用社会规范和社会资本。[②]其实，在群体博弈过程中能够出现作为解决集体行动困境方法的规范。规范存在于人们按照某种方式行动的社会环境中，人们偏离此种行为时将受到惩罚。非正式制度之外的规范在集体行动中有积极作用，在重复博弈的囚徒困境中，局中人通过隐性规范实现最优的共同结果是可能的。规范是人们共同遵守的行为准则，它使得人们在合作中具有双重激励。一个能够产生足够规模社会资本的社会交换博弈，就可能形成合作性规范，使集体行动困境迎刃而解。社会规范是社会在其进化过程中形成的一些与善待他人有关的暗含协定。它们对于社会的生存具有重要意义，或者至少在增加社会合作效率方面具有巨大的作用。群体内个体共享信念基础上的行为规范约束个体选择合作行为，群体成员在获取资源时合作并惩罚存在不分享行为者

---

① 俱乐部形式在本质上也是解决公共品的一种市场手段。

② 对社会资本的定义和分类并不存在统一的观点，本书主要从狭义的角度，尤其是信任的角度阐述社会资本对合作与集体行动的影响。有关社会资本的分类，可以参照帕萨·达斯古普特等编《社会资本：一个多角度的观点》，张慧东等译，中国人民大学出版社，2005，第57页。

的"社群共享策略"是可行的。

在某种程度上，"公地悲剧""囚徒困境"等集体行动的困境都只是使用极端假设的特殊模型，而非一般理论。这些理论适用于一些大规模的公共物品的治理。在大规模的集体中，个体之间沟通困难或者沟通无法发生，每个个体都独立行动，个人无改变规则的能力或改变的成本很高，因而无法集体行动。

埃莉诺·奥斯特罗姆就成功地将社会资本引入集体选择理论（Ostrom，1998），通过研究多个国家的案例，构建了以信任、互惠、声誉为核心的有限理性集体行动模型，并认为集体行动中的个人是条件合作者，其合作行为取决于集体行动中社会个体对他人行为或承诺可信性的判断、个人合作对他人行为的交互影响以及个人价值体系等。她认为当人际关系网络与社会规范存在时，建立在信任基础上的社会资本能达成个体之间的合作，促成集体行动，达到合作治理。奥斯特罗姆收集的有关共享资源治理的案例超过 5000 个，给她的研究提供了足够的证据。通过对这些案例的荟萃分析，她能够对这种现象进行经验性的归纳。她得出的大致结论是人类群体在不同时代和不同地方，常常可以找到"公地悲剧"的解决方案，即人们可以理性地制定非正式的，有时甚至是正式的规则来治理共享资源。

以帕特南为代表的研究社会资本理论的学者则认为群体内部依靠社会资本积累实现的相互信任和互惠合作的关系是集体行动的动因。按照他的说法，"一些精明而讲究实际的理论家转而借助于'软方案'，诸如共同体和信任，在一个存在着囚徒博弈困境的社会里，合作性共同体将使理性的个人能够超越集体行动的悖论"（帕特南，2000）。社会资本作为一种蕴藏于社会网络关系和社会组织中的无形资产，可以带来有形的社会效益。帕特南通过研究社会资本得出结论：社会资本"使民主运转起来"，从而走出集体行动的困境。强调信任、互惠合作和网络化的社会组织累积的社会资本，也强调传统、文化、习俗等路径依赖对集体合作的影响，认为群体的资源合作不必借助第三方的强制执行，依靠人际信任就可以实现集体行动。此后不少学者又对此进行了拓展，认为社会资本能有效促进集体合作，减少搭便车行为。

社会资本和社会规范理论的方案也不是完美的，虽然它们都强调了个人并非原子化的存在物，而是嵌入具体的社会关系的，社会关系影响了人们集体合作的能力，但只是假设个人采用规范，并不足以做出对个人在何时会在困境中合作或不合作的预测。实际上，个人可能对做"正确的事"有稳定的偏好，但即使有这种稳定的偏好，观察到的行为也可能根据环境而改变，因为对做"正确的事"的理解会随着环境而改变。因而，合作也不全是靠作为文化的社会资本和社会规范决定的。另外，社会资本的积累和社会规范的形成是缓慢的，难道人们没有社会资本或没有社会规范时就不合作吗？或者说人们的合作水平与社会资本存量或者说社会规范的数量成正比吗？这些都是社会资本和社会规范理论难以回答的问题。

事实上，对解决集体合作困境的理论研究远不止这些，不少学者也针对合作和集体选择的困境提出了不少办法。

三 国内相关研究

受美国桑塔菲学派的影响和启发，国内对集体资源治理合作困境研究的文献也很多。这些文献在介绍国外的相关研究成果的同时也着重研究集体合作困境的解决机制；也有不少文献着重探讨集体合作困境的解决办法。不少研究借鉴计量分析技术和实验方法研究人们的合作行为，但较少深入分析集体合作的过程、合作的类型和动机以及维持长效合作的机制，且计量和实验方法与我国实际情境有很大差距。

至于集体合作困境研究的本土化方面，不少"三农"研究学者立足本土，对农民合作治理集体资源做了大量的研究，总结了大量的农民合作困境解决的办法。国内的研究取得了很多来自基层实践的成果总结，对农民合作治理集体资源的研究大致可分为两大对立的观点，即农民善于合作和不善于合作，并基于各自的立场和学科背景给出各种解释。但总体而言，多数是在案例基础上对集体合作的影响因素进行剖析，试图借鉴西方集体行动理论找出影响合作因素以促进合作的措施，对农民解决集体合作困境的研究仍缺乏多学科交叉的系统分析。

第二节 理论简评和理论启发①

一 简要评价

首先，建立在理性人假设基础上的集体行动理论无法有效解释现实的一些集体合作。囚徒困境、集体行动的逻辑没有充分考虑个体理性选择所依赖的信息基础的丰富性和人所面临的具体情境（如文化传统和价值评价）对个体理性选择的影响，忽视了个体的社会属性和心理过程。其一，当事人经过长时期的信息传播、学习带来了知识积累和经验总结以及借鉴别人的经验，尽管永远达不到完全理性，但理性度总是不断提高或递增的。这样，具有现实理性的个体发现在集体共享资源的合作治理中，短期自利的决策不利于自己的长远利益，选择更利于自己也利于别人的合作以实现共享资源的治理符合自己的长远利益。其二，在公共讨论和相互交流中可以形成共享价值观念和正义原则，一致的价值观可以有效减少差异，而集体行动理论中指涉的集体可能更多是没有共同价值观的集体。其三，事实上也存在这样的人：他们以帮助他人，从帮助他人中获得满足，乐意捐献资源供他人共享从而引发集体行动。

其实，如果从纯粹的理性人假设出发，集体合作的社会选择就变成了以效用函数为中心的纯粹数学计算，忽视了选择过程中的文化传统、价值评价等社会因素，必然得出合作不可能的结论。很明显，虽然一方面集体合作中的搭便车问题肯定会存在，但在另一方面又与传统的经济理论预测不符。已有的来自不同国家、不同类型被试的大量公共品博弈实验数据均证实了人们的行为系统地偏离了理性经济人的自利假设。行为和实验经济学的实验考察所得的人类合作本能的证据也越来越有说服力，其中比较典型的简单实验如公共物品、最后通牒、独裁者博弈、交换博弈、信任博弈等实验都为人类合作本能提供了有力的实验证据。行为和实验经济学大量的实验表明，人类会形成自发的合作秩序，这似乎可以对著名社会学家齐美尔追问的"社会何以可能"形成一个反问，也

---

① 本小节的部分内容引自笔者与几位研究者发表在《南方农村》2014年第6期的合写文章《促进集体合作的途径概述》。

在一定程度上为哈耶克自生自发的社会秩序提供经验证据。

其次，建立在数学模型和博弈实验基础上的合作理论与现实社会存在很大差异。利用数学工具为合作进化过程建模并推演，是合作进化研究的主要途径，推演过程通常利用计算机模拟实现。我们很容易发现，不同甚至相反的看法多是依据博弈实验而得出的，同样的博弈实验却可能因实验对象和实验背景的差异得出截然相反的结论，而且实验背景和实验条件与现实社会往往存在很大的差异。因此，我们还需要从现实社会中分析人们合作的行为和动机。现实中，虽然实验证明基于重复交往的互惠机制可以维持人们的合作，可是当人们交往的个体数目超过一定的规模，这种机制便不能维持；声誉机制和群体选择只有在群体规模非常小并且迁移很少发生时才会导致利他行为的演化；有效的合作行为只能存在于小集团中，合作策略更容易在小群体里出现和维持，且维持群体合作的策略只能在小规模的群体中才能够成功演化；在 N 人重复博弈的囚徒困境中，即使重复交易的概率足够高，仅仅依靠"针锋相对"之类的策略或者其他的互惠利他行为也很难维持成员之间的合作。另外，惩罚和合作行为的成功演化要求施罚者能够以很低的成本对非合作者进行惩罚。虽然可以通过增强惩罚能力的社会机制促进和维持群体合作，但惩罚会削弱合作行为的作用机制，也会削弱人际信任，导致人们的不合作行为。

可见，虽然已有研究从不同的角度证实、解释和预测了人类群体在特定情境下能够集体合作，但对合作和集体行动假说的验证不仅需要数理方面的演绎，更需要实际经验层面的总结。

归纳起来，集体资源治理合作困境问题的主要措施可以根据困境问题的结构是否可以改变以及对人性自利与否的认识立场将所有的解决途径划成三大类：一是结构型措施，包括增加博弈次数和参与者的可识别性、改变支付结构、增加个人决策的功效、控制合作的规模、对非排他性进行限制、选择性激励、惩罚和沟通；二是策略型措施，包括互惠、合作伙伴选择、社会学习、相互依赖；三是动机型措施，包括社会价值定位和集体意识等。虽然每一种理论思路只能够从某种角度解释集体合作或者对单个案例具有一定解释力，但至少下面几个方面争议较少或者基本没有争议：（1）个人是嵌入具体社会情境的，集体合作行为受具体情境（微观社会环境）和对他人合作期望的影响；（2）集体合作是社会互动的过程，表现出应对的策略性；（3）建立和完善合作制度可以激励和约束人们的集体合作行为。

已有理论还有进一步完善的空间。主要表现在：已有的研究重视对合作行为结果的解释，忽略了对合作决策认知过程的揭示，尤其忽略了情绪对集体合作行为的影响；更多的研究重视微观个体的集体合作决策行为，但对宏观因素影响个体合作行为决策的研究相对少一些；已有的理论都存在对集体合作动力机制某些因素过分强调而对另一些因素有所忽略的问题。这些有失偏颇的理论往往无法对集体合作的实际世界给出令人信服的解释。目前依然没有一个连贯一致的通用理论可以对不同情境下的集体合作予以解释，而且过分抽象的理论无法解释现实的一些集体合作，不同情境下的集体合作的实例仍是理论发展与创新的土壤。实际上"不存在一个建构集体行动模型的'正确'途径：不同的模型隐含着不同的环境假设，而不同的环境假设将导致非常不同的结论"（Oliver, 1980）。因此，许多理论工作者试图对这些集体行动的理论加以融合和修正，探索一个更全面和更有解释力的综合解释模型来阐明社会集体资源治理合作产生、发展和维持的种种机制。

二 来自理论回顾的启发

通过对已有理论研究的概括和归纳，我们得到如下启发，这些启发将贯穿全书，并为调查研究和写作提供指引。

第一，不同情境下人们集体合作的决策不同，也不存在维持合作的统一措施。人类行为发生在正式和非正式制度规范交织的社会网络之中，而形式化的模型无法充分体现网络和文化对人类合作行为决策的影响。人类是在已知环境（或尚待弄清楚的环境）的约束和条件下尽力做好适应性的生物，人类从彼此身上、环境反馈和自身能力中学习规范、经验知识和完整的分析策略，以进行自我反思并想象结构不同的世界，他们能够为了善或恶的目的设计新工具——包括制度，以改变他们所面对的世界结构，不同环境下的人的行为决策是不同的。特别是特定背景下的民间信仰、民间风俗、宗族仪式、道德观念、社会习惯等，这些非正式的秩序与国家正式制度一样，可以减少机会主义行为，促进集体行动，对人们行为决策起到重要的影响。这是研究集体资源治理中的合作行为选择时不得不考虑的因素。不同于西方的文化传统和制度背景，在中国的乡村，人们的合作行为取向更多是关系导向的，个体处在密集的村庄社会网络中，个体的合作行为更多受到村庄社会规范的制约。在这样的背景下，合作行为决策可能更要考虑村庄社会规范和村庄社会的人情法则等微观环境因素。因此，不可能把影响集体合作的各种因素用逻辑关系贯穿起来形成一个放之四海而皆准的，并可对任何一种集体合作进行统一解释的理论。因为许多因素都会影响集体行为的可能性，而且许多都是针对具体环境的。大量的案例研究表明，实现与维持集体行为的方式是千差万别的。可能依据具体社会情境（微观环境变量）提出一种与社会情境相符的解释才是切实可行的，因为不同情境下人们合作行为的选择是不同的，选择也受心理过程的制约。但这恰恰又是主流经济理论所忽视的，而"嵌入"理论的兴起则提醒某项集体行动的约束条件和实现路径依赖于该集体行动所嵌入的社会结构和具体情境。其实并"没有单一的集体行为情境，也没有关于所有的集体行为问题的单一模式，不同的情境蕴含着不同的设定，而不同的设定分别引申出持有不同结论的不同模式"（佛丹纳，2003），可能依据具体社会情境，提出一种与社会情境相符的解释应该是切实可行的。

　　第二，已有的集体合作理论成立的制度环境不具本土适用性。上述集体合作理论成立的制度环境是西方民主社会，移植和复制西方国家治理理论和经验必然要考虑其适用条件的限制，这些理论是否能够有效解释世界范围内的其他社会的集体合作模式还有待商榷。研究中国的集体合作需要立足于中国的特殊社会结构和社会情境。阐释学就强调，如果要声称已经理解了某一特定行动，那么就必须把握人类行为产生的情境。由于建立在亚当·斯密和马克斯·韦伯的资本主义化和理性化社会逻辑基础上的西方理论自近代以来一直主宰世界，而"五四"以来的中国主要使用西方传来的理论来认识和解释中国的现象，其结果就是把中国的实际硬塞进不合适的理论框架里。我们考察的坎村是典型的熟人社会，这样的社会文化之下和西方社会文化之下的群体合作决策会表现出一定的差异，而探究这些差异就成了本研究的主要任务。

　　第三，已有的集体合作文献明显忽略了合作中的组织和经济资源的动员、调配和使用。这些资源至少包括以经济资源为主要特征的配置性资源和以政治资源为主要特征的权威性资源。目前为止，学术界对村民合作治理所依赖的资源，除了列举经济资源和正式的政治资源外，其他大致可概括为两种：一是领导资源，这些资源由远及近包括传统的中国士绅、近代的乡村经纪人、地方名流和乡村精英、当代的村组干部、退休村干部和村庄能人等等，这些领导资源在村庄合作治理中的角色与行为实践一直是村民合作治理研究的重点与热点；二是制度资源，这些资源由远及近则包括了"礼俗"、上层正式的官僚机器与下层的非正式的"听民自便"的自治理实践相结合、正式制度的非正式运作以及包括法律在内的正式的制度等等。但这些研究要么聚焦于村庄合作治理领导权的探讨，要么关注抽象的价值观和行为准则对村民合作决策的影响，两种倾向都明显忽视了两个问题：一是治理资源怎样转化为利益输送给村民以引导合作，特别是忽视了村庄治理中经济资源的动员、配置与合作的关系问题；二是村庄合作所依靠的组织资源。利益输送能够在理论上说明村民为什么发自内心地自愿参与合作，为什么愿意听从组织动员者的组织等问题；而资源则是解释组织和物质条件如何转化为促进合作的资源以及这些资源如何产生合作动员作用的重要视角。虽然有些研究也将村庄集体经济视为乡村合作治理的重要资源，甚至也有人注意到村民治理的自组织资源，但更需要关注的情况是村庄集体组织农户的基础与能力方面没有切实的经济和制度资源保障，再者，这些资源怎样转变为利益输送给村民以引导他们合作，以及村庄集体经济和其他治理资源如何转化成长期合作治理的组织等，这一系列甚为重要的问题未见有深入分析。

不同于以往那些纯粹微观性、反历史性且忽略宏观因素的个案研究，我们通过对坎村互助基金会合作治理个案较为细密的资料和问题梳理，从影响村民集体合作的微观、宏观环境因素和合作历史出发考察村民的合作治理行为，用多学科的方法分析具体村庄社会情境怎样影响村民个体的合作决策，深入探究利益输送怎样引导村民合作以及如何以利益输送为契机顺势组建或夯实村民长期合作治理组织的问题。或许可以为解答"村民能否形成一种自发有效的自主治理组织并提供集体服务"这一问题提供一个成功的案例，部分回答村民合作治理集体资源何以可能的问题，并推动本土乡村治理理论研究。

第三章　坎村与坎村互助基金会概况

第一节　选择坎村的理由

作为探索性的个案研究，研究者为什么选择某个个案作为研究的样本需要有充足的理由。如果没有充足的理由，人们质疑甚至否定其研究的意义和价值就在所难免。理由无外乎两种：一是理论根据、二是实践依据。理论依据主要是需阐明选择该个案在方法论上可行且符合逻辑；实践依据指涉研究者能够获取该案例的真实资料并有能力对其进行分析。

一　坎村简况①

"人类的经济活动总是嵌含于社会之中且无法从中脱嵌"（波兰尼，1991：1）。基于此，研究坎村互助基金会不能脱离其微观社会文化环境，因为行动者与其所处的环境有不可分割的联系。

坎村位于两广交界的丘陵地带，村民的祖先从高州府迁来，距今大概190年。虽然坎村距离常住人口约3万人的墟镇镇中心不到2公里，并且也慢慢与墟镇融合，但一直保留着浓厚的客家人传统。全村集体耕地大约1500亩，其中水田大约500亩，其余为坡地；山林大约1200亩，池塘大约25亩，由于当时坎村生产队未能及时将山林、池塘以及425亩旱地分到户，后来这些土地一直由村集体经营。可以说，家庭联产承包制以后，除了林家大院外，坎村一直有集体（宗族）经营的土地和财产。2013年底全村共有905人，包括户籍不在村的村民及其后代，血缘关系都在9代以内，常住村的630人，主要从事种植和养殖、农村运输、农村经商和农村建筑业。除了村庄外出精英外，大多数村民并不富有。

---

① 本小节的部分内容引自笔者在《中国农业大学学报》（社会科学版）2016年第1期发表的文章《从利益输送引导的合作到长期合作治理的组织——K村互助基金会的个案研究》。

目前的村庄精英主要有在任的墟镇副镇长林叔、退休回村定居的原副厅长林伯、包工头林四，其他各类国家公职人员 18 人。此外，还有外出经营小本生意的 10 人，长期外出打工的 35 人和短期打工的 60 人。

坎村最显著的建筑是民国时期留下来的林家大院，大院东、南各开一大门，围墙内总面积约 3 万平方米。大院的主人在 20 世纪 20 年代末至 40 年代末在广东省政府任要职，1949 年举家迁移香港。大院后来被政府接收作为当时的乡公所和后来的人民公社临时驻地。大院的中央，以一栋坐北朝南的三层小楼为主轴，左右两边各有 6 间红砖大平房，大门左右两边各有 3 间副屋围成一个南北长约 40 米、东西宽约 35 米的大天井。这里原是大院的内宅，现在是村祠堂小院。围绕着内宅，围墙内还有两栋小楼，一栋为二层，另一栋为三层。此外，南大门外大约 100 米还有 18 间大红砖房为其附属建筑。所有的建筑经维修后无质量问题。大院从 1959 年至 1965 年被用作公社中心小学校舍，1965 年底到 1991 年被用作农业中学的校舍。20 世纪 90 年代初政府落实政策，将财产归还林家后人，其后人代表将整个大院赠给全体乡亲，就此林家大院成为坎村集体财产。原学校建在大院西边角落的两个水泥篮球场（目前也是村庄晒谷场、电影场和气排球场）和六个水泥乒乓球台也留作村民集体使用。目前村民居住的房子都是两层小楼或水泥平房，绕着林家大院的两个门而建，两条村道直通林家大院的大门并相交于大院。林家大院是全村的中心，也是村民的公共场所。历经多年发展，全村目前已逐渐与墟镇融为一体。

以村祠堂为中心的大院建筑群内外散发着较为浓厚的公共空间的气息，不时可见进出往来的村民（老人居多，但不乏留村的年轻人）身影。祠堂大门口左边众事墙（外墙）分为三栏，第一栏零星贴有县、镇政府的有关公告；第二栏是村庄收支明细；第三栏是互助基金借贷信息。右边墙是黑板报和村内事务通告栏。祠堂小院干净整洁，天井中间是几个固定的水泥象棋盘和石凳。时常可以看到老人们三五成群地围坐在棋桌边，或在娱乐，或在谈社会大事或村庄之事，也有不少村民聚集于此唠叨家事。祠堂内的三层小楼为供奉本村祖先牌位和祭祀场所，天井左厢 6 间房子用作祭祀主司办公室、互助基金会监督委员会的办公室、棋牌活动室、书报室和网吧；右厢 6 间房子的两间用作简易厨房，其余 4

间是杂物房，主要存放聚餐使用的餐桌椅、餐具和村庄祭祀用品等。祠堂小院正门外的左边约 50 米的一栋两层小楼一楼为村庄会议室，二楼专供村民聚会和会客之用；右边约 50 米也是一栋三层小楼，一楼是村庄决策的执行委员会办公室，是处理日常村庄事务的集中地；二楼是决策委员会办公室；三楼为资料室，整齐存放着村庄历年的账目和文书资料，以及有关会议记录等纸质材料。不远处就是乒乓球桌和水泥篮球场。以上机构和活动场地都有名称标识，给人一种正规组织所在地的印象。

作为坎村公共空间的林家大院在促进宗族认同、维系村庄社会秩序、密切融合村民社会关系，以及在村庄内消除分歧、缓解紧张、达成共识、互惠合作、统一思想和整合行为等方面具有重要的社会功能，是村民信息交流、参与村务、人际交往、纠纷调解、休闲娱乐的精神家园。在这里，村庄信息持续不断地被制造和传播，构成村庄舆论和集体记忆。

通过对坎村的历史、空间格局、村庄公共事务管理过程的了解，加上笔者以前多年的住村生活经历和近期的持续观察、访谈以及在村生活体验获得的信息可大致判断，坎村是一个保留着传统特征但又正向现代城镇社会转型的村庄。之所以说向现代城镇社会转型，主要因为村庄基本与墟镇融合，并且外出村民较多，特别是大学毕业生为主体的在公共部门和其他大企业就业的村民、外出打工人员以及从事农村工商业的村民较多。这部分人容易接受新思想、新观念，特别是容易接受现代治理的思想，并影响其家人和亲友。另外，南大门外的 18 间平房自 1999 年后长期租赁给本镇中学用作教师周转房，外来教师的入住，也为本村人带来了不同于村庄传统的观念和生活方式。对转型村庄中受现代思想影响的村民的合作治理的研究，更易于笔者发现新的、不同于传统村庄治理的学科知识。

二　符合个案研究的典型性要求

个案研究是一种常用的定性分析方法（虽然也可以定量研究，但一般以定性研究为主），适合个案研究的情形是：复杂而又具体的问题与现象。通过案例的研究，既可以对某些问题和现象、事物进行较为准确、详细的描述，也可以建立新的理论，还可以对某些既有的理论进行检验、发展和完善。

　　个案不是统计样本，它需要具有典型性而非代表性。一个个案，只要集中体现某一类别现象的特征，则不论这个类别的覆盖范围的大小怎样，就具有了典型性，典型性不是个案"再现"总体的性质，而是个案集中体现了某一类别的现象的重要特征。只要个案具备了典型性，就可以使用分析性的扩大化推理对个案进行分析。

　　如前所论述，典型性是关于某一类现象或问题共性的集中体现。因此，要判定某个个案是否典型，就要先弄清楚某一类现象或问题的共性是什么，以及它包含哪些特征和属性。如果所选的个案集中了某个类别现象和问题的主要特征和属性，即能较好地体现某种共性，那么，对于这个共性来说，这个个案就具有了典型性，因而成为该类别现象或问题的典型载体。如果所选个案具有典型性，那么对其研究的结论和推出的命题就具有较大的可外推性，从而也证明该个案研究是有参考价值并值得推广的（王宁，2002：123－125）。

　　对本书中的个案——坎村而言，它属于世俗化、市场化和城镇化进程中的村庄总体的一员，其是否具有典型性？根据坎村的个案研究得出的结论是否具有参考和借鉴的价值？这是我们不得不思考的问题。德国著名的哲学家、数学家莱布尼茨曾断言"世界上没有两片完全相同的树叶"，同理，中国不存在与坎村完全一样的村庄。如果生搬硬套地将坎村个案研究的结论扩大转移到其他个案上，那就脱离了该个案原来所处的背景而不成立，因为某个个案研究结论的适用范围是与其背景密切相关的。个案研究的一个重要价值就在于从特殊性中洞窥一般性。根据"一般寓于个别之中、普遍寓于特殊之中"的原理，任何个案和其他个案之间都有某种或多或少的共性和普遍性。

　　本书的案例研究中，坎村与国内其他很多村庄具有的共性或普遍性主要表现为两点：一是在世俗化、市场化、城镇化背景下，村民流动性增强，很多村庄集体共享资源枯竭，不少村庄集体资源处于政府、市场和志愿机制都无法治理或无法有效治理的状态；二是不同于西方的文化传统和制度背景，在中国的乡村，人们的行为取向更多是关系导向的，个体处在密集的村庄社会网络中，个体的行为更多受到村庄社会规范的制约。在这个大的共性背景下，对市场、政府和第三方志愿机制都无法治理或无法有效治理的村庄集体资源治理甚或其他领域的公共治理可能更要考虑村庄社会规范和村庄社会的人情法则等村庄微观环境因素。恰恰坎村的个案集中体现了目前国内很多村庄皆具的特征和属性，因而，坎村的个案具备典型性，基于坎村的个案研究对类似的个案具有参考价值。

三 研究资料的获取

能否方便获取个案的真实资料，并对个案有全面的真实了解也是选择该个案的理由。笔者具备这个条件。

笔者自小跟随外婆在这个村庄生活，在这里念完小学。上初中后举家外迁，此后二十多年没到过坎村。2011 年 5 月在广州偶遇孩提时的远亲聊起村里的情况。他说村里变化大，人们很团结，特别是村里有个互助基金会搞了十几年，对村民帮助很大，村民生活都过得好，建议我回村看看。出于对互助基金会背后的关系和组织形式感兴趣，我决定回去看个究竟，一方面探亲访友，另一方面期待在村中有所发现，对我的研究能有帮助。

2011 年 7 月中旬的暑假，我回到了阔别 26 年的坎村。找到亲戚安顿下来后，我到处走走看看，虽然常常出现由外来的媳妇和儿童"笑问客从何处来"的尴尬，但遇到多年未见的年龄相仿或者比我年长者，当我提起我孩提时的名字及亲戚人名时，大部分人都会有印象。听说我要把村中互助基金会的故事写成书，他们更是高兴，十分乐意提供素材。几天走访下来我的感觉是现在的村庄氛围与我孩提时代的喧闹相比寂静了很多，但村道笔直、房屋错落有致、村容整洁，特别是林家大院更是维护得井井有条，可以大致判断，这是一个公共事务治理很好的村庄。

亲戚把我介绍给退休回村定居的林伯和在村的包工头兼村民小组长林四先生。两人是坎村公认的"头头"。特别是林伯，退休回村前担任省农业厅副厅长，一直十分关心坎村发展，为村庄发展引入不少经济和社会资源，在村里有极高的声望。两位"话事者"对我都还有印象，对我的调研很是支持。两人叫来会计、出纳、文书和总务，嘱咐他们，只要我想看的材料都可以随时被我查阅。他们对我没有任何戒备和隐藏。二十多年不见，这些亲友也打开了他们的"话匣子"，展示了村内的储物抽屉以及档案柜，让我真实地了解了坎村发展变化以及互助基金会的发展历程和现状。

此后，为写好互助基金会的故事，我多次回到坎村。特别是 2013 年、2015 年、2016 年这三年的春节我都回到坎村，全程旁听了互助基金会的所有会议，还参与村民们过年时的各种公共活动，这些都让我真切地体验到互助基金会的治理和村庄的公共生活。村民们的回忆谈话和保存完好的各种文书资料把坎村的合作治理过程完整地呈现出来。

第二节　互助基金会成立的背景、历程和绩效

根据坎存的文档资料和村民的访谈，笔者把坎村合作治理互助基金的背景和历程简要复原出来。

一　互助基金会成立的背景

20 世纪 90 年代初，坎村卷入了市场经济的大潮。一方面，长期贫困的村民受外出乡亲的启发和鼓励，开始外出打工、经商、搞种植和养殖。但他们苦于缺乏资金，搞种植和养殖以及经商都很难做大，有些人甚至血本无归，重新陷入贫困，这批村民渴望得到借款。另一方面，也在这个时候，读书的学杂费、看病费用日益上涨，而务农的收入很少，村民也渴望在困难的时候能借到钱渡过难关。此外，一些没房子成家的适婚男性，也渴望从外部得到借款来建房。总之，村民在困难的时候，由于缺乏必要的外部资金支持，很多还是无法摆脱困境。

由于缺少必要的贷款抵押品，村民极难从正规金融市场获得贷款，村外也没有组织、机构或个人愿意为村民提供捐赠或借款，这就催生了很多非正规金融制度甚至非法活动，如去附近村庄借高利贷、买六合彩和赌博等。虽然高利贷、六合彩和赌博解决了一些人的资金困难，但这些活动常会涉及恶势力的介入，村民一旦陷入其中，往往导致新的贫困，一些不幸的家庭甚至破产。因此，这些方式对于一般村民来说是不敢问津的，村民的融资需求主要通过亲戚朋友之间的借贷来满足，但当时的人们普遍生活困难，借款需求依然无法得到有效解决。这一状况一直延续到 1995 年底。

二　互助基金会的发展历程①

近30年来，围绕着互助基金的合作治理，互助基金会现在已经演变成为坎村合作治理集体资源的一个重要组织。互助基金会的发展大致可分为三个阶段。

一是捐赠形成的祠堂基金阶段：1996—2000年。

1995年清明节，定居香港的林家大院后代在回村祭祖时提议，该家族将为村庄捐资8万港币用于维修祠堂和大院，不足款项由全体村民凑齐。之后，时任县长的林伯在县里争取到一笔文物维修款5万元，本村外出做工程的林家大院家族近亲林四捐资4万元，其他村庄精英捐资11500元。1995年底在林四的主持下大院和祠堂修整完毕，完工后善款余款108800元。大院修好了，余下的钱怎么办？林家大院后代建议余款归全体乡亲，由林伯负责管理，用于全村祭祀和扶难之用，林四和其他外出精英也同意。面对村内的贫困问题和借贷需求，外出精英觉得高利贷、赌博或六合彩等都无法解决村民的资金需求问题，剩余的维修基金也不常用，与其存在银行还不如借给有需要的村民周转或者提供给村民从银行办理贷款时抵押所用。1996年春节在祠堂拜祖的时候，有人提议把这笔钱按照银行的利率借给宗族内有需要的人，或者把这笔钱作为抵押物，为村民从银行借款提供抵押担保。这个提议得到了捐资最多的几个外出精英的同意，也得到大家的赞同。这样，互助基金的前身——祠堂基金应运而生。

林伯与林四当天就组织外出精英把商定的祠堂基金借贷约定白纸黑字地写在祠堂记事本上：（1）只借给本村宗亲，以家庭为单位，一家一次借款总数不得超过3000元，借款期限不能超过6个月，还款后可以再借；（2）每次借款的信息，比如借款家庭、时间、利率、还款时间、利息等信息都张贴在祠堂众事墙的有关栏目上，借据等原始记录则保存在祠堂保险柜；（3）暂由村里热心众事的祭祀主司"四叔"管理，每年利息收入的2%作为他打理众事的劳务费并有优先承包本村公产的权利；

---

① 本小节的部分内容引自笔者在《中国农业大学学报》（社会科学版）2016年第1期发表的文章《从利益输送引导的合作到长期合作治理的组织——K村互助基金会的个案研究》。

（4）基金平时存在镇邮政储蓄所（由村庄步行至此 15 分钟），借款的时候，管理人和借款人一起到储蓄所，管理人把钱取出来交给借款家庭，还款的时候，同样是管理人和借款人一起到储蓄所，把本金和利息一起存入基金账户；（5）15 日之内的借款按活期利息，超过 15 天不满 1 个月的按银行月贷款利率计算，一旦发现有人从基金借款转借他人，按同期定期利率 3 倍计息并永久终止其借款资格；（6）用祠堂基金作为银行贷款抵押品的，因其与银行借贷纠纷而造成互助基金损失的，抵押人必须在半年内偿还，并且按银行同期利率计算利息；（7）如果多人同时借款且基金不能满足或者对借款存在异议，第一步由当事人商量解决，解决不成，由管理人居中再协调，一般通过调解就能达成一致，实在无法协调的，交由三位精英代表商量决定。三人分别是林伯、林叔，以及林四。三人对村庄贡献最大，在村中乃至近村都有极高的威望，村民的难解争议一般请他们协调解决，对他们的调解意见村民都会"买账"，主要原因在于村民认为应该给他们"面子"。

因除了高利贷以外，村民无法得到正规金融机构的贷款，但村民时有应急的需求，所以基金在 1996 年就借出 62 笔，有 59 户借款，累计借出 122000 元。从 1996 年到 1999 年，全村多数家庭借过基金，到期全部按期归还本息，4 年累计借出 504000 元，发放 223 笔；用祠堂基金作为抵押品办理银行贷款 8 笔，支持村民从银行贷款 110000 元。这些借款无一笔违约。四年间基金利息收入 12045 元，加上村庄资产出租收入，除用于公共支出及劳务费，剩余注入基金，祠堂基金总额达到 119060 元。①

二是合作形成互助基金会阶段：2000—2002 年。

2000 年大年初一，村民集中在祠堂拜祖讨论基金问题的时候，鉴于很多宗亲都需要借钱，但又很难从银行或信用社得到借款，村庄精英（林伯、林叔和林四）就建议把祠堂基金扩大为互助基金，此举得到其他外出精英和村民的赞同。在林伯主持下，由几位外出精英和各个宗支房头一起商量，当天就把以前的借款约定稍加整理，改成互助基金公约，并将借款和申请抵押的工作程序公布在祠堂众事墙的栏目上。按照"自愿加入，自由退出，增减资不限"原则，增加的主要约定有：每月初一

---

① 全书数据均为笔者在坎村查阅到的原始数据或根据原始数据统计所得，下同。

为借款日、还款日和申请抵押品日，当事人当天在祠堂办妥借还款手续后与管理人共同到附近的储蓄所办理转账或现金存取；出资人对份额有所有权，按各自份额得到利息，祠堂份额归祠堂所有，利息滚入祠堂份额；规定入会家庭可以按照银行同期利率优先得到每次不高于份额 6 倍的借款；归还本息后可再借，但每户每年借款不能超过两次，一年内借款总额不得超过份额的 6 倍，办理抵押品的次数不限。不入会的家庭每年最高借款不能超过 2000 元且不超过一次，只可以申请办理一次抵押品。由于外出精英一般不需要借款，他们可指定其留在村里的亲兄弟或者其他亲近的人为份额受益者（相当于受益人入会），一个人出资可以指定几份受益。当时的外出精英均出资，共计 65000 元，分 60 份，指定受益家庭 60 户，另有 45 户自己凑份，共计 3 万元，每份从 500 元到 5000 元不等；加上原来祠堂基金运作 4 年留存下来的 119060 元，新的互助基金达到 214060 元。

三是互助基金会规范化阶段（2003 年至今）。

2003 年前的祠堂基金和互助基金总体来说还不算是规范的。1996 年祠堂基金的约定，虽然也是白纸黑字写在祠堂记事本上，但没有经过村庄精英大会的表决，也没有经过村民大会的表决。2000 年由精英们主持制定的互助基金公约，虽然也是成文的，但也没有经过全村户主的表决，理论上还不具备村庄"宪法"的意义。村内仍有一小部分人认为公众的事情没有经过他们的同意就由少数人操办，对此颇有微词。

针对这种情况，林伯组织外出精英重修公约，修订后的公约共七个部分，包括互助基金会总则、入会家庭的义务和权利、组织结构（决策委员会和常务决策委员会人选办法、监督委员会人选办法、领导人分工、管理人员的职责）、争端解决办法、以基金抵押办理银行贷款的规则、互助基金借贷规定和违反公约的惩罚细则。经林伯、林叔和林四的提议，在全部外出精英支持和热心村务村民的动员下，2003 年大年初一组织召开了人民公社解体后坎村的第一次全村户主大会，大会得到全体村民的积极响应，他们在会上对互助基金公约进行表决，全票通过公约，最终，全体户主签字捺手印确认。这个经村民投票通过的公约就具有了村庄"宪法"的意义，互助金会的运作管理就实现了有据可依。

新的互助基金公约通过后的当年正月初四，互助基金会的文书、出纳、会计、总务全部到位，原来的管理人员"四叔"在当天清点核对所有账务和资料，互助基金会的工作全部移交给村专职人员，至此，互助基金会被纳入规范化管理。

三　互助基金会的绩效①

一是基本解决村民应急所需的借款。

通过组织者发起，村民自愿跟进形成的坎村互助基金会将分散的资金以类似"俱乐部"的机制汇集在一起，在信任、互惠合作的基础上，互助基金会对村民提供有价值资源的同时，实现了融资、担保的良性循环，基本上解决了村民应急所需的借款。

从资料来看，村民借贷的目的主要有三个：（1）解决家庭突发性的紧急需要，比如说大病住院治疗。（2）解决家庭生活中的一些重大问题，如盖新房、娶媳妇、孩子读高中或上大学。（3）购买肥料、农药、种子，搞种植、养殖承包等，以及购置农机用具。（4）跑运输或者收购农产品等农村商业活动。借贷行为中大约20%属于第一种情况，30%左右的属于第二种情况，20%左右的属于第三种情况，30%左右的属于第四种情况。截至2016年春节，通过互助基金借款完成高中学业的有36人，完成大学学业的有31人，建楼房的有53户，购买农用车或其他生产资料的有18户，另外，在借款中包括种养和其他经营借款118户次，大病住院33次，其他借款526次，以基金办理抵押的贷款31次。村民通过集体合作让个人的努力有了助力，互助基金基本能解决村民应急所需的借贷。基金所有账目清楚，全部借款按期归还，以基金为抵押的银行贷款无一违约。初期合作成功的示范吸引了其他家庭加入以扩大合作，全村所有的家庭都加入了互助基金会。20多年来村里公产出租的租金收入加上祠堂基金份额的利息收入，除去村庄公共支出和福利支出外，全部注入互助基金会。截至2016年春节，互助基金总额达582775元。

二是培养了公共精神和合作精神。

坎村的互助基金虽然跟公共基础设施集体资源不同，但是它涉及很

---

① 本小节的部分内容引自笔者在《中国农业大学学报》（社会科学版）2016年第1期发表的文章《从利益输送引导的合作到长期合作治理的组织——K村互助基金会的个案研究》。

多公共治理问题，如基金收益分配问题、如何处理较穷的村民和较富的村民份额问题、如何处理搭便车问题、如何处理争端问题以及后续维持和维护问题等都是公共治理的问题，都需要村民集体协商合作来解决。在互助基金集体合作的过程中，每一位参与者都可以自由表达自己的利益和诉求，通过公开讨论和积极参与来管理村庄互助基金和其他公共事务。互助基金的集体合作治理其实是坎村村民在具体集体物品供给上实现村民自治的有益尝试，它以集体合作治理的逻辑代替了外部力量管控的逻辑，它实现了集体物品由外部力量供给到由使用者群体合作供给的转变。这种转变使集体物品满足所有村民的需求，尤其是不同村民的差异性需求，真正实现民主自治的"一致同意"的原则，而且这样的集体合作治理的实践本身也是村民学习自治，学会合作与妥协，学会自我管理，学会集体合作治理的实践机会。坎村集体合作治理为村民在自己管理自己方面已经积累了很多经验，更是逐渐培养起一种公共精神，主要是公共意识、自主意识、合作与妥协意识，并培养了村民对规范的遵守与执行意识，以及对公共生活的参与意愿。

三是增强村民的向心力和归属感。

2006 年前坎村青壮年大多数外出经商、打工，少数留村从事农村商业和手工业，通常是逢年过节才回来，过完年节又离开村庄。但这一情况在 2008 年春节过后有所改变，一直外出打工的 16 个村民选择留在村里发展，他们都认为，村庄的发展慢慢与墟镇融合，村内生活便利，村里提供的福利条件好，让人有安全感和归属感，村子里的环境好，在村里的生活也不比城里差，城里能享受的东西在村里基本上都有，所以他们不愿意外出打工了。到 2013 年，以前长期在外打工的人全部回来从事农村工商业，不再外出，近年有一些大学生也回村庄创业发展。

四是良好的村治。

互助基金会不仅为村民提供借贷支持，还在村庄公产维修、公共卫生维护、村内道路修整、村内沼气池改造、村内路灯维护、排水渠道疏通、水池管理等村庄公共事务的治理上都取得了很好的效果，而且还壮大了村庄集体经济，提高了村民的福利。互助基金会已经变成参与坎村公共事务治理的组织，在互助基金会的带领下，坎村已经形成了良好村治局面。

第三节　互助基金会治理的主要工作①

一　制度设计和文档建设

制度设计与文书档案建设是互助基金会的一个特色。制度设计是设计明文制度，而文书档案建设则是将非正式的约定成文化，两者都是制度建设的重要内容。

从祠堂基金开始，基金的借贷就有成文的制度可循。从 1996 年春节开始的祠堂基金借贷规定到 2002 年的互助基金公约等制度都是在林伯的主持下，由外出精英起草、修改的。其后 2003 年起草的《户主大会办法》决定每年正月初一召开一次户主大会。当年大会全票通过修改的《互助基金公约》就为村庄制度建设提供了村庄"宪法"的依据。《互助基金公约》经户主大会表决是坎村互助基金会治理的一个质的飞跃。因为祠堂基金仅仅是靠外出精英的捐赠成立，虽有成文公约，但没有经过户主大会投票，不具备村庄"宪法"的意义，仅靠村庄习俗约束，使用者没有参与治理；2003 年后成立的互助基金会则是外出精英和使用者共同出资，依公约共同治理，形成了合作共治的局面，组织形式由原来自愿捐赠形成的祠堂基金转为自组织治理的互助基金会。无论是祠堂基金启动给村民使用，还是祠堂基金变为互助基金，在转变的过程中，由外出精英主持制定成文的祠堂基金公约和互助基金公约都起到了关键的作用。

2003 年后召开户主大会还通过两个辅助性的约定，即《管理人员职责》和《监督委员会组成及监督细则》。

2004 年，林伯、林叔和林四等精英建议把户主大会职责变成全村公共事务的治理而不仅仅是互助基金的管理。当年大会就对这个动议进行了表决并获得全票通过。当天的大会还顺势通过了由外出精英事先起草的《祠堂和大院管理条例》、《村民福利的规定》和《公产租借细则》。

---

① 本小节的部分内容引自笔者在《中国农业大学学报》（社会科学版）2016 年第 1 期发表的文章《从利益输送引导的合作到长期合作治理的组织——K 村互助基金会的个案研究》。

这样，户主大会的功能和角色就发生了根本的变化，由原来的基金合作管理变成村庄公共事务合作治理的组织。2005 年通过的《村庄公产出租收费规则》、2006 年通过的《村民大事互助条例》、2012 年通过的《村规村约修改办法》等辅助约定中条文很少，文字也不多，但均以书面形式明确载入互助基金会的文书档案。

至此，坎村公共事务治理不仅有组织，而且有据可依。互助基金会不仅仅是管理互助基金的组织，同时也变成了全村公共事务治理的组织。公约及其附属约定都注重成员之间的权利义务关系、互助基金会的管理分工和财务审查关系，强调互助基金会事务的公平、公正、公开。而且，每一个约定的废除、替代或修改也需要户主大会表决通过才能生效。

坎村制度建设给我们的启发是：合作治理首先需要正式规则对个体在合作过程中的投入以及合作收益的分享方面形成明确的、成文的契约，正式的规则对于稳定相互合作预期起到基本的作用。如果没有规则，那么合作就无从谈起。

文书是明文的制度，区别于口口相传的传统习俗规范，是现代治理的重要标志，对于一个组织的历史演变、行为规范和发展定位都有不可替代的作用。作为互助基金会的领导者，以林伯为首的外出精英有意识地将互助基金的公约、集会形成的决议与动议、意见和建议、互助基金会的资产明细、财务报告、村庄成员福利发放、经营公产的契约（合同）、借款合同，以及村庄重大活动均以文字形式记载保存下来，为互助基金会和其他公共财产提供了日常管理和运作程序的书面依据。他们所进行的规范化、制度化的文书档案建设尝试，成为互助基金会治理制度延续、完善、发展和进行民主治理的依据和保障。

二　决策管理

决策管理是指决策权在组织内部各利益相关者之间的权力分配格局，即什么样的决策由谁做出并遵循什么样的程序做出的问题。决策组织和决策程序关系到集体合作的成败。

2004 年后，在村两委之外，村庄公共事务的决策组织还有以下四个层次。

第一层次是全体户主大会。户主大会由全村家庭户组成，每户一票，每年正月初一上午在祠堂召开一次大会，大会不作具体决策，但对决策委员会、监督委员会和执行委员会的做法有否决权，按照80%的多数原则，决议对决策委员会、监督委员会和执行委员会都具有最高约束力。户主大会每年一次选举的村民小组长为户主大会的召集人。大会主要讨论和表决村民最关心的问题，时间为1—2个小时，第一阶段按7个宗支分组讨论，各宗支房头为分组讨论会的召集人；第二阶段为大会讨论，每个宗支安排一人就该宗支的主要意见在会上发言，相关责任人要对此回应和解答；第三阶段是就监督委员会提交的重大事件和对村庄规章制度做表决；第四阶段是在外出精英中选出15名决策委员。

第二层次是基金会和村务决策委员会。决策委员会由户主大会选出的15名村庄精英组成，而其常务委员会则由精英们推选，被推选的代表一般是对村庄贡献大的，有一定经济、政治和社会地位并热心村庄事务的村庄精英。村民们明白精英们不但不从村庄拿走一分钱，还为村民提供了生计、升学、就业等方面的帮助和其他支持，他们对村庄精英是从心底里服从和信任的。决策委员会由林伯任召集人，他最有威望，对村庄的贡献最大，也是精英们的"头头"；副镇长林叔任第一副主任，他能够为村庄争取更多的政府资源；林四任第二副主任，他很有经营头脑，在外做建筑包工工程就已为村民提供了很多就业机会，早期带动不少村民外出打工，他还是林家大院的近亲，经常能争取到定居香港的林家后代的捐赠，村民们也很给他面子。因此，由三人组成常务决策委员会是众望所归。外出精英能为互助基金会治理提供现代的经营管理意识和制度，也能为村庄制定公允的治理规则，当他们将这些制度规则向村民解释清楚后，村民总体对他们是很信服的。

决策委员会一般每年除夕召开一次大会，会议内容集中在：（1）全面清理与公示账务；（2）彻底盘点公共物资，按资产登记表对号入座；（3）公产租赁和经营的财务状况汇报及审议；（4）根据互助基金的收支状况，确定村庄年末福利发放标准；（5）讨论新一年的工作规划；（6）讨论村庄其他重大事项。在平时，决策常务委员会的三个人实际上就是村庄的决策者，其中林伯实际上成为基金会日常事务的决策者和召集人。

第三层次是监督委员会。监督委员会由本村7大宗支的房头组成，7名房头轮流担任召集人，每人任期一年。这样既照顾到各宗支的利益，又保证了代表性。监督委员会主要负责把各宗支村民的意见反馈到村务决策委员会。在季节性的祠堂拜祖日，村民就村庄日常遇到的问题相互交流意见和看法，经常能就某个大家关心的问题形成共识，监督委员会收集后为村务决策委员会提供决策参考；监督委员会还收集村民对决策委员会的反馈意见，再将村民意见反馈给决策委员会，如果很多村民反对但决策委员会仍坚持原决策，监督委员会可把该决策提交村民大会表决。此外，监督委员会还对互助基金会和村庄的财务进行监督。

第四层次是执行委员会。该委员会由文书、会计、出纳和总务四人组成，主要是一些事务性的工作，由常务决策委员会指定，接受决策委员会和监督委员会的监督，总务为召集人。其中，出纳主要负责日常现金收付；会计主要是记账与核对；文书负责资料归档和会议记录，以及档案管理；总务主要负责印章管理和常务决策委员会召集人交办的日常事务等。

坎村在村两委的治理之外的决策主要通过三个方式实现：一是直接建议权——所有成员在每个季节的拜祖日直接对互助基金会或村庄事务进行讨论协商，村民集体讨论意见对决策有重要参考，经过三分之一以上的户主的签名建议就进入决策讨论；二是间接掌握决策权——由村民把决策权委托给三个代表——林伯、林叔和林四，其中林伯是核心决策人；三是村民大会不具体决策，但对村务决策有否决权和对外出精英主持制定的村规有表决权。当超过80%的户主反对时，决策委员会必须重新做出决策或修改以供下次表决。如果决策委员会的决策连续两年都被户主大会否决，那么户主大会将行使权力重新选举决策委员会。

这样，在互助基金会的治理实践中，精英们虽然在村庄公共资源治理中扮演主导者的角色，也在村庄决策与管理中起着重要作用，但其作用的发挥必须经过全体村民多数同意这个环节。经过这样的制度设计，在某种程度上，精英们对村庄公共资源的治理权就来自全体村民的委托，这是一种根植于坎村自身的委托代理关系，也是非常有效且符合村民意志的委托代理。如果精英们的决策与管理偏离了多数人的利益，村民可以通过全村户主大会等机制否决、修正作为代理人的精英们的负面决策，精英们的决策就处在全体村民的监督控制之下。很明显，这是一种互动型的公共决策体制，不仅强调参与，更强调了成员与决策者的互动，不同观点的成员可以讨论，也可以直接与决策者协商，这种广泛的、充分的民主和协商使公共决策更体现公共利益。坎村这种决策的机制和能力就是自组织治理的标志。

三　组织建设

从互助基金会的制度设计和决策程序可看出，互助基金会的组织结构由全村户主大会、决策委员会、监督委员会、执行委员会四级组成，按照"集体领导，民主管理，分工负责"原则实施组织管理。其组织架构如图3-1所示，管理人员分工则如表3-1所示。

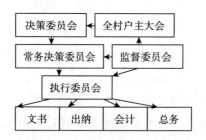

图3-1　互助基金会的组织架构

表3-1　互助基金会管理人员分工

职务	在互助基金会职责
决策委员会召集人	召集、主持有关会议，在民主的基础上形成互助基金会规章制度和决议，主持争端解决；3000元以下的借款（支出）的审批
副主任	主要负责引进外部资源
副主任兼村民小组长	为互助基金拓展资源、创收
文书	负责会议记录、公约归档、合同归档和档案管理
总务	借款印章管理，村庄公产的维修等；信息公布等
会计	合同核对、对账和统计，负责村庄财产登记及一切票证核对、对账和统计工作
出纳	日常现金收付

在分工管理方面，有关公约明确规定了管理人员的职责范围及问责机制。

在协调管理方面，决策委员会召集人为联席会议召集人，执行委员会、监事会和户主大会的召集人在每季度的祠堂拜祖时开碰头会（联席会议），主要听取各机构本季度工作小结，研究明确下季度工作计划。联席会议主要协调决策，但不做决策。

精英们明白，他们的决策不可能百分百符合每个村民利益，也不可能完全正确，为了防止权力滥用和错用，精英们设计了监督机制和户主大会对精英决策进行约束。一来是约束决策委员会的决策，二来尊重和吸收村民表达的意见，发动村民参与决策。全村户主大会相当于"堵塞交换"的机制（Walzer，1983：103），形成了对有权和有钱的村庄精英的决策的限制。如果村民不能限制不利于自己的决策，他们首先可以行使无成本自由退出互助基金会的权利；如果决策委员会的决策连续两年都被户主大会否决，户主大会将行使权力重新选举决策委员会。这都是精英们不愿意看到的。通过这样限制，达到制止某一或某些物品被某人或某些人所控制与支配情况的出现，从而可以大大地降低不平等和权力滥用现象。虽然从来没出现过决策委员会的决策被否决的情况，但作为一项制度，其对决策委员会的权力明显起到制约的作用。

除执行委员会成员以外，决策委员会成员在外面都有较高的收入，他们均不从村庄领取任何形式的工资或津贴。监督委员会的工作是非日常性的，也没有任何形式的工资或津贴。执行委员会成员和祠堂日常管理人（祭祀主司）的津贴总额每年不得超过村庄公产出租总收入的3%。

四　财务和基金借贷管理

在财务和借贷管理方面，互助基金会先是制定了专门的《互助基金借贷管理细则》，后来在此基础上制定了包括互助基金借贷以及全村公共事务的《互助基金财务管理和借贷细则》。基金会的财务管理坚持严格的票据手续，财务月清月结，年终由决策委员会指定人进行清点核算，进行公示。通常情况下，财务方面的问题会在联席会议的季度例会上通报，主要涉及财务状况，包括借贷情况、归还情况、抵押情况、利息情况、村产出租收入情况、公共支出情况。所有收支及财务细项都要在祠堂众事墙栏目上公开张贴并备份存档。财务管理流程如图3-2所示。

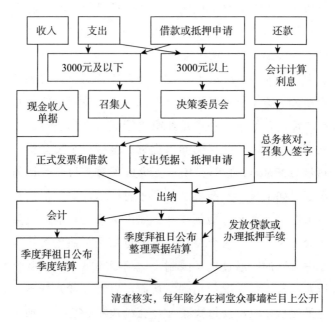

图 3 - 2　互助基金会财务管理流程

五　村庄资产的经营和管理

一定的经济资源是维系一个组织存续和运作的物质基础，更是动员合作的必不可少的条件。坎村互助基金会虽然在初期通过林家大院后代的捐赠取得了原始资金和房产，再通过村庄资产出租和外出精英以及村民的出资入会扩大了基金的来源，但基金会的生存和发展的能力一直是精英们考虑的问题。在村庄精英的支持下，1995 年就出租了村庄池塘、山林以及大院围墙外的 18 间房子；2002 年后开始出租大院内运动场地给镇政府机关和企事业单位使用。2006 年开始在祠堂内开设了 1 家收费网吧，还购买了镇上农贸市场的 3 个固定摊位用于出租。所有的出租项目都以公开竞标的形式发包给本村村民经营，若本村无人承包则同样用竞标方法承包给外村人。村民可以独户或联户的形式承包，三年重新发包一次，承包户与村集体（后来是与互助基金会）签订承包合同，订合同时一次交足该年的承包费，获得经营权。以上租金的收入除用于村庄公共事务和村庄福利支出外，结余部分全部以祠堂基金的份额注入互助基金。经过十几年的发展，坎村互助基金会已渐成规模。

具体的资产经营管理实行专人分工负责制度。决策委员会订立责任制，落实公约措施，各种公产的承包租赁由执行委员会主任带领执行委员会成员与承租人谈判，谈判后在决策委员会办公室签订合同，到会计处开票交款，再转出纳；执行委员会主任定期检查出租的公产状况。公产的运作管理注重以下3条规则：（1）公开出租信息，执行委员会成员多人出面谈判，到决策委员会办公室在决策召集人的监督下签订合同，防止谈判人与对方合谋；（2）注重对管理团队的激励，全村户主大会同意村庄公产出租收入的3%为互助基金会管理团队的活动经费；（3）同等条件下本村民优先，但管理团队成员及三代以内直系亲属不得承租，对本村村民不逐年加租，鼓励本村人办实业。

对资产的经营管理的另一面是维护修缮村庄公产，主要是对大院的建筑群、村内道路、公共沼池、路灯和池塘的维护。维护重点是祠堂、围墙和其他附属建筑，还有围墙外的平房。资产及公共设施由执行委员会成员不定期巡查，发现损毁就报告总务修缮。

目前，坎村拥有多处可用于经营的固定资产，财务方面除了维修费用、人员费用、办公费用以及村庄公共支出外，年年有结余，成功地解决了互助基金资金来源问题，也为坎村合作治理公共事务治理提供了经济条件。

六　公共福利和村庄文化活动

自1981年分田到户至1996年，坎村没有集体收入因而没有公共福利。1996年后，祠堂基金和村庄公产的收入除用于公共投资、人工费用和日常祭祀以及村庄公共活动外，大部分用于村庄公共福利。除了资金需求者能够从互助基金会得到借款外，互助基金会还以成文形式规定了村民的主要福利，如日常免费享受大院内的棋牌、球类等娱乐设施和每月一至两次的免费电影；中秋节全村65岁以上老人聚会聚餐；每两年正月初四外嫁女回娘家集体聚餐；奖励本村考上"985""211"大学的学生；村民大病住院慰问；为过世的村民送终、办法会；把村里商铺的收入用于补贴村内丧失劳动能力的年长孤寡五保户的生活费等。2002年后，由于村庄财务逐年好转，村民福利还增加了年末分红，但具体数额由决策委员会根据财务状况决定。

与村庄公共福利密切相关的是，互助基金会除了在大院提供日常娱乐设施、开设一个图书阅览室之外，还按旧例，每年举办元宵灯会、二月二木偶戏表演、清明节对开山始祖的祭祀等，既丰富村庄文化生活，保存了这里的客家人传统，又增加宗族记忆，并起到延续宗族共同体认同的作用。

第四节　互助基金会的本质特点和成员的行为选择

一　互助基金会的本质

坎村互助基金的集体资源是在外出精英捐献的基础上，[①] 运用村庄社会网的不成文制度，由外出精英制定成文规则，供村民使用，村民得到实际利益后，被引导积极参与出资，然后由出资但不使用资源的外出精英和既是出资者又是使用者的村民集体合作治理的一种村庄共享资源治理模式。互助基金集体合作治理是坎村村民自己组织起来，在不依赖外部代理人的情况下，为解决村民群体所面临的共同问题，增进共同利益而进行的自主协调，并由此制定相应有效的制度安排，是深深嵌入村庄社会关系网中的以经济合作为纽带的"我助人人，人人助我"的互惠型社会合作，类似"轮流信用组织"。

需要指出的是，外出精英从捐资修复村庄大院（也是村庄共享资源）到祠堂基金，再到出资成立互助基金会，如果仅考虑到15天内的借款活期利息和管理人的劳务费等因素，出资人所得远远低于同期银行贷款利息，经常还低于一年期活期存款利息，所以这些出资人不是变相存钱以获取利息，首要目的不是经济利益，而更多是从成员关系的维系、成员情感、[②] 社会地位的维护、荣誉、慷慨和相互义务的角度来考虑的。

---

① 某些集体资源的提供要求先有外部力量提供种子基金，当外部力量提供的力量足以令公共资源具备运转条件时，可以诱导使用者出资，经常情况是一个很小的种子基金就可以诱导很多的使用者出资。

② 关于情感问题与个体行为的研究来源于亚当·斯密。他论述了自爱、同情、追求自由的欲望、正义感、劳动习惯和交换倾向等人类行为的自然的动机，但长期被经济学界忽视。参见亚当·斯密《道德情操论》，王秀莉译，上海：上海三联书店，2011，第1~2页。

个人的经济决策事实上嵌入社会网络，个人是否参与集体行动不只是成本收益的简单经济计算过程，而更多受非经济激励影响的社会过程。不同于其他农民专业合作经济组织，坎村互助基金会是村民相互合作的、嵌入宗族社会网的小型非营利性自助型集体共享资源。

二　互助基金会的特点

坎村互助基金会启发我们，并非只有自然资源或有形资源才能成为"公地"。公地的本质特征在于决定资产使用方式的产权结构，如果某种资产的产权安排决定了很多人都能不同程度地使用这种资产，那么这种资产就具有公地的特性。互助基金资源就是一块"公地"，但明显不同于其他公共资源。传统的"公地悲剧"的"公地"一般有如下特点：第一，不论其他人做出什么选择，决策者采取不合作的选择总是比合作的选择有更多的得益；第二，与合作的选择相比，不合作的选择对他人总是有损失的；第三，不合作的选择对他人造成的损失总计大于决策者个人的得益；第四，群体成员都共享这种公共资源，每个人都可以从这种资源中获取利益，然而如果所有人都获取这种资源，这种资源就会被消耗殆尽。"公地悲剧"产生的一个重要前提是：系统内公共资源或空间是有限的，系统内的参与者或者合作者是势均力敌的，没有强势合作者，系统将随着成员自身数量或收益的增加而导致公共资源的减少，因而合作者或者说参与者之间必将发生竞争或冲突，从而导致合作系统的解体，并且这种因公共资源的减少而发生的冲突即便在具有较强的遗传或互惠关系的情况下也会发生。

坎村互助基金会不同于上述公共资源，也不完全等同于埃莉诺·奥斯特罗姆的共享资源或者布坎南的俱乐部产品[①]：第一，互助基金资源的产权由两部分组成，一是村民共有产权的祠堂基金部分，二是私人出资部分，前者属于全体村民，后者属于出资者私人所有。第二，坎村互助基金存在强势合作者，他们是共享资源的发起者和规则的制定者，起到了领头和引导的作用。第三，由于规定归还本息后方可再借，且出资

---

① 坎村的互助基金类似于但又有不同于俱乐部产品，即外出精英作为村庄的成员，不使用"俱乐部的产品"，却为村民提供了"俱乐部产品"——互助基金。

的每户每年借款不能超过两次，年借款总额不得超过份额的 6 倍。这就在很大程度上避免使用集体共享资源的拥挤效应，这将有利于公共资源的自愿供给。第四，随着集体行动参与者的人数增加，若公共物品的生产成本不变或者降低，利润没有减少，那么合作的可能性会随着集团规模的扩大而增加。当参与互助基金的村民增加时，公共资源的总量也会增加，参与的村民个体从中能获取的收益并不会减少，相反还会增加，呈现帕累托增进的特点，是一种典型的"非零和型的集体资源"。

三　互助基金会成员的行为决策模型

在"非零和型的集体资源"的治理中，如果群体中的成员初始选择不合作，则不合作所得的收益要低于合作的收益；行为决策的结果虽然也依赖于他人的行为选择，但与合作行为相比，初始不合作对他人利益无害，如果选择了合作，合作存续期间的违约就会损害他人利益，群体内所有成员合作要比都不合作使得每个成员获益更多。由于限定初始不入会（不合作）者每年最高借款额不超过 2000 元（即搭便车的数额），显然，个体的不合作并不是严格的占优策略，相反合作才可能是最优的策略。

为了更好地理解这个问题，我们结合坎村实际以图 3-3 来做进一步说明。在一个由 n+1 个人组成的群体中，某人获得的效用是他自己的行为和他人行为的函数，其他人的行为用横轴表示，即合作者的数目。这个人的效用用纵轴表示，如果他是个合作者，他的效用在图中以 R 来表示，如果他是个不合作者，其效用曲线是一条平行于横轴的直线 L（因为搭便车的最高限额是 2000 元）。因为坎村集体资源（互助基金）成立前就已经有了一笔可供村民使用的资源（原始的祠堂基金），所以我们可以看到，即使不合作也可以得到 2000 元（这里权且用最低贷款额来表示效用），如果合作（入会）的话，效用会更高，即大于 2000 元，虽然两条线均和纵轴相交，但形成了不同于普通二人囚徒困境的结果，即最优结构是全面合作，次优的是自己不合作（搭便车），最坏的是各方都不合作（无法形成互助基金）。

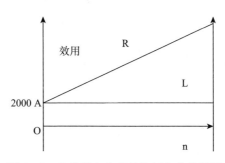

图 3-3 互助基金会成员的行为决策模型

图中，A 点是即使搭便车（不合作）也能得到的借款数额，但很明显，如果选择合作，则收益曲线变为 R，而且 R 还与入会额度（类似于合作的努力程度）的大小有关，入会额度越大，加入的人数越多，每个参与者的边际收益递增，得到的效用（可得的借款）就越高，即出现"帕累托增进"的状态，选择合作便成为最优的选择。这时，不合作是个人最优选择这个条件不再适用了。

既然坎村互助基金具有传统集体资源不具备的一些特征，那么就不能照搬传统的理论来解释。那为什么坎村村民能有效地进行解决村民信贷资金需求问题的村庄集体资源的合作治理？村民的合作如何产生？合作行为如何演化？影响合作的因素有哪些？对这一系列问题需要换一个角度进行深入思考。集体合作问题反映了个体行为和群体秩序的关系，个体决策和行为选择及其策略互动过程是分析的重点，而群体秩序则作为最终博弈均衡的结果。因此，坎村集体合作的群体秩序形成过程中，理性地追求自身利益依然是个体行为的出发点，但个体追求自身的利益为什么能够导致集体合作的群体秩序而不是"公地悲剧"？坎村村民合作治理村庄集体资源有何特殊性？这些就是需要我们深入探讨的问题。

第四章 村庄合作治理的社会基础

福山曾说过，华人社会的村庄与其他国家一样，是中国农村社会的基本单位，与印度、日本甚至与欧洲的其他许多地区相比，很明显缺乏内聚力。很少会出现这种情况：村子的许多人在一项共同的任务上产生团结风气和合作意识。它更像是一些农户居住聚集地而不是一个具有活力和功能特征的社区（福山，2001：93）。一些中国村庄的状态是村民自发性的公共意识低，集体合作很困难，但为什么坎村却有很好的内聚力并且能在血缘伦理型合作的基础上发展出利他教化型合作、多次博弈型合作、协商共识型合作和外部第三方惩罚约束型的合作，并对村庄集体共享资源进行卓有成效的治理？笔者尝试从经济学、社会学、民俗学、心理学等交叉学科的视角来分析坎村合作的社会基础。

第一节 利于合作的传统因素

在村庄内，个体与他人的交往固定在确定的宗族社会网和村庄空间以内，空间共生有助于那些缺乏识别个体能力的个体，使他们仅仅与固定的其他个体长期接触，从而能够在固定的交往中获取合作决策的信息。一定的空间结构能够促进和维系生物合作的进化，彼此活动、居住在相同的地域有助于交往的持久，提高未来贴现值，合作就会出现，如生物界中的群居和选择性的同类交往，有助于最初的合作个体的成长繁荣。

一 村庄集体主义文化

托克维尔说过（转引自帕特南，2001：106）："当不再有任何牢固与持久的纽带把人们结合起来时，要使得一定数量以上的人们进行合作是不可能的，除非你能劝说每一个需要其帮助的人，使他相信，通过自愿地把自己的努力与其他人的努力统一起来，能增进他自己的私人利益。"坎村的宗族社会网络就是一条托克维尔所指的"牢固与持久"的纽带，把坎村的人凝聚起来，使合作有长期牢固的基础。坎村以宗族社会网络为纽带，形成了自己特色的集体主义文化。

第一，有正常运行的、不同于传统的宗族社会网络组织。组织化是集体行动的前提，也是集体合作治理的基础。从村庄内部看，虽然外出人口很多，但坎村仍然是一个客家人聚居的村落共同体，还是以血缘关系为纽带聚居的，宗族在集体合作中起到显著的作用。

坎村的客家宗族社会是由家庭、房族和宗族这三个不同层次构成。家庭是其中最基本单位；房族是由跨家庭的、较为亲近的带血缘关系的家庭群所组成；宗族则是家庭和房族的叠加，是个体在传统乡村社区生活中的生存空间大环境。坎村宗族分三大宗支，大宗支有大房头，三个大宗支又分为7个小宗支，小宗支有小房头。与传统的宗族组织不同，坎村宗族的大小房头和老人组成的祭祀委员会主要负责组织宗族传统祭祀活动、主持宗族活动仪式和督促亲属遵守宗族规范。村庄重大事项和难解的争议由常回村庄的外出精英以及村庄能人组成的村务决策委员会主持解决，但要受全村户主大会的制约并接受监督委员会的监督，村务决策的所有讨论都有严格的记录制度和存档制度。

坎村的宗族经历9代，直到现在仍然保存很完善的构成宗族共同体的许多基本要素，包括纯林姓的人口和新近重建的祠堂、编辑整理得十分考究的族谱等。以祠堂为空间载体，村民熟知同一先人和后人之间的关联，对于规范代际关系、凝聚宗族力量、维系社会秩序、调解纠纷、救济贫困、社会治安、生产互助等方面发挥着重要作用。在坎村，祠堂既是宗族祭祀祖先的庙堂，是宗族的象征和物化形态，也是商议宗族要事、处置宗族事务的公共性场所。祠堂成为联系和组织族人、传承村落文化以及村庄权力运行的重要载体。

第二，社会网内的集体活动强化集体记忆。集体记忆或社会记忆存在于纪念仪式之中，有关过去的意象和记忆正是通过在某种程度上具有仪式性的操演传递和保持的（康纳顿，2000：91）。坎村就具有自身的记忆体系，并依赖于独特集体活动维系着自身文化的传承与发展。新中国成立前，宗族有蒸尝①田产，也即供祭祀用的田产，多的年景有八九十担谷，一般年景也有四五十担，这些谷物供每年祭扫祖墓之用。新中国成立后，没有了蒸尝田产，祭祀扫墓之类也一度被官方禁止，但仍暗中进行，从没有中断，分田到户后，所有的宗族活动都公开恢复。现在每年的宗族祭祀，除了一些外出精英的捐资和祠堂基金的收入外，还要每家每户捐资合作，多少不限。出钱、出物、出力者，名字可上祭文，不出钱物亦不出力者，家人名字不能上祭文，也不能够分吃祭品。这里的客家人在清明节祭祀当日，全村出动，杀猪宰鹅，买菜煮饭，折纸钱、写祭文，锣鼓喧天，鞭炮齐鸣，醒狮奔跃，旌旗飘动，可谓热闹非凡，更是一次完美的集体合作。目前的宗族集体活动主要有：每年春节以及时令节在祠堂的四次拜祖、正月十五在祠堂挂花灯和游神、农历二月二在祠堂上演的木偶戏、清明节到开基祖宗墓地祭祖、一年四次"做社"（拜土地神）等。这些活动基本是全村全体参与，即使是外出人员，包括外出精英都会亲自参与其中的大多数，他们如果不能亲自参与，那也要参与凑份。祭祀活动为宗族成员提供了聚集的机会，在坎村，不少人长年在外工作生活，而一年几次的宗族祭祀活动无疑创造了更多的面对面交流机会。祭祀活动加强了人与人之间在血缘上的认同感，让宗族成员认识到自己始终是宗族的一员，置身于宗族关系之中。

宗族的凝聚仰赖于祖先仰拜，每年多次在祠堂对祖宗的祭拜利于宗族的凝聚。祭拜的神圣仪式赋予感情神圣统一的表现形式，从而修正、补充和加强了社会稳固所依赖的情感体系。宗族集体活动的仪式加强了社会化。仪式的作用是通过建立固定的行为模式，把个人与群体联系在一起。虽然大多数的仪式是毫无经济意义的，但人们会对这些仪式投入大量的感情，宗族集体活动的仪式已经成为维系宗族群体的重要纽带，是宗族传统得以传承的载体和宗族集体记忆的起点。仪式不只帮助人们回忆过去那些把共同体聚合在一起的重大事件，同时还构成了集体记忆，可以说它是一个中介变量，一方面通过日历上的节日庆典来纪念这些事件，而另一方面也被这些事件所强化。在群体和社会生活之间，不存在

---

① 蒸尝，"蒸"指冬祭，"尝"指秋祭，后泛指祭祀。《国语·楚语下》："国于是乎蒸尝。"《后汉书·冯衍传下》："春秋蒸尝，昭穆无列。"坎村及附近的客家人拜祭祖先称"消蒸尝"，蒸尝也泛指族人聚餐。

空白点。表面上看，在创造性时期之间（即集体欢腾和平淡无奇的生活之间，笔者注）存在真空，但这些真空由集体记忆充塞着，这些集体记忆以象征的形式显现，或者通过父母或其他长辈向孩子传承，或通过男女众生保持着生命力。集体记忆确保了宗族文化传统的连续性。

以正月十五游神和清明祭祖为例，活动的组织者和参与者在自觉和不自觉中扮演着类似合作生产的不同角色。村庄具有威望和能力的村民是活动的重要组织者和参与者，留守村庄的祠堂管理人负责所有活动的统筹协调工作；年长男性多是乐队中的成员，年轻男性则是抬神辇、敲锣打鼓或被安排燃放鞭炮；年轻女性被安排做纸钱，少年扛幡旗，年长女性做后勤或祭拜神灵，其他村民或是作为观众或是作为随从都是宗族活动的参与者而非旁观者。宗族人都能够在宗族集体活动中找到自己所要扮演的角色并发挥着相应的作用。宗族成员正是通过这种集体性参与承继宗族的文化传统，保存和丰富着宗族集体记忆。

现代社会心理学认为，任何个体对事件的记忆都具有社会性，某一群体成员对某一事件的记忆大体上是相同的，因而集体记忆能制造最广泛的集体或社会认同。仪式对维系人们的社会团结、联络感情的有重要作用，集体行动依赖于一种集体情感，一种集体情感与个人单独一人时的情感及行为颇为不同，加入集体行动的情感与个人情感有很大不同，而且集体情感可以有力地驱使个人（徐尔干，2000）。集体情感是社会团结的基础和纽带，就其本质而言，社会凝聚来源于共同的信仰和感情。坎村宗族通过祭祀、族谱、祠堂、集体活动等公共领域来维系族人的集体记忆，达到强化宗族观念和宗族认同的效果。

第三，村庄集体活动和日常交往利于构建秩序。坎村的日常交往和集体活动起到了哈贝马斯所说的"公共领域"的作用，"公共领域"这一空间整合了坎村的民间信仰、文化习俗、宗族意识、村落观念等地方性知识，活动的参与者通过身体的实践不断习得这些知识并使之得以传承发展，使宗族秩序得以内化。另外，在日常交往和村庄集体活动中，成员能够自由地表达和发展其观点，村民也就发挥了公共作用。作为公共领域的成员的自由表达和沟通不仅有效地促进合作，而且还在于能够构建合作的秩序。特别的，作为"公共领域"的集体活动从社会学意义上说"……只不过是心灵的一种活动，只不过是人类把本身不结合在一起的各种感官意向结合为一些统一的观点的方式"（齐美尔，2002）。这样，坎村从社会自然演进和文化传承过程中产生自生自发的社会秩序。因为村民身处同一或相似生活场景中，他们有着大致相同的生活体验，面临着差不多的现实社会问题，于是，他们之间极易产生"同感""共识"，乃至共同的"价值规范"，形成自生自发的秩序；也正是因为经常的沟通和交流，对共同面临的问题容易达成"共识"，容易形成有组织、有意识建构的秩序，而且积极的交流还可以促进人们的合作行为。自发秩序和构建秩序为村民在社会生活中采取一致行动提供了现实根据。"在大多数的时间中，我们文明社会中的成员都遵循一些并非有意构建的行为模式，从而在他们的行动中表现出了某种常规性；这里需要强调指出的是，这种行动的常规性并不是命令或强制的结果，甚至常常也不是有意识地遵循众所周知的规则的结果，而是牢固确立的习惯和传统所导致的结果"（哈耶克，1997），这样，村庄交往和集体活动就成为这个传统客家人村落社会最典型的制度化空间，发挥着构建亲缘与伦理性秩序的功能。村庄秩序（规范）成为一种"逻辑坐标"，人们自发形成和达成共识构建的秩序是超越新古典经济学和经典博弈论中的理性选择的这一基石性假定的，虽然与理性相符，但不一定为理性所预设。因为这种社会秩序是内生的、自我实施的社会结构，通过群体内部个体策略互动而产生并自我维持，它本身不仅作为一种社会规则对成员的各自行为有一种自我强制性的规约，而且对正式的契约执行起到重要的作用。其实"即便在发达的市场经济，私有产权和合同也不仅仅由正式的法律系统来执行。各种各样的治理机制——无论是私人的还是公共的，正式的还是非正式的，它们作为制度安排的复合体都同时发挥作用"（青木昌彦，2001）。因此，秩序实际上给当事人和其他当事者一种确定的信号，告诉他应该这样做并有信心地预期到他本人如此行动亦会从别人那里获得同样的合作。

第四，村庄成员具有强烈的认同感。其实，能够将社群黏合起来的既非国家的法律，也非市场中的交换机制及规则，而主要是伦理价值上的文化认同。这种认同首先表现为对社群公共利益的价值认同，公共利益、公共价值从而成为社群内德行和正义的基础。集体主义的文化、集体活动和秩序的构建形成了村民特有的文化关联，增强了村民的认同感。

村庄社会的文化关联之所以能形成村庄集体认同，实现村庄社会整合，是因为它一经形成便能将村民纳入同一文化场景之中，让村民在同一文化场景中体验并遵从村庄文化网络的张力，使村民在村庄社会中的活动越来越体现村庄社会网络文化的要求。宗族集体主义文化使个体认识到他（或她）属于本宗族群体，同时也认识到宗族群体的其他成员给自己所带来的情感和价值意义，对宗族群体成员的认同满足了心理层次的个人归属的需要。普遍存在的归属感需要让人们愿意加入群体和组织中去或者是与他人保持接触和联系。对群体有归属感的个人会对群体感到满意，这种满意感会增加群体内的信任，表现出群体内收益的最大化和不平等的最小化，更多地促使个人表现出合作行为。另外，集体主义文化信念使社会组织建立在团体力量基础上，从而得以利用经济的、社会的以及更可能是道德的制裁来防止行为的偏离，社会认同增加了群体内的合作行为。

第五，集体主义文化的遗传特性明显。借鉴"群组选择"理论，群组之间的竞争利于群体内部合作。100多年前坎村的客家人作为一个新来的移民群体，需要与当地人不断竞争甚至械斗才得以生存，在咸丰年间"土客械斗"达到高峰，此后的"土客械斗"大概持续到民国初年。当时，坎村村民需要以群的联合力量和集体行动来弥补个体自身防卫能力的不足才能生存。这样的群体竞争环境塑造了坎村客家人群联合的历史传统。因为其有利于群组在竞争中取胜，所以合作文化也在更广泛的范围中传播开来，成为一种普遍持守的文化。这样的文化源于人类群体在自然选择中，心理上对各种观念、信仰等适应的一种进化过程，自然选择为人类群体塑造了在"接受错误"和"拒绝错误"的不确定性中选择一种最优策略的认知系统。因而，在不同环境下生存的人类群体拥有了不同的行为，从历史的角度来看坎村村民的合作文化就不难理解坎村的合作行为选择。更为重要的是，搬迁至此地后的坎村客家人一直保留衣锦还乡、光宗耀祖，以及通过为家乡做贡献从而达到恩泽宗亲的传统思想。从小时候开始，男孩就被父辈教育以村里的精英为榜样，以"衣锦还乡、光宗耀祖、恩泽宗亲"作为成功人士的标准。这种思想得以代代相传，而这种思想的核心恰恰是利他。利他则是有利于提高合作水平的，利于集体行动的。"合作行为是一个稳定的结果这个结论必须建立在个体在某种意义上能够成功地把更多的个性传递给其'后裔'而不是他人这个假设之上。……个体的行为是通过学习或模仿他人而取得的，并且他们总是倾向于从成功的良师益友中复制行为。这样一个文化遗传的过程将会导致行为模式的传播，包括满足演化稳定性判断标准的合作行为"（史密斯，2008）。每个子女通过模仿某个成功人士来获得某种特性，这个成功人士不一定是其父母，但是通过父辈传授的思想，子女认为那些人是成功的而模仿。以此衡量，则一些保证成功的特性将不断增多。由于成功的判断标准本身在一定程度上是文化决定的，坎村客家文化遗传下来的成功判断标准经过不断遗传复制，具有这种成功思想的人不断增多。因此，他们一旦成功，就会以实际的行动践行"衣锦还乡、光宗耀祖、恩泽宗亲"的成功理念。

第六，外出村民的心灵归属村庄和宗族。外出精英和其他村民，由于都受过较高层次教育，都意识到"倘若把自己与社会共享的活动割裂开来，把自己与社会共同体割裂开来（人类的意义和目标在共同体的活动中才得以显现出来），那么，他在自身之外将无法找到任何有价值的东西"（Macintyre，1981），所以，即使不在村庄居住，也把根留在村庄，自觉融入自己的宗族。借助通信技术和电子传媒的发展，他们可以通过互联网等手段来传递信息，随时可以和自己的村庄沟通联系与处理各种人际关系，就如面对面的处理一样（如网上聊天、视频等）。在城市（城镇）生活的坎村外出精英，也正在面临着时代的大转型。在城市社会，由于人员流动性增大，人与人之间的关系更多是临时的性质，变得越来越疏远，集体性的行动变得越来越难实施，他们往往置身于一个"熟悉的"陌生人的世界，城市化中的人们正在进入一个"不确定性的时代"，于是，个人只有更加依凭于自己的奋斗精神和事业成就。在这样的社会进程中，以往那种固定身份和集体的稳定业已消失，人与人之间虽然在空间上越来越接近，但有机的组织联系却在日益疏远，以至于使社会生活变得更加支离破碎与充满变数。

在此背景下，一些外出村民被城市社会逐渐边缘化。随着社会公共生活的渐渐消失，外出精英的社会身份和社会认同就不再是"已知的"状态，他们不得不冒着风险去做个人的挣扎，以便获取也已消失的生活状态。现代城市生活其实是一种分割文化，现代城市生活提供不了集体认同感，而能把人们拴在一起的只有消费者这个身份。现代城市中，传统社会机制和处理个体不安全感的方式（如福利单位、熟人群体、核心家庭等）受到大幅度摧毁，结果是人们的不确定感和脆弱感更加深了，这样人们又期待退回到他们熟悉人群的领地动力。于是他们在寻求个人主义生活方式作为主要应对策略的同时，也有一种退避到宗族主义的行为方式的诉求。他们为了寻求稳定性和安全感，试图在宗族的同一性中重新发掘以往的确定性和集体生活的方式。通过宗族认同的途径，个人又找到了集体行动和群体认同的新形式，这些形式能够使个人重新感觉到自己是一个群体的组成部分。宗族的认同为外出精英摆脱城市鼓励的个人主义提供了机会。他们通过宗族的认同来重新定义在城市的身份，在与宗亲的紧密关系中找到了某种归属感。在越来越分化、越来越崇尚个人主义的复杂社会中，由于作为集体成员的身份被削弱，宗族认同也就应运而生。社会生活的瓦解，促使人们寻求宗族的庇护，由于身份的同一性使然，个人化也就容易蜕变为宗族化。个人退避到宗族主义这样的共同体中，是因为人们在信仰、文化或其他一些共同体验上所具有的相似性。这种退避行为是恐惧和混乱状态所造成的。这种群体能够确保个人与他人之间的同一性。总之，宗族聊以提供某种形式的稳定性，而这种稳定性根植于人们相互之间所拥有的"共同的语言，文化和古老的历史"之中。

作为宗族的群体，为个人所能提供的某些庇护和稳定性，其主要途径而是以一种共同体的形式采取行动。那些具有相似观点和背景的人们，可以借此结合在一起，并从这些群体的稳定性中获得安全的保障和体验。同时一旦归于与自己所认同的群体，人们可以不必退隐到个人主义的狭小空间，从而可以排遣个人的孤独状态和寂寞的感觉。宗族认同的事实以及对宗族共同体精神的诉求，恰恰显示了城市化过程中转入城市的村民对深层的共同情感的渴望和需求，也体现了人们对于共同体以及相互结合的一种需求。

从经济上讲，虽然外出精英和其他外出村民风险相对较小，但由于城市社会的孤立，他们的"根"、他们的心灵依然还留在村庄。一些社会风险依然依靠村庄社会网络提供的社会资源来化解，如至亲的生老病死以及叶落归根的养老等。

二 信任和持续的关系

信任是集体合作的关键，有集体合作才能产生合作治理机制，有合作治理机制才能维持长期有效的合作。然而，关于合作与信任的关系，一直有很多争论。有人认为信任是合作的前提，也有人认为信任是合作的结果。究竟信任是合作的前提还是合作的结果不是本研究要讨论的内容，但有一点是肯定的，合作需要一定程度的信任，特别是相互信任，在社会行动者之间如果充满不信任，就不会出现合作。信任若是单方面的，也可能出现不合作。"囚徒困境"的实质是双方缺乏交流和信任，即使人们有非常充分的合作动机，也预见到巨大的合作剩余，但如果缺乏信任也无法合作。这就不仅需要在合作前信任他人，而且需要相信自己是被人信任的。一般来说，信任度越高，合作的可能性越大。

坎村的集体主义文化环境和制度规范与信任紧密相连。人的本性或道德氛围、理性的利益算计或交换、有力的防范或惩罚机制、信任需要等等，都是信任得以成长的因素。而坎村集体意识作为一种包含社会信任的社会资本，在维系群体合作中发挥着重要作用。组织内部的集体意识和密切信任有助于群体成员之间的普遍信任的提高。普遍信任孕育于一个社会的历史和文化之中，有些文化有助于人们之间产生信任并使信任等社会资本得以积累，有些文化则不然。坎村就具备有助于产生信任并使信任得以积累的历史文化环境。镶嵌于坎村历史和文化环境的信任，总体上可以归为：突出社会道德层面的信任（人际信任）和强调利益算计层面的信任（条件信任）。

突出道德层面的信任在坎村以亲缘信任为主，是"差序格局"的信任，即从村民自我角度出发，沿着血缘亲疏远近，其信任度递减的信任模式，这种信任是基于对对方意图和行为的积极预期，愿意向对方暴露自己的弱点并且不担心被利用的一种心理状态。村民相互存在或近或远的血缘关系，基于血缘的信任内核并未发生本质的变化。以血缘关系为基础的信任，虽受制于人际关系上的差序性和圈层结构，且信任边界是个天然封闭圈，但封闭圈中的信任、互惠，彼此间的信誉，远远超过其他任何社会资本中提到的封闭圈，因为血缘在其中起到了一种信任担保作用。在非契约化的村庄环境中，借助村庄非正式规范的制约，突出道德层面的信任得到强化。

强调利益算计层面的信任（条件信任）就是行为人考虑了惩罚、回报、信誉计算的交易等因素而采取信任合作的行为，包括了工具性差序格局的信任。[①] 近年来受到市场化的冲击，随着社会环境变化，人员流动增大，在亲缘关系上建立个人信任受到一定的冲击，村民相互之间信任的程度并非完全取决于双方所包含的先天血缘关系，已经存在很多利益层面算计的信任（条件信任）。在算计信任的基础上，坎村也已经发展出三个阶段的信任：第一阶段是基于惩罚、回报、信誉计算的交易；第二阶段是基于第一阶段获得的知识采取信任或不信任的对策；第三阶段是在稳定认识的基础上形成合作和信任关系。

信任则是降低交易成本、促进合作的一种有效的制度安排。因为人是有限理性的，包揽无遗的缔约活动是不可能的。契约中总是存在事前未规定的剩余，因此，逆向选择和道德风险随时随地存在。而信任转化为一种声誉机制对经济活动产生作用，正是这种声誉机制使得人们获得的收益取决于其过去的行为，使得从今天的欺骗行为中得到的收益要少于诚实行为带来的长期收益，使参与交易的双方（或多方）之间可以产生一些比较稳定的预期。每个人事先就已知道其他人对他的行为做出的反应，结果是大大减少了个人决策中的不确定性，从而使交易具有可预测性。国外已有研究发现，个体对他人合作行为的预期是影响合作的重要中介变量之一。若一定的情境线索使得博弈者预期其他人会合作，则博弈者会表现出更多的合作意愿和合作行为；若一定的情境线索使得博弈者不相信其他人会合作，则博弈者会因避免他人剥削，进而采取竞争行为。

但值得注意的一个问题是，在坎村，村民流动性较大，也有不少村民离开村庄，在市场化世俗化的冲击下，村民算计成分增加，亲缘信任和条件信任度都不同程度受到影响。但为什么他们还是对村庄集体共享

---

① 工具性差序格局大体包括五个方面：（1）社会联系是自我中心式的，即围绕着个人中心建立起来；（2）人们建立关系时考虑的是有利可图，所以亲属和非亲属都可以纳入其中；（3）从中心的格局向外，格局中成员的工具性价值逐渐递减；（4）中心成员要经常加强与其他成员的亲密联系；（5）关系越亲密就越有可能被中心成员用来实现其实利目标。参见李沛良《论中国式社会学研究的关联概念与命题》，北京大学社会学所主编《东亚社会研究》，北京：北京大学出版社，1993。

资源采取合作的态度？因为信任对于基于回报的合作并不是必要的。"合作的基础不是真正的信任，而是关系的持续性。当条件具备了，对策者可能通过对双方有利的可能性的试错学习，通过对其他成功者的模仿或通过选择成功的策略剔除不成功的策略的盲目过程来达到相互合作。从长远来看，双方建立稳定的合作环境条件是否成熟比双方是否信任来得更重要。"（阿克塞尔罗德，2007）促进合作最重要的条件是依赖于约束和利益，而无须假定预先的信任最终将会达到足以自行产生合作的水平。为了合作能稳定，未来必须有足够大的影响，它要求对策双方有一个足够大的机会再次相遇，并且他们再次相遇的意义不能被打太多折扣。成员关系的长期持续性则可满足这个条件，主要在于长期持续的关系利于减少合作的不确定性：一是长期亲密的共同生活培育了个体之间的高度了解，有利于选择可靠的合作伙伴；二是长期相处能够持续了解组织成员的行为方式，从而培养信任和实施监督；三是重复交易和声誉可为互惠行为提供必要的动机，有利于培育互惠规范和互惠行为。坎村客家人对村庄和宗族认同的特质决定了他们的关系是长期的，即使没有经济关系也还会存在其他关系，至死不可改变。这就决定了他们的关系不因为搬迁等原因而中断，关系是持久至死的，具备信任和关系持久的条件，所以长期选择的结果是合作。

三 一致的行为规范

按照理性选择理论，集体成员有共同利益需求不一定能产生自发合作的秩序，即使共同利益需求很强烈，也只是自愿合作的一种必需的环境或是背景。从规范演化这个角度，共享资源集体合作治理实现与维持主要在于该群体能否内生演化出有利于实现群体内部一致性合作的行为规范。具体事件合作的前提和基础是确立合作的规范（即合作制度的供给），以明确合作者在合作过程中投入的成本以及分享合作剩余方面的规则；要确立合作规范，其先决条件常常是要有一套整个群体都在奉行的在先规范，即使把集体共享资源治理中的合作看作市场交易，也是以非经济性的社会规范为先决条件的。坎村恰恰具备福山意义上的人人都奉行在先的规范和涂尔干意义上的非经济性的社会规范（福山，2002）。

村庄内人人都奉行在先的规范可以简单地被概括为三类：第一是

"做某事"或者"不做某事"之类的；第二是"如果假设每个人做某事都会很好，那就做某事"；第三是对破坏或不遵守前面两类规范进行惩罚的更高层次的规范，即"元规范"，就是不仅要惩罚那些违反规范的人，也要惩罚那些看到有人违背规范但自己却没有采取措施来惩罚违背规范者的人。这些规范是通过村民世代的互惠互动演化而成的，是个体理性的自利行为的互动而产生行为的规律性。这是一个可以用博弈论来解释的理性的过程。社会规范的本身也是理性过程的产物，遵守社会规范也是理性的选择。从博弈论的角度，这些行为规范是每个个体都参与制定的博弈规则，是可以自我实施的，服从博弈规则就是服从"自我的统治"，个体遵守规范不是对外在规范的被动服从，而是将其纳入自己多方面（多种偏好）综合权衡之中的选择，遵循规范或者说规范在村民心中内化的结果使得村民行为自发自觉地受到道德规范取向的指引和约束的影响。

这些规范有三个特点：一是在群体中的每个人（或者几乎每个人）都遵守该规则；二是如果任意一个行为人遵守这些规则的时候，那么他的对手——与之交往的人——也遵循这些规则是符合他的利益的；三是假如每个行为人的对手都遵循该规则，那么每个行为人也遵守该规则是符合他的利益的（萨格登，2008）。村民都意识到，在互助基金合作中，每个人都认为如果其他人都出资合作，我就有义务出资合作，我负有出资的义务是因为他们出资有利于我，所以我也应该出资回馈他们。这样，人与人之间就产生了相互的义务，而且这样的义务是针对的，村民都认为自己的义务相对应的是所有其他人的权利。每个人都这样认为：我应该这么做是因为其他出资人都被赋予权利要求我也出资合作。无论对于住村村民还是外出精英，大家都认同这样的道德准则：如果我有利于你，我也就被赋予权利要求你也有利于我以作为回报，是因为我的合作，才使得现在的你比我的合作之前的情况下过得更好。具体对于互助基金而言，村民清楚知道，如果没有外出精英的出资，他们现在的境况可能不会如此；对于外出精英，虽然不从中谋取经济利益，但出资之后他们得到村民更多的尊重和声望，留在村庄的至亲也得到其他村民更多的关照比之前好；对于外出精英群体和常住村民，各自感受也都一样，即都感受到如果没有合作，境况不如当前。因而这些规范不仅获得了道德的力量，成为一种合作的道德，也是一种权利的道德，能够在道德力量的驱使下自我执行。人们遵守这些规范，不仅仅因为它符合自己的利益，还因为它符合人们所恪守的道德原则。

虽然"在任何交易或交换中，个人参加者有一种作伪欺诈骗取和违约的自私自利的动机"，但是"法律、习惯、传统道德教训——这些都是设计出来或演化形成，能够限制或控制这些短期私利的做法"（布坎南，1988）。在村庄社会网内，尽管为己利他的理性选择仍然是村民合作的动力源泉，但社会网的规范把机会主义约束在"笼子"里，群体规范改变了个体的收益与成本结构，使得搭便车的成本大于收益。因此，村民的行为就不像新古典经济学的"经济人"那样冷漠和短视。每一个村民的利益都与其他村民的利益有着不可分离的关系，因而每个人的偏好和行为深处都隐藏着一定的社会关系和情感因素，可以使人们在社会交往中表现出友好积极的亲社会行为，从而使他人乃至整个群体获益，并能促成交往双方的和谐关系。这对村民行为选择产生很大的影响，因而村民实际发生的"搭便车"的情形远远小于新古典经济学所标榜的那样。村民们往往更愿意采取合作行为。

四　功能性的社会网络组织

整体而言，坎村就是一个以宗族为纽带的社会网络组织，这个组织具有较多的功能。

一是分担风险功能。在现实调研过程中我们发现一个很值得探讨的问题：在一些相对比较落后、封闭的村庄，村庄凝聚力往往较强，村庄集体资源合作治理也较为容易。村庄凝聚力事实上表现为一种人们之间的相互依赖，对传统农业社会的研究可以很好地解释为什么在越是落后的地方，人们之间越是有着较强的相互依赖性。这里的客家人仍保持着族人共济的历史传统，其实，"我们越往前追溯历史，个人，从而也是进行生产的个人，就越表现为不独立，从属于一个较大的整体"（马克思、恩格斯，1995）。村民意识到由于自身经济、社会能力有限，面临的风险难以单独化解，必须要借助他者的利他行为，而获取他者的利他行为的条件是个体自身的利他行为，从而获得嵌入社会结构中的可以在有目的的行动中摄取或动员的资源。这就隐含了对村民行为的一种判断，即在坎村社会网中并不存在完全独立的和抽象的经济行为，一切经济行为都是社会行为，村民的合作行为更多是考虑了合作才能利用村庄社会网的资源来规避自我风险的因素。

坎村社会网是有血缘关系的熟人关系网，属于社会学意义的强关系的最强关系部分。而强关系特别适用于不确定性的情境，在需要承担风险、面临危机时，强关系是可以依赖的对象，处于不安全位置的个人极有可能通过建立强关系获得保护，以降低其所面临的不确定性，提高福利水平。在强关系的熟人社区内，个体的抗风险能力与成员间的相互依赖性以及合作的关系将随着个体抗风险能力下降会使得凝聚力上升，也就是人与人之间的依赖性提高，个体合作意愿的上升，反之则反是。在坎村比较艰苦的生存环境中，很多事情是个人无能为力做成的，很多风险更是个体无法应对的，因而个体合作意愿很高，个人自身的匮乏性是促使合作关系发生的内在动因。超过个人能力的不可分割的使命和风险的控制等原因，使人们不得不合作，"社会给人们的不利情况提供了补救。借着协作，我们的能力提高了；借着分工，我们的才能增长了；借着互助，我们就较少遭到意外和偶然事件的袭击"（休谟，1980）。坎村社会网是个体化解风险的"避风港"，"在直系亲属以外存在的关系网络和机构，在农民生活的经济危机期间可能而且的确常常充当了减震器"（Scott，1976），村民合作融入村庄社会网能利用社会网的资源规避风险，更能实现自己的利益。

二是资源获取功能。资源获取功能指村民通过村庄社会网获取自己不容易得到的资源，主要表现通过外出精英获取政治、经济、社会等资源，也包括外出精英提供的信息和机会，如升学信息、就业信息和生意机会等。根据资源保存理论，社会网中的个体会努力获得、保存和维护社会网络资源，防止网络资源的流失，以帮助个体获取其他能量、个人资源特征（自尊、心理幸福感、声誉等）和实体资源。当个体觉察可能失去某些资源或者已经失去某些资源时，就会产生不安和痛苦情绪，所以个体会努力获取、投入更多的资源以防止资源流失。对坎村村民而言，资源保存的最好办法就是选择相互合作和帮助，这样才能够从社会网络中获取社会资源。

在笔者和村民的交流过程中，几乎所有的村民都坦言，之所以出资合作而且遵守规矩，最关键在于互助基金是村里最有能力、最有面子，而且能为自己提供帮助的几个头面人物倡导成立的，怕的是如果不响应出资（合作），就是不给"面子"，怕不合作或者违规后，失去社会网络资源，导致这些有能力的成员（官员、公务员、其他公职人员和企业家等精英）不再为自己提供帮助。坎村社会网如"非正式然而相对稳定的群体，能够获得体制化的资源，使之得以在治理中发挥持久的作用"（Stone，1989）。坎村社会网提供的社会资源就是具有集体共享资源性质的体制化资源，村民可以通过村庄社会网动用网内其他人的人际关系资源，获取各种社会利益。正是坎村社会网本身具备具有集体共享资源性质的社会资源，社会网的作用才得以发挥，才吸引村民积极合作参与。也许集体合作都是共享资源对成员的吸引所引起的，不存在共享资源的群体对成员没有吸引，从而不可能出现集体行动。"集体成员身份的吸引力并不仅仅在于一种归属感，而在于能够通过这一成员身份获得一些什么"（Festinger，1953）。从这个角度来说，获取社会网络的共享资源才是集体合作的本质原动力。

三是融资功能。分田到户至 20 世纪 90 年代中期以前的坎村，村民在农忙期间相互帮工以解决家庭劳动力短缺问题。90 年代后期以后，随着种地收益相对下降，外出打工增多，住村青壮年劳动力很少，撂荒情况增加，帮工现象减少甚至消失，取而代之的是外请小型农业机械耕种和收割。即使是建房子，目前也都主要承包给建筑商，不需要村里人帮工，只需要能借到款就行了。帮工式微的情况下，目前坎村社会网最主要的经济功能就是融资功能。对于村民来说，融资相当重要，特别是小孩上大学或大病或投资生产或建房子时，由于极难从农村信用社或银行得到贷款，他们只能依靠传统的信用和贷款体系，即从私人关系网络中得到融资帮助，特别又是从外出精英那里得到融资帮助。

四是社会支持和安全保护功能。社会支持功能较多，如服务和财政经济的支持、对就业和就学等方面的帮助和支持、生老病死等方面的支持、不可测风险的支持、村民外出的相互帮助等等。村庄的社会支持功能比较特别，虽然现在村里很多生产活动可以用钱解决问题，但村民普遍认为，在村里单靠钱还不能解决一切，而这就是为什么村里人和城里人有区别的最主要原因。正如村里人向我解释的，假如一家有难，比如生老病死之类的，如果花钱请别人帮忙，那将是一件很没面子的事情，因为那是向村里人表明，他家在村里没面子，他家在村里的关系为零。而且，多数人都认为，在村里人有难的时候，他们也不会为钱而帮忙，即使"难家"给钱也不能要，他们宁愿无偿提供帮忙，以便在日后自家在类似的情况下得到同样的回报。在这样紧密关系的村庄社会，村庄社会网在许多情况下比物质或金钱更珍贵，相互支持的需要强化了村庄社会关系网络。安全保护功能主要是为村民提供财产及人身安全保护，例如当基层政府对村庄的一些地痞流氓行为和偷盗等一些轻微违法事件无暇顾及时，村庄社会网作为乡村的一种独特社会网络类型，在某种程度上就为村民提供了财产和人身安全保护。

坎村社会网具备分担风险、资源获取、融资以及社会支持和安全保护等社会功能，能为村民分担风险并提高村民的福利，村民选择合作体现的是小农对抗外来生计压力的一种"生存理性"。这样，村民一方面可以利用社会网获取社会资源，另一方面社会网的秩序也对村民的行为起到制约的作用，既限制了某些选择的自主性，也在一定程度上塑造了人的行为，在社会网内形成了互惠合作的规范和义务。

五　坎村传统增强内聚力

根据上述分析可以判断，坎村具备了构成内聚力的两大要素：社会情感要素与社会操作要素。社会操作要素指群体内部的角色分配和联系以及群体的行为方式和领导方式，真正意义上的"群体"必须是一个有着卓越领导的既相互依赖又相互补充的角色系统。坎村社会网络结构明显，内部角色分明，具有类似现代组织的领导架构，满足操作要素的条件；坎村能满足村民的互惠合作、社会支持、资源获取的需要，能够化解村民的不确定风险，满足村民的社会情感要素条件。因而，坎村是一个具有很强内聚力的群体。根植于坎村社会网的集体主义文化的社会认同感以及由此带来的团结感和对群体忠诚等情感因素就起到了村民合作催化剂般的作用。集体主义文化进一步内聚村庄力量并促进了合作：一是当成员感知其利益与群体其他成员的利益是积极相联系的，就会积极地与其他成员合作与交流，也会提供工作上的支持和帮助，包括在工作中积极地与他人互动，帮助他人，与他人分享信息以及传递信息，因为成员选择合作帮助他人实现利益的同时也是帮助自己实现利益；二是群体认同感通过强化"我们还是他们"的意识来影响自我，决定成员是否遵守群体规范并从群体的利益出发而努力，而且能够使成员感受到更大的内部自律压力和强互惠惩罚他律压力，从而更愿意与他人合作，进而极大地提高群体合作的可能性。

第二节　为己利他的社会交换相互交织

一　利他行为的表现

坎村村民间的利他行为主要表现在如下几个方面。

一是亲缘利他，指的是有血缘关系的个体为自己的亲属提供的帮助或作出的牺牲，主要是一个小家庭或小家族（例如虽然兄弟姐妹都已成家并且已经分家，但父母或祖父母还健在）内部的帮助，贡献者无意要求同样的回报，也不是为了得到报酬而有意识地做什么。这种行为是无条件利他主义，相对不受社会奖励和惩罚的影响。存在这种行为的地方，大约是亲族选择或自然选择在完整的家庭内部或者部落单位发挥作用而进化而来的，无条件利他主义的服务对象是利他者的最近亲属。随着这种亲属关系的疏远，无条件的利他主义越来越少见。在村内，亲缘利他很普遍，但由遗传基因决定了的，随着亲缘关系的疏远，遗传基因的包含性降低，亲缘利他的强度也会减弱。亲缘利他合作性行为本身被认为是一种利他行为，但这并不是说个体的合作一定具有利他动机，即使父母与儿女、丈夫与妻子以及社会交往中的伙伴之间也远不是融洽和谐的。大家都彼此试图从这些关系中获取某些好处，归根到底，任何表面上被证明是利他的"投资"都可以解释为"隐藏的利益"（Trivers，1971）。

二是互惠利他，根据互惠利他理论，互惠利他会发生在那些交易对象长期稳定、反复交往、寿命相对较长、有认知能力、可根据许多微妙信号来分辨合作者和背叛者的物种身上。每个人类个体都携带有利他和欺骗的倾向，当未来两个人从事重复交易的机会足够高的时候，自然选择会偏爱双边交易中的互惠利他行为。因为长期重复交易机会的存在，无限期重复交往的合作解收益大于一次性的背叛，这就使得双方趋向选择合作行为。坎村是具备了这样条件的群体。坎村的互惠利他不同于即时结清的市场交换。市场交换中，货物的交换是同时进行的，买卖双方时刻关注交换的比率；在互惠利他中，交换的时间是错位的，施惠的一方不期望立即得到回报或者分毫不差的补偿，互惠利他更像一种社会交往中的礼尚往来，被赋予了和市场交换截然不同的情感内容。这种延时结清的社会交换在交换发生前就已经存在某种预定的社会关系。交换所建立的不仅是量与量之间的关系，同时建立的是人与人之间的质的关系，即使不再有经济上的互动，他们之间依然存在非经济的持续的互动，不是一次性的市场交换。延时结清延迟了交易各方的关系，使得人与人之间的关系具有了稳定、持久的性质，从而每一次人与人之间的交换都仅仅是交换链条中的一个环节，交换就变成了一种重复博弈，经过长时期的重复博弈之后，保证博弈各方合作的"针锋相对策略"和"冷酷策略"起作用，抑制了随延迟结清产生的不确定性可能带来的机会主义和道德风险。在村庄社会网络内，每个人都置于"差序格局"的关系网中，是与生俱来的，是先赋性存在的。对于博弈各方来说，不合作并不能宣告彼此关系的结束，即使不存在经济关系，但还有其他关系无法割裂，不合作的行为也将引起另一方或多方的联合报复。这就要求博弈各方为了各自的利益寻找合作的办法。在许多情况下，村民明白，如果选择与他人合作，就能够更好地满足自己的私利，因而可以通过协商，最终制定出指导合作的规范。例如，对于家中有老人和小孩留在村里的外出精英，他们的行为更加体现这样的特点，因为他们的亲人更需要村里人的照顾。由于宗族观念和叶落归根的思想根深蒂固，即使是外迁的人们，也都还把自己当作村里人，还深深扎根于村庄社会网之中，也没抛弃互惠利他行为准则。村民的互惠利他行为主要表现为通过相互帮助和人情来往的方式"相互持股"，是社会投资或者社会资源的一种形式，当个人需要帮助和支持时，它就是重要的资源。"相互持股"形成"你中有我，我中有你"的互惠关系，彼此有一定的责任与义务，诸如生老病死、结婚、盖房等红白喜事的互相帮助。这样的互惠实际上就产生了一种道德行为，这种道德行为都包含着某种双向交换的成分，并最终使参与双方都获得了好处。

三是基于声誉的利他，主要体现在外出精英对村里人利他行为之中。

根据资源保存理论，外出精英除了保存在村庄的资源，主要是保存个人特征资源的动机外，追求积极的自我形象也是他们的最基本动机。在坎村延续几百年的客家传统文化中，作为宗族社会中坚人物的村庄外出精英在承担本村社会责任方面承载着村民更多的期待，同时也享有更多的声誉，一直被认为是宗族的荣光。外出精英心里明白，为村庄提供集体共享资源符合自己利益。他们对村里人的帮助，期望得到的可能不是受惠个体的回报，而是希望提高自己在村里的形象和地位，得到全体村民良好评价，寻求认同感和满足感，追求积极的自我形象。村庄社会对权力、知识和权威的敬仰给外出精英带来的个人和宗族的认同感和满足感同样能增进个人效用。这种认同感和满足感恰恰能够使外出精英们产生一种自豪的情绪，并且这种被认同的自豪情绪向他人传达自己的成功以提高自身社会形象。在外出精英认为自己的行为已经达到或超过公认的道德标准后而产生的自豪情绪后，这种积极情绪体验可以激励他们在未来更加信守承诺、促进更多符合社会道德标准的利他行为的出现。从本质上说，自豪具有强化利他行为的功能。外出精英为了构建一个积极的自我形象并赢得他人的尊重，其一般会努力以利他行为方式去帮助那些需要帮助的人。当他们在这些利他行为中产生了自豪情绪体验之后，在今后的生活中又将会愿意花费更多的成本来从事更多的利他活动。把认同感和满足感带来的自豪感纳入个人效用函数的分析，有助于解释乡村精英行动的逻辑。村庄外出精英对基金出资并允许未出资者"搭便车"的利他行为可以得到部分的解释。

四是强互惠利他。强互惠理论是近期提出的对利他行为进行解释的一种理论。该理论认为，人类之所以能维持比其他物种更高度的合作关系，在于许多人都具有一种行为倾向；这种行为的特征是在团体中与别人合作，并不惜花费个体成本去惩罚那些破坏群体规范的人，即使这些成本并不能被预期得到补偿。在坎村，强互惠利他主要表现为对违反村庄社会网规范的非至亲的社会排斥，但目前笔者尚未发现对至亲（一般是血缘关系三代以内）排斥现象。严格来说，强互惠利他属于对违约者的惩罚，具体的内容在后续章节将进一步阐述。

二　利他行为的本质

细究起来，除了亲缘利他（无条件利他）和强互惠利他外，在这似乎无私的其他利他面纱下潜藏一种利己主义，帮助他人的倾向常常是以获得社会报酬的期望为动机，是一种有条件的利他行为。在人们彼此交往的背后，自我利益是一种普遍具有的动机。人们社会生活的目的就是为了寻求满足自己需要的各种资源，为了得到自己所需要的资源，特别是为了得到社会承认，每个人通常会愿意付出一定的代价去做交换的（Homans，1961）。当社会中的人们都感觉到他们的交换是值得的时候，互动关系在均衡中得以维持。与经济交换过程中的感情中性化和缺少人情味的特性相比，在社会交换过程中，人情在其中起到了具有中介性的极其重要的作用，互惠和对等原则具有非常重要的意义。村民作为理性个体，他们行为决策肯定把获得社会交换算计在内。村民这种利他行为背后隐藏着自身利益需要，是互惠的社会交换行为，也是村民规避风险的一种办法。虽然人的行为并不仅仅依赖于利益的合理计算，有时甚至是人的价值和情感的表现性现象，但这种表象的背后是基于获得社会报酬（包括肯定性社会评价、权力与地位、社会赞同与受人尊敬、亲密感与温馨感等）目的而实施的社会交换。

　　根据现代经济学与现代生物学理论的结合对人性的解释，无论是无条件利他还是有条件的利他的目标都还是使个人利益最大化，都是为己前提下的利他行为。生物体在某些特定的情况下能够表现出合作行为，利他行为甚至是自我牺牲行为，从表象上看，这些行为都与竞争相矛盾，发生合作行为的个体似乎降低了自身的适应度，但事实上其广义适应度增加了，更利于自身或与自身相同的基因在世代交替中传递和进化。因此，即使是个体对基于个体适应度和种群适应度的考量而产生了利他行为也被认为是利己，因为这是个体提升适应度的主观利己动机产生的客观的利他行为和效果。为己利他的社会交换表明，村民个体都具有"为己"的本能，社会交换的"利他"则是实现"为己"的基本目的和手段，以至于任何个体行为都带有"利他"的色彩；同时，村民清楚知道个体没能力完全满足自身的需求而不求人，还需要借助村庄社会网的帮助。显然要得到村里人的帮助，自己也必须帮助别人，就必须相互合作。合作也不仅仅是做大集体蛋糕，而且合作也增进所有个体的利益。

　　另外，根据经济博弈论的观点，人们之所以能够在行为中表现出利他主义，只是因为他们在某种程度上考虑到利他主义对自己有好处（可能因为其他人反过来也会表现出利他主义）。博弈论背后的数学试图以正规的方式去理解人们所使用的策略，运用这些策略，人们利他最后期望利己的合作成为最优的选择。而在行为经济学的模型中，一旦在个体的效用函数中引入他人或者集体的状态（利他），合作和集体理性结果得以产生，就有可能解决"囚徒困境"和"公地悲剧"问题。

第三节　村民的公平心理偏好

近年来不少学者从公平角度出发，认为个体合作行为深受公平感知的影响，当人们感到公平时会表现出更积极的合作行为，当人们感到不公平时会采取自律和利他惩罚的他律等措施以实现公平的合作，如最后通牒等实验就证明了人们会自动承担成本去惩罚过分不公平的制造者以维护合作秩序，这为群体生成无须强制秩序的合作提供有力证据。这些研究表明，追求公平是人们普遍具有的行为倾向，厌恶过分不公平是人的本能，也是人类普遍存在的心理状态，更是人性的重要组成部分。在人类正式的非利他第三方惩罚组织和法律制度等强制秩序产生以前，正是人类追求公平和厌恶过分不公平的本能驱使人们自律并采取利他惩罚的他律纠正或制止违背公平的违约行为（包括背叛、逃避责任和搭便车等非合作行为），人类群体才得以实现无须强制秩序的合作。从这个角度看，公平是群体合作发生与继续的前提和保证，如果所有的成员都没有追求公平的倾向，群体合作必然崩溃。

恰恰坎村客家人一直保留着朴素的公平心理传统，这可能又是坎村能维持较好合作秩序的一个重要因素。

一　追求公平心理促进村民的合作[①]

追求公平心理不是维护群体合作的直接手段，而是人们追求公平的心理诱发内疚和嫉妒情绪，内疚和嫉妒情绪又引发自律和强互惠利他惩罚的他律，两者构成群体内部约束机制才直接维护群体合作。

---

① 本小节的部分内容引自笔者在《安徽师范大学学报》（人文社会科学版）2014 年第 5 期发表的文章《社会资本视野下的公平心理与群体合作》。

在群体合作中，成员都具有公平承担合作成本和公平获取合作收益的心理倾向，成员不仅关注自身付出的成本与得到的收益之比较，而且还在意与合作伙伴付出的成本及其得到的收益之比较。若该成员的相对收益低于参照的比较对象，就会产生不公平感，觉得受剥夺；如果高于比较对象，觉得占了别人的应得收益，也会产生不公平感，前者导致嫉妒甚至愤怒，后者产生内疚。因分配不公诱发的嫉妒和内疚情绪对人们的合作行为选择产生重大影响，并且情绪对人们经济决策的影响越来越受到研究者的关注。已有的内疚情绪与亲社会行为的研究就表明，内疚对合作有促进作用，内疚还可能引致违约者的自我惩罚或采取其他方式去弥补心中的愧疚，以至于在内心保证以后自律而不再违约；在嫉妒情绪与合作关系研究方面，虽然长期以来嫉妒都被认为是破坏合作的重要因素，但随着研究的深入，人们发现嫉妒包含了"他凭什么这样"和"我为什么不能这样"的质疑与反思，这种质疑和反思的认知价值在于使人们获得了追求平等和反对不公平的内在动力，一旦这种动力转化为对违约者的惩罚，嫉妒就变成了维护合作的重要力量。"结果差异厌恶模型"就把不公平诱发的内疚负效用和嫉妒负效用纳入行为人的决策函数，在理论上证明当群体成员都具有由分配不公平感诱发很强的嫉妒心理，而且违约者也因自己的违约行为而感到强烈内疚，嫉妒心理强度远远大于内疚心理强度时，由嫉妒负效用诱发的强互惠利他惩罚和由内疚负效用诱发的自律力量就能够约束成员违约行为，从而维护群体的合作秩序。

由村民相对收益之比较产生的不公平感诱发的嫉妒或内疚会导致心理紧张或压抑的痛苦，其心理和行为反应就是要恢复由于比较而产生的不平衡，这会激发村民采取行为或认知上的改变，以恢复平衡。在行为上，村民会改变自己的结果或投入，根据比较对象来调整自己的结果或投入，或放弃比较；认知上，重新评估投入结果或者改变比较对象。然而，在坎村这样的合作的社会网中，如果出现背离公平原则诱发村民的内疚和嫉妒心理，村民很难在认知上恢复平衡，一般是在行为上恢复平衡，即为了降低嫉妒的痛苦，村民可选择降低合作的努力程度（投入）直至违约，或者放弃比较，或者对违约者惩罚，但降低合作的努力程度或放弃比较也会带来内疚；为了降低内疚的痛苦，违约者或潜在违约者会提高合作的努力程度，采取更多的合作行为。

在这个村庄规范得到广泛认同的群体中，理性的村民个体总是竭力避免内疚发生的。而内疚常伴有指向自身的痛苦体验，违约者因违约越感到内疚，自己就感到越痛苦。已有的内疚情绪与亲社会行为的研究表明（Harris, Benson and Hall, 1975），内疚对合作行为有促进作用。内疚心理一旦发生，违约者一般采取补偿行为或者自我惩罚等方式来减轻内疚带来的痛苦。它的社会价值在于内疚感被唤起后经常导致亲社会的合作行为倾向。

一方面，内疚的产生意味着个体与"理想自我"之间的不平衡，因为违约行为会使个体对自我价值的知觉产生负性影响并产生内疚情绪体验，进而威胁个体的道德同一性和内部自我价值平衡，个体会意识到这种行为威胁了个体的自我形象。这一意识促使个体开始有意或无意地增加自己的道德行为来重新找回失去的平衡以重塑自我形象，也即做出更多的合作行为。

另一方面是当个体没有机会对违约造成的伤害进行弥补或者有些伤害是不可逆时，内疚还可能引致违约者的自我惩罚或采取其他方式去弥补心中的愧疚。即当个体违反道德标准时，为了平衡自我道德价值，采取了自我惩罚或其他方式以弥补心灵的愧疚，以至于在内心保证以后自律而不再违约。

因此，内疚是一种有益于合作的情绪，内疚发生的同时也促使个体防止类似事件再次发生，个体会自觉地遵守合作规范，做出合作行为，避免再体验到内疚的痛苦。

嫉妒促进合作和社会公平主要通过嫉妒者对被嫉妒者（违约者）的强互惠惩罚来实现。强互惠惩罚是指成员在群体中与别人合作，即使付出的惩罚成本在目前和未来都得不到补偿，也自觉去惩罚那些违约者以维护公平和公正。嫉妒负效用的大小可以理解为强互惠惩罚的力度，因为嫉妒负效用越大，合作者就越感到越痛苦，对违约者就越愤怒，所以对违约者采取强互惠惩罚以降低自己痛苦的可能性就越大，违约者所受到的群体内部强互惠惩罚他律的压力就越大。

嫉妒是村庄内强互惠惩罚的心理根源。因为合作者受到违约者违约行为的刺激，随着合作者对分配不公平感和对村庄责任感的唤起，嫉妒情绪被违约行为激发就会产生愤怒的情绪。嫉妒的重点是"我希望你不能拥有现在所拥有的"（Neu，1980），以及强调拿走或摧毁被嫉妒者所拥有的东西，由此往往驱使合作者自愿承担成本对违约者的违约行为进行惩罚，包括当面指责或者愿意牺牲自己的利益去削弱被嫉妒者（违约者）的利益乃至攻击被嫉妒者。如果自己是一个没施罚能力的嫉妒者，则把违约的信息在村庄内公开传播，激起有能力惩罚者的不公平感和村庄责任感，激起其他成员对违约行为的不满和义愤，从而对违约者进行惩罚。并且，合作者之所以敢于对违约者实施强互惠惩罚，是因其具有集体道义上的正当性。被嫉妒者违反村庄合作规范所得到的高于合作者的收益是对合作中"应该为"规范的违背，即违背了公平准则，违约所得不具正当性，不符合正义原则，惩罚违约者是站在道德制高点上的正义的、铲除不公的行为。换句话说，被嫉妒者所获得的高于合作者的收益是通过不道德的方式得到的，获得的手段也不让人尊敬，或者是那些被嫉妒者不配得到这些收益。用村庄合作规范和道德对此进行评价，嫉妒者（合作者）对违约者的强互惠惩罚行为就具有了道义上的正当性，强互惠惩罚就符合村庄规范和村民心理。而这也是嫉妒导致强互惠惩罚行为的逻辑起点。

由不公平感诱发的内疚和嫉妒是村民自律和群体内部强互惠他律的心理根源。内疚心理将村庄内的现实和潜在的违约者转变为热情的合作者，嫉妒心理一方面将合作的村民变成对违约行为的惩罚者，另一方面也将现实的违约者转化为未来的合作者。

为逻辑论证简单起见，假设村庄需要合作生产某种集体产品，集体合作生产能增进每个村民的利益，每个村民不仅追求公平，而且还追求包括声誉和地位在内的合作剩余。村庄有 n（$n \geq 2$）位条件相同的村民，任一村民可选择合作或非合作（违约）两种情况。完全合作用 $e=1$ 表示；违约用 $e_i=0$ 表示，$0 \leq e_i \leq 1$，合作的成本为 $c(e) = \begin{cases} c, & e_i = 1 \\ c, & e_i = 0 \end{cases}$，$c > 0$。用 $nf(m, n)$ 表示 n 人村庄中有 m（$m \leq n$）位村民合作而其他村民违约时的群体产出，即 $f(0, n) = 0$。由于是合作生产，无法精确计量每位村民对产出贡献的大小；也因共享的产出具有非排他性，不能将违约者排除在合作产出之外，所以，每位村民均可分享的合作收益为

$f(m, n)$。其中 $f(m, n)$ 满足 $f(m, n) - c < f(m - 1, n)$ 和 $f(n, n) > c$。前者表示违约是难免的，后者表示合作是可行的，二者此消彼长。此外，$f(m, n)$ 还满足 $f(m - 1, n) < f(m, n)$，说明合作的生产具有规模经济效应，每增加一位合作者会同时增加每个村民得到的群体产出收益水平。因而，任一村民 i ($i = 1, 2, \cdots, n$) 的收益为：

$$x_i = \begin{cases} f(m, n) - c, e_i = 1 \\ f(m, n) - c, e_i = 0 \end{cases} \tag{4.1}$$

在合作生产具有规模递增和产出具有非排他性的情况下，如果每位村民都合作，产出更大，每位村民的福利将更高。但按照传统的理性人假设，选择背叛、逃避责任或搭便车等非合作行为将是村民的最佳选择，因而村庄集体无法达到最佳产出便是一种常态。但借鉴行为经济学中应用最广泛的"结果差异厌恶模型"（Fehr and Schmidt, 1999），笔者增加了嫉妒负效用传递率因子后，在理论上也能够证明村庄集体内部能产生自律的力量以使合作达到产出的最佳状态，逻辑证明如下。

假定合作者不仅关心自己的利益，还关心其他村民在合作中的收益以及自己和其他村民收益的比较，收入分配不公平会损害村民的效用水平。假设所有村民嫉妒心理强度、内疚心理强度分别为 α、β，$\alpha > \beta \geq 0$，$1 > \beta \geq 0$。α 和 β 越大，嫉妒和内疚心理强度越大，考虑到参与者的内疚负效用和嫉妒负效用，如果 i 违约，其收益 $x = (x_1, x_2, \cdots, x_n)$ 的净效用为：

$$u_i = x_i - \mu \frac{\alpha}{n-1} \sum_{j \neq i} \max(x_i - x_j, 0) - \frac{\beta}{n-1} \sum_{j \neq i} \max(x_i - x_j, 0) \tag{4.2}$$

特别的，两人群体中，违约方的效用函数如下：

$$u_i = x_i - \mu\alpha \max(x_i - x_j, 0) - \beta \max(x_i - x_j, 0), i \neq j \tag{4.3}$$

其中，x_i 为 i 违约得到的收益，x_j 为 j 合作时的收益，$x_i > x_j$，n 为群体规模；$n - 1$ 为合作者判断收益分配公平的参照人数；$\frac{\alpha}{n-1} \sum_{j \neq i} \max(x_i - x_j, 0)$ 表示合作者因分得的合作产出低于违约者而产生的嫉妒负效用，这里假设合作者为减轻嫉妒负效用的痛苦转而惩罚违约者，直至惩罚导致违约者的痛苦与合作者的嫉妒负效用相等，合作者才恢复心理平衡；μ 为嫉妒负效用传递到违约者的比率，$0 \leq \mu \leq 1$，假设 $\mu = 1$，表示嫉妒负效用等量传递到违约者身上，$\mu\dfrac{\alpha}{n-1}\sum\limits_{j\neq i}\max(x_i-x_j,0)$ 可以看作群体其

他成员施加给违约者的压力；$\dfrac{\beta}{n-1}\sum\limits_{j\neq i}\max(x_i-x_j,0)$ 表示违约者因分

享到的合作产出高于合作者时所产生的内疚负效用，可以看作来自违约者内心要求自律的压力。两者之和就是违约者所受到的来自内心和群体其他成员要求其守约的压力。

公式（4.2）表明，违约者虽然得到较高的收益，但其个人净效用还应该减去合作者传递来的嫉妒负效用和自己的内疚负效用。在违约收益带来的效用一定的情况下，合作者传递来的嫉妒负效用与自己内疚负效用之和就决定了违约收益净效用的大小。如果某个村民在合作生产中付出较小的成本或不付出成本却得到比付出更多成本的村民更多的收益，付出更多成本的村民就感到不公平，因为这不符合公平分配的原则，违约多占村庄集体利益行为是对公平分配秩序的破坏，不劳而获以及由此造成的多劳少获是对公平原则的背离。

显然，给定上述效用函数和参数条件，参与者 i 最大化自己效用的条件应该是 $x_i=x_j$，即参与者 i 与其他任何参与者相对收益无差异时取得效用最大化。

下面，根据（4.1）、（4.2）、（4.3）式分析村民 i（$i=1,2,\cdots,n$）的行为。当第 $n-1$ 位村民选择合作，如果 i 合作，则他的收益为 $f(n,n)-c$；如果违约，则他的收益为 $f(n-1,n)-\beta c$。若：

$$f(n-1,n)-\beta c<f(n,n)-c \text{ 即,}$$

$$\beta>1-\frac{f(n,n)-f(n-1,n)}{c} \tag{4.4}$$

则 i 选择合作。因为假设 $\alpha>\beta$，所以当合作者都觉得违约者不应该分得那么多的合作产出，觉得很不公平，产生很强的嫉妒心理，而且违约者也因自己的违约行为而感到强烈内疚时，产生的内部自律力量能够约束村民违约行为。

通过对分享到的合作产出比较，合作者发现违约者得到更高收益后，会产生嫉妒导致愤怒、痛苦等情感并由此产生内心折磨的事实，这违背了追求快乐的现实原则。合作者为降低因嫉妒违约者得到高收入而给自

身带来的痛苦或者说恢复心理平衡有三种办法（Korobkin and Ulen，2000）：一是惩罚违约者，但惩罚违约者除了要自己付出直接惩罚成本外，还要考虑遭到受罚者报复等间接成本问题；二是降低合作努力程度或者违约或者破坏合作，使得原来是各方受益的合作不能实现；三是降低嫉妒强度或者放弃比较，对违约行为采取事不关己，高高挂起的态度。现实中很多合作者就是选择了后两者，同样，违约者为了收益最大化，也同样减少内疚感或不再有内疚感，最后的趋势是 $\alpha = \beta = 0$。这样，也就可能出现所有人都选择违约的状况。因此，仅仅依靠群体内部自律压力很难约束违约行为，村庄集体合作还必须依靠他律来约束。

在坎村，由于村民之间相互熟知、行为信息完备、监督成本为零，村民违约行为被其他村民发现的概率为1；在合作生产中，合作者发现违约行为后有两种选择：惩罚或不惩罚违约者；违约者被惩罚的损失为 s，施罚者惩罚成本为 λs（包括时间、精力以及被报复的风险等），$0 < \lambda < 1$，λ 为惩罚成本系数。若某一违约者同时受到 h 位合作者的惩罚，则损失为 hs。若某一合作者同时对 L 位违约者施罚，则其付出的惩罚成本为 $L\lambda s$。

再假设 $s > \dfrac{c}{n-1}$，表示当所有村民合作，违约者被惩罚的损失为 $(n-1)s$ 大于合作成本 c；假设 $c > 0$，存在 k（$0 < k < n-1$），则有 $c > ks$。

再假设 $c > (n-2)s$，表示如果不止一个违约者，那么违约行为被惩罚所遭受的损失 $(n-2)s$ 就小于合作成本 c。显然，$c > (n-2)s$ 是确保内部强互惠惩罚能够实现村庄集体合作的最低条件。

若 i（$i = 1, 2, \cdots, m$）是村庄中 m（$1 \leq m \leq n$）位合作者中的任一位，根据（4.1）、（4.2）、（4.3）式，在 $c > (n-2)s$ 情况下，当其他合作者都是强互惠者（合作并惩罚违约者）时，i 也是强互惠者，此时 i 的收益为：

$$u_i(s) = f(m,n) - c - \lambda s(n-m) - \frac{a}{n-1}(n-m)[c + \lambda s(n-m) - ms]$$

式中，$f(m,n)$ 是其从集体合作生产中分得的收益，c 为合作成本，$\lambda s(n-m)$ 为惩罚违约者所付出的惩罚成本，$\dfrac{\alpha}{n-1}(n-m)\,[\,c + \lambda s\,(n-$

m) $-ms$〕为嫉妒违约者得到高于自己收入而对自己产生的负效用。当其他合作者都是强互惠者时，此时，如果 i 不是强互惠者，即在村庄集体生产中选择合作但不惩罚违约者，则其收益为：

$$u_i(B) = f(m,n) - c - \frac{\alpha}{n-1}(n-m)[c - (m-1)s] - \frac{\beta}{n-1}(m-1)(n-m)\lambda s$$

式中，$\frac{\alpha}{n-1}$ ($n-m$) [c - ($m-1$) s] 为嫉妒对自身的负效用，$\frac{\beta}{n-1}$ ($m-1$) ($n-m$) λs 为非强互惠者不惩罚违约者而导致其收益高于强互惠者而产生的内疚负效用。

于是有：

$$u_i(s) - u_i(B) = -\lambda s(n-m) - \frac{\alpha}{n-1}(n-m)s[\lambda(n-m) - 1] + \frac{\beta}{n-1}(m-1)(n-m)\lambda s$$

$$= (n-m)s\left\{\frac{\alpha[1 - \lambda(n-m)] + \beta(m-1)\lambda}{n-1} - \lambda\right\} \tag{4.5}$$

可以证明，当惩罚成本系数 λ 很低、嫉妒强度 α 和内疚强度 β 较强，且满足条件：

$$\lambda < \frac{\beta}{(\beta+1)(n-1)} \text{ 或 } \alpha > \beta > \frac{\lambda(n-1)}{1 - \lambda(n-1)} \tag{4.6}$$

由 (4.6) 式和 $\alpha > \beta$ 可知，若 (4.5) 式中的第三项满足：

$$\frac{\alpha[1 - \lambda(n-m)] + \beta(m-1)}{n-1} - \lambda > \frac{\beta[1 - \lambda(n-m)] + \beta(m-1)\lambda}{n-1}\lambda$$

$$= \frac{\beta[1 - \lambda(n-2m+1)]}{n-1} - \lambda > \frac{\beta[1 - \lambda(n-1)]}{n-1} - \lambda \tag{4.7}$$

$$= \frac{[1 - \lambda(n-1)]}{n-1}\left[\beta - \frac{\lambda(n-1)}{1 - \lambda(n-1)}\right] > 0$$

则有 u_i (s) $> u_i$ (B)。

事实上，在坎村也并非人人都是强互惠惩罚者。只有在惩罚成本较低的情况下，嫉妒强度 α 和内疚强度 β 较强的村民才会对违约者施罚，但当其他所有的合作村民都是强互惠者时，任意一位合作者 i 也是强互惠者，所有合作者都是强互惠者是一个稳定的纳什均衡。因此，当施罚成本较低、嫉妒强度 α 和内疚强度 β 较高且 α、$\beta \neq 0$，即具有利他偏好时，即使对违约者施罚是有成本的，合作者也会惩罚违约者。虽然强互惠惩罚减少了施罚者的直接收益，但是同时降低了嫉妒违约者而对自己产生的负效用，因为人们发现那些违反群体规范的行为未得到惩罚时会感到不舒服，而一旦公正得以建立（惩罚违约者），他们就会感到轻松和满意（Quervain, et al., 2004），或者感觉到一种强烈的恶意愉悦（埃尔斯特，2009），同时也降低了那些不惩罚违约者的合作者因不惩罚违约者而得到高于那些施罚的合作者而产生的内疚负效用，可能这也是强互惠者即使存在惩罚成本时仍然对违约者施罚的内在原因。

二　坎村具备公平心理产生的条件[①]

虽然内疚和嫉妒情绪利于合作，但内疚和嫉妒情绪是后天习得的，是以一定社会资本为条件的。虽然追求公平和厌恶过分不公平是人类普遍心理，但面对自己或他人造成的不公平，人们是否因此产生内疚和嫉妒心理并采取相应的自律或利他惩罚行为去纠正或制止不公平行为以维护合作就可能受所在群体社会资本条件的制约。社会资本作为一种类似于道德的经济资源，通常涉及信任、关心同伴、自发惩戒违规者、自觉遵守群体规范等内容（帕特南，2001）。在规模相对较小、成员相对稳定的社会资本富足群体，人们更多地把共享规范内化，内疚、嫉妒情绪更容易产生，更易于产生自律和利他惩罚的行为来维护群体合作秩序。反之，则难以产生内疚与嫉妒情绪，也就难以诱发自律和利他惩罚的他律行为，群体合作就需要群体外非强互惠第三方惩罚来维持。

首先，坎村具备内疚情绪产生的社会资本条件。

内疚是在道德内化的过程中产生的，作为社会资本核心内容的道德规范是内疚发展的前提条件。随着个体的成熟和社会化发展，个体逐渐认识到其所处群体的道德规范，也认识到每个个体都应该遵守这个规范。当个体有了违规后受惩或看到他人违规受惩的亲身经历后，对别人的痛苦也能感同身受，使得他将外在的道德准则逐渐内化为自己的行为准则，并将之作为对自己行为的评判标准。道德内化就是个体将群体道德要求

---

① 本小节的部分内容引自笔者在《安徽师范大学学报》（人文社会科学版）2014 年第 5 期发表的文章《社会资本视野下的公平心理与群体合作》。

转化为个体内在需要和动机的过程，也是个体行为自律生成的过程，表明个体能够在没有外部惩罚的情况下，自觉地按照群体道德要求控制自身行为。所以，一旦他的行为造成对别人的伤害，就会产生感同身受的悲伤，这种感同身受使个体强化了对自己行为的认知，并作出指向自身的归因，产生自责、痛苦等内疚情绪。

实际上，在内疚产生的过程中，个体已经将外在的道德规范要求自觉地转化为对自己的内在要求。个体对道德要求的接受与内化，并非来自外界的压力，而是源于他内心中的、早已以某种方式在个体的记忆中进行了编码的内疚体验。当类似的情境再度发生时，个体记忆中已经编码的内疚体验以及相关的道德认知被激活，使得他有可能对行为的结果做出估计，并同时产生预期性的内疚。为了避免内疚负效用的实际产生，个体会改变行为以遵守他早先接受的道德要求。正是在"内疚体验—预期性内疚—避免内疚"的过程中，个体不断地将道德要求内化为自身的需要和动机（孟昭兰，2005）。

另外，导致当事人产生内疚的行为和事件，往往涉及与自己有亲密关系或直接关系的人。因为只有在彼此具有紧密联系的情况下，当事人才会对他人所受的伤害或悲伤产生自我归因并反思自己行为的选择性和可控性以及相关的责任（Hoffmam，1985）。

可见，内疚是个体的行为及其倾向违背了道德自我认同标准，个体不能证实道德自我的时候才产生的负性情绪，内疚情绪一旦产生，个体会将通过亲社会的补偿行为修复道德自我。因而，内疚的产生是以一定的社会资本为条件的，属于具有良好适应性的、建设性的道德情绪。它有力提升了个体的道德行为，大大促进了人们的合作。

其次，坎村具备嫉妒情绪产生的社会资本条件。

按照"相邻嫉妒"理论，嫉妒是社会比较的结果，嫉妒发生的条件一般有四种（Smith，2004）。一是成员的相似性，即人们通常只会嫉妒那些与自己相似的人。二是自我相关性，即人们一般是感受到自身利益受到损害时才会进行比较并产生嫉妒，否则这种感觉就是轻微的。那些与自己低度相关或者没社会关系的人，虽带有相似性，但往往引起与嫉妒相反的羡慕情绪。一般而言，人际社会经济距离与嫉妒呈正相关。人际社会经济距离是指一个人与另一个人在社会经济交往中所表现出的密切程度。人与人之间的社会经济距离越近，就越有可能产生嫉妒心理。因为社会经济距离越近，竞争的相关性就会增大，利益的联系程度就会增加。特别是在群体合作产出固定和稀缺的情况下，群体成员为竞争得到更多的群体产出则加剧了嫉妒心理的产生。三是低控制性，即在嫉妒发生的过程中，社会比较使人们意识到自己应得到的东西却无法得到或得到较少的事实。对于群体合作的产出，本质上是固定的、稀缺的，对于嫉妒者而言，"你"违约多占群体的稀缺资源，就意味着降低了"我"可拥有群体稀缺资源的可能性。尽管别人多占群体稀缺资源不一定就对自己构成威胁，但这就产生分配不公平的认知，人们就会反问，既然条件相似，凭啥"我"得不到？凭啥"你（他）"能得到？四是优势的公平性，嫉妒中包含了那些与"我"相似的人凭什么比"我"好的判断，因此嫉妒与主观的不公平有关。

上述四个条件都与群体社会资本密切相关。第一、第二种条件其实明确"嫉妒谁"的问题。处在同一群体的成员相互熟知，信息是对称的，成员最为相似，自我相关度也最高，而且每一个成员付出的合作成本（努力程度）和分享到的合作收益都是可以比较的，嫉妒的原因和嫉妒的对象是明确的，而嫉妒就是由令人不悦的社会比较唤醒的。如果人们是高度流动的或者无任何社会关系，没有比较的参照，人们的嫉妒就失去了原因和对象，就不会产生嫉妒的心理，就像我们一般不会无缘无故去嫉妒一个陌生人一样。因此，处于同一组织或群体内部的人才会引起强烈的嫉妒感。第三、第四种条件其实明确嫉妒什么的问题。如果被嫉妒的物是因多付出而能获得比别人更多的收益或一种东西，那么这种被嫉妒的物是低控制性和优势公平性的，也就是可流动的（卢长宝、林阳阳、段奕君，2013）。因为经过付出就可获得的收益或某种东西（嫉妒物）只会使人产生诸如羡慕的正面情绪而不是嫉妒。如果那种嫉妒物是高控制性和在位者随手可得的，那就是不可流动的，即人们再怎么努力付出也无法获得，那么人们就会产生嫉妒的情绪，从而引发愤怒、不公平等负面情绪。然而，获取嫉妒物的方式是由社会群体规范，特别是分配规则所决定的，而社会规范就是群体社会资本的重要内容。

因此说，"嫉妒谁"产生于有社会资本的群体，因为从现实生活来看，人们也总在社会比较中评估自己和他人；"嫉妒的物"的获得与群体社会规范密切相关，因而嫉妒都有其独特的社会内涵及意义，都具有极强的个体属性及群体社会资本特征。

分析表明，内疚和嫉妒情绪是以一定的社会资本为条件的，面对自己或他人造成的不公平，人们并不必然产生内疚或嫉妒情绪并采取相应的自律或利他惩罚行为去纠正或制止不公平行为，如果没有足够的社会资本，就难以诱发自律的内疚情绪，也难以诱发利他惩罚的嫉妒情绪。这时，即使人们感受到不公平也不会采取自律和利他惩罚措施去维护公平的合作，只有具备足够的社会资本条件的群体，内疚和嫉妒心理才起促进合作的相应作用，而坎村恰恰具备这样的社会资本条件。在坎村集体合作中，由朴素的公平心理引发的嫉妒和内疚是促使村民自律的力量，强有力的嫉妒是促成群体内强互惠惩罚他律的力量，两者共同维持村庄合作秩序，村民所具有的公平倾向越高，村民的合作就会越稳定。这也在某种程度上暗示，如果来自村庄内部的自律和强互惠惩罚他律的约束力量足够大，那么，村庄的合作秩序是能够自我实施的。

第四节　关系紧密的社会网发展出多种合作类型

一　关系紧密的坎村网络共同体

社会网是研究人类行为的一种视角，其基本的思想可追溯至 20 世纪初著名的社会学家齐美尔关于个体与社会关系的相关表述。社会网是一个具有社会资本的非正式的组织，代表的是一种信任和道德关系，社会网内的个体除了共同的市场交易的一般法则外，还共同具有非正式的规范或价值观（福山，2002：252）。社会网内的人的行为动机受社会网情境的约束，个人行为的动机不仅是基于纯粹自利的理性选择，而是将个人与群体、功利与他涉、自由与约束有机结合起来，还包括了源于信任的合作和慑于权威的顺服，社会网内的个体自利理性选择是加入了相关者利益、群体利益、个人长远利益等在内的理性。社会网内的信任、团结、合作、顺服常是逆个人利益而动的，不少是逆个人短期利益的。社会网内的个体不可能是纯粹的、不顾及他人利益的理性人，个体行为动机的受群体的历史性、规范性及文化性的因素制约。

根据本章第一节的论述，可知坎村是一个具有紧密关系的宗亲社会网络，是正式宗亲关系和实践的宗亲关系的混合体，村民的社会团结就是由正式的宗亲关系和实践的宗亲关系共同促成的（Bourdieu，1977：34－35）。坎村纯粹基于宗族关系的亲属关系在正式情境中使用，执行使社会秩序化的功能，同时还存在亲属关系的实践运用，即功利性地利用人际关系的一种特定情况。这种功利性的实践的亲属关系主要表现为血缘较远的家庭与家庭之间以及村民之间的广泛横向联系，这些横向联系为血缘较远的家庭或村民个体所创建并通过社会交换中的互惠利他来维持，并且被不断培养和维护，而无终结的互惠利他的交换则是维系实践的亲属关系的纽带。这样，因亲属关系较疏远而导致较低层次的互惠就转换为实践的宗亲关系，维护了社会关系网络的紧密性。

可以看出，坎村的个体之间就是充满感情的关系网络，是彼此交织相互强化的关系，而非仅仅是一对一的关系或者链条式的个体关系，并且成员具有共享的价值、规范和共享文化的认同，是一个关系紧密的社会网络的共同体。

另外，最重要的一点是坎村共同体有坚实的经济利益为基础。没有共同经济利益为基础的共同体是短命的。坎村具有很多共有的财产，且共有财产的收益归集体成员共享，如以祠堂为中心的大院建筑群、山林、池塘和出租屋等，还有集体合作形成的为村民服务的互助基金会，这些共有或共享的村庄集体资源有助于强化村庄社区的认同，巩固村庄共同体的地位。

二　坎村合作发展的逻辑

正是这样的一个关系紧密的网络共同体，家庭和家族观念浓厚，血缘伦理型合作盛行；集体主义和利他主义的坎村客家文化发展出利他教化型合作；村民基于自身经济利益的追求发展出多次博弈型合作；村民基于经常的协商与沟通，形成公共意识，发展出协商共识型合作。多种合作并存，构成了坎村紧密的集体合作，为村民集体合作治理市场、政府和志愿机制都失灵的村庄集体资源提供了组织的基础。

坎村四种类型的合作中，血缘伦理型合作是基础，其他合作类型由坎村特有的客家人集体主义文化、传统客家人的利他主义教育以及多次重复交往和协商发展出来。每种合作都需要激励与约束体系，但到具体的合作类型，又有不同的侧重。血缘伦理型合作强调维护家庭人伦；利他教化型合作强调集体主义和利他主义教化；多次博弈型合作和协商共识型合作强调成员交往、协商、激励、监督与约束。对坎村的客家人而言，血缘伦理型的合作是稳定的；利他教化型的合作受市场化和世俗化的影响，要转变为通过利他最后达到利己的合作来维持这种合作的发展；对于多次博弈型合作和协商共识型合作，则需要通过强化成员的沟通交往、激励、监督、约束和惩罚等机制来维持。坎村集体资源合作治理主要是在血缘伦理合作的基础派生出来的利他教化型合作、多次博弈型合作和协商共识型合作的产物，除至亲之外，其中的合作逐渐更多体现为博弈型和协商共识型的合作，因而更需要强调成员的交往、协商、激励、监督与约束。

但是，这四种类型的合作还不足以保证村庄社会的村民都会选择合作。在世俗化、市场化和城镇化的背景下，随着人员流动和外部信息输入的增加，村民的行为选择必将更加趋于自利理性，当村庄的正式和非正式制度设计无法有效约束违约村民的行为时，四种类型的合作都将受到冲击。因此，为保证合作，在此基础上在发展出第五种类型的合作，即外部第三方惩罚约束型的合作就成为合作发展的必然，这将在后续章节进一步阐述。有了第三方惩罚组织监督和约束，即使村庄正式的或非正式的制度无法约束违约者，但由于第三方惩罚组织的存在，使得违约者的违约得不偿失，违约者的最佳选择仍是合作。第三方惩罚组织的惩罚就像一把达摩克利斯之剑，是对违约行为的可置信威慑，并为前面四种类型的合作提供外部保证。

第五章　村庄合作治理的组织、
发动和制度设计

　　根据合作动机的分类，村庄社会网的集体主义文化、功能性的社会网络组织、为己利他的社会交换、相互信任的伦理关系等等只是强化了人们的内在合作动机，而达成合作还需要有合作的外在动机，即对合作成员的外在约束。合作的内在动机是集体合作的前提和基础，外在动机则是保证集体合作得以维持的必备条件。两种动机结合才能促使村民更倾向于采取互利主义而非机会主义的方式与他人相处才能促进合作从而形成有效的集体行动。从新制度主义理论的角度，对合作成员的外在约束可以简化为三个问题（奥斯特罗姆，2012）：一是制度的供给问题，包括由谁来设计集体合作治理的制度，而由谁来设计集体合作的制度则涉及集体合作由谁来组织和发动的问题；哪些人有足够的动机和动力设计组织，并能承担相应的组织成本等。其中，找到制度的设计者和组织成本的承担者非常关键。二是可信承诺问题，即合作成员违反合作规范时将受到何种惩罚以保证成员之间的承诺可信。三是成员之间相互监督问题。

　　受此启发，本章从决策的组织开始，从坎村合作的过程性视角来探讨互助基金的合作是如何可能的，并着重讨论合作的规则和制度是如何产生的，如惩罚制度、组织规则和行为规范等等，以及如何发展出监督制度，最后对坎村互助基金治理的模式和合作条件作出概括。

第一节　组织和发动[①]

笔者考察过坎村附近一些非客家人聚居的村庄。这些村庄的经济条

---

① 本小节的部分内容引自笔者在《中国农业大学学报》（社会科学版）2016 年第 1 期发表的文章《从利益输送引导的合作到长期合作治理的组织——K 村互助基金会的个案研究》。

与坎村相似，并且这些村也有不少在本地或外地政府机关任职的官员、成功企业家或其他成功人士，但这些村庄的精英外出后，宗族情结不如坎村客家人那样浓厚，这些非客家人聚居的村庄精英离开村庄后基本不参与村庄事务，不参与所在村庄集体资源的治理，也不会充当集体行动的组织者和发起者。在这些村庄，大家都观望，都希望有人带头组织，但因无人承担组织者角色、无决策组织和决策机制，而无法实现群体性合作。还有一些村庄，即使村庄精英发起治理的集体合作，但由于无人承担初始成本或者难以达成有效的成本分摊方案，最终也无法形成有效的合作治理。很有可能，是否有人愿意发起并承担初始成本、能否制定包括公平的成本分担方案等令众人信服规则才是村庄集体合作治理启动的前提条件。

一　制度供给

坎村的外出精英即使离开村庄，由客家人的特点决定了他们离土不离根，村庄的事务都需要参与并起到制度供给和组织、发动和维持的领导者的作用。与非客家人的村庄相比，客家文化与非客家文化的群体规范的存在明显的差异。不同的群体规范在集体合作参与方面提供的激励与约束机制不同，因而他们面临共同的集体资源合作治理需求时，出现不同的结果。在客家传统文化浓厚的坎村群体文化熏陶下，由外出精英解决了集体合作的组织发动、领导和制度供给问题。

有关个体行为与群体秩序关系的研究表明，集体合作治理可以通过群体规范等非正式制度以及正式规则两个方面来实现，但随之而来的则是集体合作治理的制度供给如何实现就成了问题的关键。集体合作首先需要解决的是集体合作制度的供给问题，既包括总体的集体合作的制度规则，也包括具体的集体共享资源或事件的集体合作的制度由谁来设计、谁有足够的动机和动力设计组织并能承担相应的组织成本等问题。而后者则是具体的集体合作启动的必需条件。因为集体合作其实就是协调个体行为与群体秩序的关系，协调就需要组织和管理的职能来实现治理，所以村庄集体合作治理首先需要集体资源的治理规则来对个体在共享资源治理过程中的投入以及治理收益的分享方面形成明确的、成文的契约。作为正式制度的治理规则对于稳定相互合作预期起到基本的作用，通常的集体行动都主要依赖于管制性制度框架的存在，以限制战略机会的无限滥用、确立稳定的相互承诺和长期契约关系。集体资源合作治理成功维持取决于制度规则的存在和运行，以便确立稳定的相互行为预期和长期契约合作关系。因此，村庄集体合作治理首先是具体共享资源的制度供给问题。

治理规则本身也是一种群体性的共享资源，所以，即使规则的治理对象的搭便车和机会主义得以解决，也还面临着治理规则本身这种共享资源的搭便车和机会主义问题，即谁来提供作为共享资源或者说作为公共品的治理规则和治理规则的规则。第一，发动、组织以及具体的管理来实施集体行动的本身就具有集体行动组织和集体资源合作治理的双重性质，因而缺乏市场机制的物质激励或来自政府的激励，那么个体何以愿意为集体共享资源服务，从而成为付出额外成本的组织发动者或者说领导者。第二，其他成员凭什么信任组织发动者而在其组织下实现自愿合作性参与，组织发动者凭什么取信于其他成员而实现合作？即由谁来组织发动和设计治理规则、承担规则制定的成本，又怎样能令其他成员信服参与合作和怎样保证规则的本身符合全体成员利益的问题必须首先解决。

首先，坎村已经存在总体的合作规则，不需另外设计。村庄社会网络形成了大家都默认的规范，达到了在正常情况下无反应地、自发地服从的程度，而且将许多规则转化成了个人偏好，内化在自己行为之中，并始终一贯地遵从着这种规则，这是总体的集体合作的规则，这是不需要再设计的。

其次，外出精英充当具体集体资源合作治理的制度设计者。问题就在于不是所有的集体资源和事件的规则都相同，不同的集体资源或事件在遵循总体的规则以外还应该有其特殊的制度规则，即除了自生自发的秩序外，还需要建构性的秩序。或者说，秩序虽然可以从完全分散的个人自发相互作用而形成，但没有人会否认，秩序通常是由自上而下的等级制方式产生的。秩序（制度）作为集体合作实施的蓝图和规则，一方面作为个体参与的行动指南，同时也增加个体对成功实现共享资源治理的预期收益。从这个角度，对于具体的某种集体资源或某个事件，找到成员信服的制度设计者和承担者来构建秩序并起到组织发动作用是集体合作的关键。坎村的外出精英与外部力量相似，很有可能通过引入一种外部力量（尽管这是埃莉诺·奥斯特罗姆所反对的），并且这种外部力量（外在力量不一定就是政府，也可以是诸如民间精英或者民间组织一类）能够通过自身独特的资源对成员形成吸附效应，能将合作成员动员起来，启动合作并且能够主导规则的制定、有效实施惩罚和监督。这可能也是解决村庄集体合作治理的一个好办法。目前可能村庄外出精英最适合充当这个角色。在坎村，这个等级制的权威就来自以林伯为代表的几个层次的外出精英。因为无论是天然的还是自发的秩序，它们本身不足以生产出构成社会秩序的全部规则。在这关键的时刻，它们都需要由等级制权威来进行必要的补充。

由坎村社会网的特性决定了的外出精英愿意主动承担具体共享资源或事件集体合作治理制度的提供者，并且外出精英制定的规则是众望所归。制定的规则根植于他们拥有的权力之中，而且这些规则都是"帕累托增进"的，因而得到其他村民的响应和赞同乃至服从，比如发起互助基金、制定互助基金公约等等。

在坎村，一方面，村庄社会网络的规范是人人都认可的，是能自我实施的，那么服从规则就是服从"自我的统治"，集体合作的困境就能得到有效解决；另一方面，具体的集体共享资源或事件的规则是由众望所归的外出精英行使代表权经过大家同意制定的，服从具体规则也是"自我统治"。村庄社会网络的规范和具体的成文规范并存互补，既有利于发挥正式制度的确定性、可预期性、可执行性等特点，使集体行动中机会主义得以减少，又有利于把正式制度与非正式制度在相互渗透和相互学习中有机统一起来，互相补充，共同维持了集体合作。

二　领导者和组织者

目前很多自组织治理的理论都围绕着奥斯特罗姆总结的八项条件[①]进行研究。许多学者已经深入研究了这些原则的有效性，但对领导者和

---

① 八项条件是：（1）分享资源单位的个人或家庭之边界界定清晰；（2）使用、供给与当地具体情况相适应；（3）集体选择安排；（4）越"规"的分级制裁；（5）低成本的冲突协调机制；（6）对组织权的认可；（7）监督；（8）分权制组织。奥斯特罗姆试图以过程性的视角来探讨自组织治理是如何可能的，关注的是成员的社会连带、信任、互动、规范，但她并未论述这些制度与规则是怎样产生的，也未论及成员是如何建立组织规则、行为规范等自治理运作所必需的一系列的正式与非正式制度，并如何发展出监督机制的问题，而这恰恰是集体合作治理首先需要解决的。

组织资源在集体合作中的关注不够。

　　现实生活中的集体行动实现路径中，实际上存在两个阶段：组织和发动以及实施和维持。组织发动集体合作需要活动资金、时间和成员，如何积聚这些集体行动必需的资源和成员就需要组织者和积极分子开展复杂而艰辛的行动动员。然而，初始行动动员的成功与否也受到许多因素的制约。比如人际网络或人际纽带、集体认同感的包容性、集体行动目标的共意性、组织者的动员技术、机遇等等，都会对行动动员的成败形成有力的制约。初始的动员是一个非常复杂而艰辛的过程。这个阶段主要是通过宣传、动员形成共同意识，根据突生规范理论，集体行动的产生需要某种共同的心理，包括共同的意识形态和思想，或共同的愤怒。如果初始的宣传和动员无法使集体形成共意，一旦动员不能顺利完成，则集体合作也将胎死腹中。集体合作的两个阶段表现为两类主要的角色：领导者和跟随者。组织和发动集体合作所需的个体间沟通协调需要成本投入，至少是时间投入。如果没有人充当这种初期组织者以及具体实施过程中的领导者角色，那么搭便车行为将是普遍的，试图通过集体合作来治理集体共享资源以解决市场、政府和志愿机制都失灵的资源配置就难以实现。如果说发挥组织职能的领导者角色不可或缺，那么谁能够且愿意带头来发动成为大家都信服的领导者，并组织以及管理来实施集体行动就成为实现集体合作的初步条件。

　　奥尔森的集体行动理论认为大集团中的任何一个成员都无法对集体物品的供给产生显著的影响，这里暗含的假设是大集团的成员具有同质性，即每个成员集体物品供给过程中的集体合作的反应和选择是一样的，这显然不符合现实。个体的现实理性受到实际情境的制约，个体合作的意愿受到多重因素的影响。完全理性和同质的个体假设过于夸大"搭便车"动机而忽视了不同场景中的个体合作的动机和决策。一个由完全同质的理性人组成的群体无法实现集体行动的组织，其结果必然采取搭便车策略。其实，更多情况下，当面临集体物品或者说共享资源集体合作治理的需求，特别是对于集体共享资源的供给时，个体基于自身利益和其他人的行为预期将会形成不同的策略集，从而决定了个体在共享资源治理的集体合作中可能充当不同的角色。这个不同的角色就说明每个个体对集体合作的反应是不一样的，由此决定了个体在集体合作中的行为选择也是不一样的。

学界近年来对个体或群体异质性作用的研究为人们怎样寻找集体合作的组织发动者和领导者提供了启发。个体异质性指的是面对共享资源治理的集体行动，群体内不同的个体在身份、宗教信仰、阶层、收入、知识水平、治理成本投入、治理收益以及实现治理的成果的偏好等方面存在差异，因而对于参与集体行动有着不同的积极性。群体异质性主要表现在两方面：一是借用社会资本概念描述不同群体在内部信任度方面的差异，二是使用社区规范的概念描述不同的群体基于不同的共享信念基础上的行为模式差异。但异质性不是一元的而是多元的，有些场景中某一方面的异质性会促进集体行动的产生而另一些方面的异质性对集体行动起到抑制的作用。不同形式的异质性对集体行为产生不同的影响，特定形式的异质性会以不同的方式影响集体行为，但特定形式的异质性所起的作用取决于具体情境。如财富（权位或收入）的异质性有利于管理权威的建立——精英分子承担初期集体行动成本的动机是获得政治地位和社会声望等。个体异质性（权位、收入、偏好、知识的差异等）的存在，决定了个体究竟是充当领导者、跟随者还是搭便车者，而且异质性的个体可充当不同的角色，有的承担了组织和发起的初始成本，敢于承担风险，成为发起者或领导者。对于群体异质性，坎村客家人群体的集体主义文化特点决定了群体具有集体合作的前提和基础。

坎村有明显的社会网络结构，集体合作治理的组织不成问题，恰恰明显的网络结构也是由层次分明的异质性的个体组成的，这又解决了制度的供给者和发起者的问题。在这个社会网络结构中，外出精英处于第一层次，精英又分两个层级。林伯、林叔和林四是外出精英第一层，林伯是当然的联络和领导者；其他公职人员是第二层级的精英，其中的一个在职并在村里居住的镇长办公室公务员则是其中的联络和领导者；宗支的房头和村庄较富裕者处于第二层次；其余村民处于第三层次，宗支的房头是第二、第三层次的领导者。这种分层在合作中比较容易形成领导者－组织者－参与者这样一种原始的初级组织结构，基本上具备正式组织的结构、规则和决策程序。但即使具备了类似正规组织的架构，如果不存在一个或若干个民间领袖或精英"出于社会地位、威望、荣耀并向大众负责的考虑，而不（仅仅）是为了追求（个人）物质利益"（杜赞奇，1996），并承担起带头人或主持人的角色的话，合作也不可能发生。另外，带头人或领导人应该是生存于当地权力的文化网络之中的，能够令大众信服的人，并能够有效地影响到村内其他成员的态度和行为。在坎村层级结构中恰好满足这个条件，处于第一层次的村庄精英威望最高，而其中的林伯和林叔是最能服众的，林伯的话最顶用，就充当了最高领导者的角色。

可见，第一层次的精英是集体合作治理发生的关键因素。一方面，他们是村民日常生活中特定领域的杰出人物和积极分子，大家对他们的行为和关系网络都很了解，将其视为成功典范并寄予高度信任；另一方面，他们的交际范围大于普通村民，他们的人际关系网络连接着村庄和外部世界，位于村庄关系网络的顶点。因此，第一层次的精英可利用信任、声望和人际关系网络动员社会资源，将村民间分散的社会资本集中起来，组织大家形成合作治理的组织，并作为核心层的人物运用社会资本对组织进行管理。

坎村的治理实质上是有领导和组织的合作治理，明显不同于强调国家力量对社会控制的自上而下的治理：在坎村合作治理的框架中，领导者和组织者起到起草规则与协调的作用，其通过示范和动员等形式将村庄其他成员纳入合作治理中，最终以动员为基础的参与变成了村民的自主参与。领导者和组织者通过示范、强互惠和动员等形式完成了村庄力量的整合，通过互惠、强互惠等行动策略吸引村民参与合作治理，其他村民则对领导者和组织者的行为策略做出合作的回应。

三　初始成本的承担者和决策的执行者

虽然村庄共享资源合作治理的收益决定了群体性合作的需求，但行动是需要成本的。集体行动的意识形态即使形成，也并不能自动地或必然地转化成集体行动，尤其是高风险性的集体行动。因为集体行动需要时间和资源，还需要有人敢于承担行动失败的风险。这些必要的资源和敢于承担风险的成员需要人们去组织和动员。没有这个组织和动员的中介过程，集体合作也就成为泡影。因此，能否实现集体合作就在于是否有人发动、组织合作并承担初始成本（包括风险）以及制定集体合作规则（制度供给）。

　　科斯在自己的整个学术生涯中都强调个人有能力创造出相互有利的制度安排，而无须一个中央协调者的帮助（埃里克森，2003）。这是以交易成本为零为条件的，而真实世界是有成本的。解决初始成本承担问题是创造制度安排制度的重要条件。无论发起互助基金的集体合作还是制定互助基金的具体规范，都需要有人组织并且承担前期的成本。合作对所需支付的成本具有很强的敏感性，如果成本不高，那么给予合作是理性的，但如果成本超出了允许的范围，合作就无法展开。外出精英在承担合作成本方面起到了重要的作用。首先是承担了初始的合作成本，包括组织、动员等成本，还承担了他们至亲的合作成本，即合作需要支付的份额。外出精英已经承担了合作的组织、动员等初始成本和一部分合作者的份额，对于其他合作者来说，只要有了份额的钱，而且无论份额的大小，都可以加入，而且份额的所有权还是属于自己。这样，对于合作各方来讲，合作成本很小或者说不用承担合作成本，所以合作就很顺利。

　　在坎村实际的调研过程中，笔者发现两个有趣的现象：第一，坎村的实际则是外出精英根本不通过合作来获取经济利益，但却主动承担合作成本。这明显不同于奥尔森的观点，奥尔森认为当个人收获到合作收益足够大的一部分份额时，他更乐意去承担合作的成本。第二，虽然外出精英承担了初始成本，但由于大多数精英在外工作，主要的事情由林伯等三个人决策外，具体的组织还需要村里的人来承担。这就涉及这样的一个问题：即有人愿意承担了初始的合作成本，但没有具体参与组织，而且参与组织的人也没有劳务费，但林伯还是能找到村里的人以外出精英的共同名义来具体组织发动。对于这两个问题，笔者认为，很有可能对于外出精英和按照外出精英的指挥去发动和组织集体行动的几个宗支房头而言，可能参与集体行动不被看成是代价，反而可能被他们看作收益。他们参与集体合作的动机可能是理性的、自利的，过程导向的，即把参与的过程当作快乐和幸福，把参与的过程得到的快乐当作收益。以这种方式把问题倒过来，看起来可能有点随便。与之类似的是发展经济学中出现的转变，在经济发展的某些阶段到来的时候，消费与投资相互替代是误导的。通过保障健康和生产率，增加消费也是对未来的最佳投资。同样，"对于某个个人来说，集体行动带来的好处可能不是他或她所预期的结果与付出努力之差，而是二者之和"
（Hirschman，1982）。用数学的语言表示如下：用 z 来表示集体行动对个
人的好处，用 x 表示（他的努力所贡献的）集体产出的期望值，用 y 表
示参与者本身的预期结果。按照赫希曼的表述就是 z = y + x，y 本身还是
x 的函数 f（x），并受条件 f（0）＝0 的限制。[1] 至少对于理性的参与者
来讲，这是有效的。

通过和一些外出精英以及在村内执行精英们决策的几个宗支房头的
交谈，笔者可以将这个观点解释清楚。他们首先明白合作是有益而无害
的，就把动员和说服亲人参与看作是一件造福于亲人的事。其次，组织
集体活动（集体行动）需要找人，需要做大量的说服解释工作，这些房
头都说乐意这么做，觉得自己有事做了，是精英们看得起自己，觉得很
有面子。总之，他们就是以参与发动和组织的过程得到的快乐当作收益
而不把它当作付出的成本。以林伯为首的村庄外出精英在村庄集体共享
资源治理过程中起到制度供给者、组织成本承担者和领导者的作用，并
且在村的宗支房头愿意具体执行，乐意去具体发动和组织合作，是坎村
集体合作的关键因素。

第二节　惩罚制度[2]

集体合作需要附有系列惩罚制度来保障。制度为一个共同体所共有，
虽然并总是依靠某种惩罚而得以贯彻，但没有惩罚的制度是无用的。"制
度——尤其是附属于它们的惩罚——是能使人们作出既有承诺得到切实
履行的可靠约定。人的本性是如此，自利的个人经常会满口应承却在后
来忘得一干二净或者自食其言。我们的本能在这类机会主义行为中起着
很重要的作用，而制度则有助于为了长期的有效协作而抑制我们的固有
本能。因此，人际合作通常都需要有制度框架。制度框架能增加逃避义

---

[1] 应当注意，所有的正数 x 都是符合 f（x）> x 的，在这个意义上说，参与过程的效用价
值可能比结果的效用价值更重要。在特定的 f（0）=0 的条件下，结果的效用价值更
重要。

[2] 本小节的部分内容引自笔者在《中国农业大学学报》（社会科学版）2016 年第 1 期发
表的文章《从利益输送引导的合作到长期合作治理的组织——K 村互助基金会的个案
研究》。

务的风险，增强互利合作的习惯，达到抑制这种本能性机会主义的目的。当人们合作时，他们的境况往往优于不合作"（柯武刚、史漫飞，2000）。一般而言，当群体中的成员相互之间的合作预期较少时，人们才倾向于设置或者引入某种惩罚制度；当群体中的合作率较低时，惩罚才有助于合作；当群体中的高合作率已经趋于稳定时，惩罚的积极作用消失；群体中若已经产生了足够的合作，取消惩罚不会引起合作率的下降。坎村的合作水平已经很高，但为什么在这样合作预期很大的群体内还需要惩罚的制度呢？这主要在于必须对潜在的机会主义者保持威慑机制，因为他们的存在会带来连锁反应式的合作解体，而可置信威胁或惩罚的存在，反过来会促成一个接近均衡的合作成功。

因此，尽管自互助会成立以来无人违规，村庄的经济惩罚也从来没有被正式使用过，但惩罚制度从来没有被取消过。尽管当合作保持在一个较高水平时，惩罚对合作的贡献下降，但如果有违约，惩罚仍然有机会发挥积极作用。在合作达到高水平之后，惩罚被运用的机会少了，但并非惩罚产生作用的机会完全消除，惩罚依然像一把达摩克利斯之剑，时刻发挥警示作用。在合作的出发点发生变化时，惩罚制度可能成为维持合作的某种决定性因素。另外，惩罚也可以激发条件信任的合作。由于惩罚制度的存在使得人人都预期到违约行为将受到村庄的基本无执行成本的、可置信的多边惩罚，违约者一方面将付出可预见的高违约代价，另一方面又无法对惩罚者施以报复的情况下，惩罚机制是有效的，合作容易被维持，所以最优策略将是忠实履约。

一　多边惩罚、声誉和社会排斥

坎村仍是在"相似一致"基础上的人们被感性联合在一起构成的、靠"机械团结"维系的"社团"，而不是在"劳动分工一致"基础上由利益关系扭合在一起的人们构成的、靠"有机团结"维系的"社会"。在前者，非正式的规则起主导作用，在后者则反之。坎村互助基金尽管有重要的经济功能，但它更多是以一种村庄公共事务的形式出现的，深深地嵌入村庄社会网之中，主要受村庄社会网非正式规则的制约，而社会网非正式规则可以有效约束经济博弈中参与人的机会主义倾向。考虑到个体间的不完全契约，组织的效率往往取决于个体在没有激励的情况下采取合作或者通过他人惩罚非效率行为。

如在图 5-1 中，图 a 原子型的人际关系中，A、B、C 三人没有相互联系，图 b 和图 c 中，A、B、C 有联系，但图 b 中 B、C 没有联系。假定每个行动者的行动都会使三人获利，此时，图 a 中的三个行动者都不会采取行动。图 b 中若 A 拒绝行动，仅仅打算分享 B、C 行动的果实，B 或 C 将劝说 A 采取行动，但 B 或 C 没有能力承担 A 行动所付出的成本，这时 B 或 C 可以利用 A 行动后可以享受公共物品来解决 A 参与集体行动的问题。另外，如果 A 不需要集体共享资源的服务，那么还存在一种可能，就是 B 或 C 利用对自己价值不大但对 A 却有很大利用价值的资源补偿 A，引导 A 参与集体行动；图 c 是一个社会网络，存在的可能性就是如果 A 不参与集体行动，B 和 C 可以利用他们之间的社会关系对 A 实行联合惩罚。坎村就是图 c 类型的社会网络的集合。坎村村庄社会网在行动者之间建立一系列的义务——期望关系，行动者往往与多个事件相联系，提高了一方阻止另一方或鼓励另一方采取某种行动的可能性。换句话说，在村庄社会网络内，一方对另一方有很多影响手段，从而使得网络中的一方对另一方的制裁（惩罚），作为制裁者付出的代价较少，而作为被制裁者付出的代价较大，从而合作策略长远来讲比背叛策略能够得到更高的个人回报，因此，合作也是更理性的、更优化的策略。

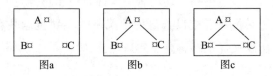

图 5-1   从原子型的人际关系到网络型的人际关系

另外，在这样的社会网络中，成员之间的关系是固定的，无论合作与否，人们的关系都无法脱离群体。这时声誉机制就起到了维持合作的作用。声誉机制起作用的前提是只有当人们知道在将来的相当长时间内自己需要与他人继续交往时，才会考虑自己的名声好坏。坎村是典型的熟人社会网络，抬头不见低头见，声誉的好坏通过舆论方式对不合作者造成心理压力。村民为了声誉，不得不采取合作行为。共同体的声誉效应起到维护合作的作用。

在坎村，如果借款人无正当理由到期不归还互助基金的借款则被视为违反规矩，即如果借款人出现了故意违约不还款行为，那么村庄所有人的都会知道，从而该成员将遭到社会排斥。为什么违约者会受到村民的一致排斥呢？笔者和很多村民聊天时发现，村民普遍存在这样的心理，即"人们发现那些违反社会规范的行为未得到处罚时就会感到不舒服，而一旦公正得以建立，他们就会感到轻松和满意"（De Quervain, et al., 2004），因而普遍都对违规者产生厌恶和反感的情绪，进而排斥违规者。

社会排斥在一定程度上促进集体合作。在一个合作的群体中，当违约者受到利他惩罚时就会觉察到自己并未获得关系对象（比如朋友、亲人、熟人社会网的成员）的重视或遭到社会排斥，就产生了社会关系贬损。这种贬损信号预示着个体资源的流失，进而引发痛苦情绪（Mac Donald and Leary, 2005），并且遭到熟人社会排斥产生的痛苦心理将比非熟人的社会排斥引发的更严重。这种社会关系的贬损带来的痛苦将引发个体消极的情绪，根据身体标记理论，情绪对推理和决策过程很重要，因为个体参与的社会活动通常与惩罚和激励有关，进而产生相应的痛苦和快乐情绪，而人们正是通过这些情绪体验调整自己的生物活动的（Damasio, 1994）。按此解释，个体为避免被所在群体的利他惩罚带来的消极情绪而形成预警神经信号，帮助个体从记忆中提取更多的与消极情绪相关事例而产生的消极预期，最终做出规避风险的决策；积极的情绪也会发出神经信号，引导个体从记忆中提取更多的与积极情绪相关的事例而产生积极情绪预期，从而作出能给自己带来积极情绪的决策。即个体一旦想到违约的决策不符合群体利益而被利他惩罚导致消极情绪而产生的痛苦预期，为避免痛苦而做出符合群体利益的合作决策；个体一旦想到以往的决策由于符合群体利益而得到激励产生积极情绪，最终也选择合作的决策。村民社会排斥手段违约者几乎是不用付出成本的，守约者就变成了利他惩罚者，因而联合惩罚违约者得以长期坚持。正是因为社会网络惩罚和声誉机制的存在，社会网络可以将坐享其成的成员转为热情奉献者。①

---

① 本段部分内容引自笔者在《安徽师范大学学报》（人文社会科学版）2014年第5期发表的文章《社会资本视野下的公平心理与群体合作》。

二　强互惠惩罚①

强互惠行为能抑制团体中的违约、背叛、逃避责任和搭便车行为，从而有效提高了团体成员的福利水平。坎村对违约者的社会排斥实际上是一种强互惠惩罚。

按照"强互惠"理论的解释，"强互惠主义"者倾向在群体中与别人合作，通过维持或者提高自身的合作水平来对他人合作做出回应，并不惜花费个人成本去惩罚那些破坏群体规矩的人，即使惩罚行为本身目前也可能损害他自身的利益，因为任何成员的机会主义行为实际上都会损害所有成员的利益，并最终反过来损害自身的利益。正是村民清楚地意识到违约者的违约跟自身的利益攸关，如果"不合作"，将可能被强互惠者"驱逐到集体之外独立生存，但集体外的生存条件要远逊于集体内，所以每个成员在采取行为前就不得不考虑其他利益攸关者的得失，既不会轻易损害其他利益相关者的利益，也更愿意对那些机会主义行为（违约行为）进行联合抵制和社会排斥，尽管似乎从中没得到多少利益甚至还会损害当前的利益（如关系疏远）。这就产生了对违约者的分割效应和报复效应：前者指的是亲社会行为者更有可能得到奖励，他们之间也更加容易交往，对于反社会行为者来讲，则情况刚好相反；后者指的是由于成员之间互动全面，惩罚机会主义者的机会就越多。此时，分割效应和报复效应也就起到维护合作的作用。

但强互惠惩罚或者说利他惩罚至少要满足以下四个条件，而坎村是否具备这些条件呢？

一是对违约者的强互惠利他惩罚需要道义上的支持。②

因为合作者受到违约行为的刺激，随着合作者对分配不公平的感知和对群体责任感的唤起，嫉妒情绪被违约行为激发就会产生愤怒的情绪。嫉妒者的心态是"我希望你（他）不能拥有现在所拥有的"和"与其你（他）得这么多，我得这么少，还不如谁也别想得"，也可能是强调拿走

---

① 本小节的部分内容引自笔者和合作研究者在《中国行政管理》2015 年第 5 期发表的文章《强互惠、非强互惠第三方惩罚与群体合作秩序》。

② 本部分内容引自笔者和合作研究者在《陕西师范大学学报》（哲学社会科学版）2014 年第 4 期发表的文章《惩罚困境、社会资本与群体合作秩序》。

或摧毁被嫉妒者所拥有的东西，由此往往驱使嫉妒者自愿承担成本对违约者进行惩罚或者拒绝与违约者合作，包括当面指责或者愿意牺牲自己的利益去削弱违约者的利益乃至攻击违约者。但这又是以嫉妒者拥有优于违约者（被嫉妒者）的某种特质为前提，如强壮的体格、优越的社会地位或经济地位，这样才能对违约者实行有效的身体、社会、经济利益或其他方面的惩罚；如果自己是一个没施罚能力的嫉妒者，也要有把违约的信息在群体公开传播的能力和行动，以此激起有能力惩罚者的不公平感和群体责任感，也以此激起其他成员对违约行为的不满和义愤，从而实现对违约者的惩罚。重要的是，合作者之所以敢于对违约者实施利他惩罚，是因其具有群体道义上的正当性。违约者违反群体合作规范所得到的高于合作者的收益是对群体合作中"'应该为'规范"的违背，即违背了群体公平准则，违约所得不具正当性，不符合正义原则，因而，惩罚违约者是合作者站在道德制高点上的正义的、铲除不公的行为。换句话说，被嫉妒者所获得的高于合作者的收益是通过不道德的方式得到的，获得的手段也不为人尊敬，或者是那些被嫉妒者不配得到这些收益。用群体合作规范和群体道德对此进行评价，嫉妒者（合作者）对违约者的利他惩罚行为就具有了道义上的正当性，利他惩罚就符合群体规范和群体心理，而这恰恰是嫉妒导致利他惩罚的逻辑起点。

二是惩罚须能以低成本完成。强互惠惩罚也是有成本的。它会降低惩罚者的适应性，且强互惠者往往难以具备非强互惠第三方惩罚者那样强大的实力，所以，能以低成本完成对背叛者的惩罚是强互惠惩罚能够发挥作用的关键前提。如惩罚成本过高，强互惠者要么由于自身实力有限，不足以使背叛者受到足够的惩罚而无法维持合作；要么为了惩罚背叛者付出过高的成本使自身适应性下降太多，无法维持其自身的演化均衡，最终无法维持合作。因此，在实际施罚的过程中，强互惠不是不计成本的亲社会行为，强互惠者都会经过缜密的思考和计算，惩罚成本越高，强互惠惩罚行为就越少，强互惠的决策是理性的。

笔者假设：π_n 为群体中只参与合作而不惩罚背叛者的个体的收益，π_p 为参与合作的强互惠者的收益，π_b 为背叛者的收益，Q_1 为合作要求的产量；Q_2 为超额生产的产量，价格为 P，C_1 为合作者生产 Q_1 产量所需付出的成本，C_2 为背叛者生产 Q_2 产量所需付出的成本，C_P 为惩罚成本，H_p 为惩罚给背叛者带来的损失，可推出：$\pi_n = PQ_1 - C_1$；$\pi_P = PQ_1 - C_1 - C_p$；$\pi_b = PQ_2 - C_2 - H_p$。可看出，参与合作的强互惠惩罚者的收益低于只合作而不惩罚者，如果惩罚者不能以较低的成本让背叛者受到一定的惩罚损失，惩罚者的收益也低于背叛者。如果我们简单地把收益看作适应性，这就意味着惩罚者的适应性低于不惩罚的合作者，同时也低于背叛者。那么，在群体的进化中不具备生存优势的强互惠惩罚者将被排挤，最终合作群体只剩合作而不惩罚者和背叛者，合作也就会随之而解散。

问题的关键在于强互惠者能否以较低的成本给背叛者施以惩罚，至少要满足条件，$H_p - C_P \geq PQ_2 - PQ_1$，否则，强互惠惩罚就不存在。

群体内的非合作强互惠者则是并未直接从合作中获益却支付成本惩罚背叛者，同样需要能够以低成本完成惩罚。

虽然 Gintis 给出了强互惠者因为付出了额外成本从而产生了生存劣势但依然能够得以生存的几种解释（Gintis，2000），但毕竟强互惠者存在适应性低于不惩罚的合作者和背叛者的风险，如果不能满足上述条件，则强互惠惩罚就会成为"二阶公地悲剧"：强互惠者惩罚了背叛者，付出成本最终却被不惩罚的合作者和背叛者排挤出群体，群体没有了强互惠者，没有非强互惠第三方惩罚情况下，群体合作难以维持。

三是有能力施罚的强互惠者需达到一定的数量。强互惠者要达到一定的比例才能够保证群体的合作。如果以 c 表示合作成员的付出，δ 表示每一轮博弈结束后合作不终止的概率，π 表示成员贡献时其期望获得的收益，h 表示强互惠者对背叛者的惩罚带给背叛者的伤害程度，则群体强互惠者的比例至少要满足 $f_* = (c - \delta * \pi) / (c - \delta * \pi + h)$，才能保证群体的完全合作。同时，在任何一个生物种群中，由突变、迁徙或其他原因产生的利他者必须超过一个阈值才能得到进化。在一个群体内，要保持该群体大部分是利己的和小部分是利他的这两种策略的演化均衡的稳定，强互惠者是需要占据群体成员的一定比例的，尽管这个比例可能很小。

笔者认为有能力施罚的强互惠者要达到一定的比例才能够保证群体的合作。如果惩罚由强互惠者亲自执行，那他必须拥有优于背叛者的某种特质才能保证惩罚的有效性。如强壮的体格、优越的社会地位或经济地位，这样才能对背叛者进行有效的身体的、社会、经济利益或其他方面的惩罚；如果强互惠惩罚由其他成员来执行，那强互惠者也要有激起其他成员对背叛者惩罚的能力。因此，强互惠者并非每个成员都能充当，也不是随时能充当的，大多数情形是很多强互惠者心有余而力不足，即使对背叛者产生强烈的不满，但限于能力和实力不得不作罢。可见，在群体中即使强互惠者达到一定比例，如果这些强互惠者没有施罚的能力，那么强互惠也不具备演化优势。

四是群体规模较小且成员关系相对稳定。虽然强互惠是陌生人之间重要的合作动力，但陌生人之间的强互惠不一定能维持合作的秩序。强互惠者可以维持群体的合作，是因为群体中普遍存在着较大比例的强互惠者，并且是演化均衡的，从而强互惠惩罚能够在群体自发维持群体普遍的合作，类似于斯密的"看不见的手"和哈耶克的"自发秩序"，但这是从宏观的角度来考虑的。具体到某一个合作群体，强互惠者作为群体中的一员，其拥有的优势是对群体和同一群体其他成员更深程度的了解，信息更为充分，即如果其中一个成员背叛，其背叛信息能够迅速传递到其他成员那里，背叛者的声誉丧失直接导致其被驱逐出该群体或者由整个群体代表受害者的利益，采取集体的强互惠行动，对背叛者进行惩罚。但这是限于一定的群体规模范围内的，一旦超出范围，强互惠者这种优势便不存在，单个强互惠者无法像非强互惠第三方惩罚那样在更大的规模群体内搜寻信息。当群体规模扩大，成员间的合作方式和合作对象更加多元化，合作半径不断扩大，群体内利益也更趋多元化，这样，强互惠者的信息优势逐渐变弱，并且有限数量的强互惠者难以应付不断增加的复杂形势，导致强互惠惩罚不能有效发挥作用。另外，随着群体规模增大，每增加一个成员，其边际成本不断攀升，任何在边际上增加的成员几乎不能很好地联系起来，同他们交流信息以保证他们参与强互惠惩罚就变得更加困难。

因此，依靠强互惠惩罚维持社会秩序的群体首先必须满足两个条件：一是群体人数相对较少；二是群体成员之间关系比较稳定。高效合作的前提是成员之间的互信与合作，要做到这一点就必须严格控制群体成员的范围和数量，使群体保持一定的封闭性，并且成员身份明确，关系稳定。如果人们可以随意加入或退出一个群体，或者弄不清楚谁是群体的成员，从而弄不清楚谁有权从群体合作中受益，那么个体将不会有动力去为自己的名声担心，群体成员身份不明确或者关系不稳定，强互惠就没有动力和对象。所以，如果成员规模过大或关系不稳定，强互惠惩罚就很难发挥作用。

虽然实验室的研究表明强互惠常常发生，尽管人群中总有强互惠者的存在，但在实际社会情境中，人们不仅对强互惠惩罚的态度更加谨慎，而且强互惠惩罚行为也显著较低，强互惠惩罚并未普遍发生。强互惠惩罚是有条件的，如果条件不具备，其将难以起到维持群体合作秩序的应有作用。强互惠惩罚并未普遍发生的主要原因在于很多群体不具备强互惠惩罚发挥作用的条件。

根据强互惠惩罚有效发挥作用的条件，现在来对比坎村的情况。

上一章已经论述，由于坎村的村民普遍具有内疚和嫉妒的社会情绪，对不公平的制造者——违约者实施强互惠惩罚具有群体道义上的正当性。强互惠惩罚也在坎村得到道义上的支持。在此，笔者主要讨论其他几个条件。

一是坎村的强互惠者能以低成本完成惩罚。假设 C_p 为惩罚的成本，为了区别于目前大多数研究笼统地把惩罚成本只归为一类的做法，本书把 C_p 分为两类：C_a 和 C_b，C_a 为惩罚的直接成本，即为了实施惩罚所需要花费的人力、物力、财力等，C_b 为遭到受罚者报复的潜在成本，$C_p = C_a + C_b$。

下面分别讨论坎村社会资本对 C_a 和 C_b 的影响。

（1）在村庄社会网内，由于社会资本充足，惩罚所需要的直接成本较低，即社会资本的增加可使 C_a 下降。假设 H_p 为惩罚给受罚者带来的伤害或者损失，H_1 为受到的直接伤害，H_2 为受到的潜在伤害，则有：$H_p = H_1 + H_2$。H_1 是 C_a 直接带来的伤害，反过来 C_a 的大小也直接由所要达到的 H_1 决定，即 $C_a = C_a(H_1)$，且 $\partial C_a / \partial H_1 > 0$，即要增加惩罚的直接伤害必须付出更高的直接成本。而 H_2 是 C_a 带来的间接伤害，这种间接伤害表现为个人的精神成本（例如，内疚、不安、自我价值的降低等）和外部社会成本的增加。H_2 虽然与 C_a 有关联，但其大小主要受社会资本存量约束。引入社会资本存量 S，则有 $\partial H_2 / \partial_S > 0$，即社会资本越充足，惩罚所带来的间接伤害便越大。因为在社会资本富足的坎村社会网内，内化的共享规范的约束力强，背叛者容易在破坏规范时感到羞愧和内疚。当 H_P 固定时，H_2 越大，H_1 便越小，由于 $\partial C_a/\partial H_1 > 0$，从而 C_a 也就越小。所以，为了达到相同的惩罚效果（即 H_P 固定时），社会资本 S 越充足，惩罚的直接成本 C_a 便越小，也即 $\partial C_a/\partial S < 0$。同时，在村庄社会网内的成员之间的沟通、交流更加通畅和频繁，因而强互惠者获得背叛者的信息更容易，这进一步降低惩罚的直接成本 C_a。

（2）在社会资本富足的坎村社会网内，惩罚者遭到受罚者报复的概率更小，即社会资本的增加可使 C_b 下降。不难看出，$C_b = C_b(S, H_P)$，即强互惠者受到报复的潜在成本是由社会资本和伤害程度决定的。其中 $\partial C_b/\partial S < 0$，即社会资本越充足，报复的可能性越小。因为在社会资本富足的坎村社会网内，背叛者知道破坏的规则是群体成员普遍认同的，所以更容易认可强互惠者对自己的惩罚，报复惩罚者的概率相对更小。另外 $\partial C_b/\partial H_p > 0$，即受到的伤害程度越大则报复的可能性越大。当 H_P 固定时，C_b 便由 S 决定。由 $\partial C_a/\partial S < 0$ 和 $\partial C_b/\partial S < 0$ 可以进一步得到 $\partial C_p/\partial S < 0$，即社会资本越富足，惩罚成本越低。故在社会资本富足的村庄社会网内，强互惠者能以低成本完成惩罚。

二是坎村社会网内的强互惠者比例更高。在坎村社会网内，成员之间的沟通、交流更加通畅和频繁，彼此之间的信任度更高，合作也因此更为普遍，合作规范更容易成为内化的共享规范，进而会有更多的成员对破坏这种规范者给予惩罚，所以在村庄社会网内强互惠者比例更高，更容易满足 $f > f_* = (c - \delta * \pi)/(c - \delta * \pi + h)$ 等对于强互惠在群体中所占比例的要求，从而确保群体的完全合作和演化均衡。而且由于彼此沟通、交流的畅通，这些强互惠者更有可能结成联盟从而壮大自身的惩罚能力和承受惩罚成本的能力，这也形成了一种合作群体内的二阶合作行为。

三是坎村的强互惠惩罚者更有可能获得补偿。尽管强互惠者对背叛者进行惩罚并不是建立在期望自己付出的成本能够获得补偿的动机之上，但在社会资本富足的坎村，强互惠惩罚者却更有可能获得某种意外的奖赏，即他们的付出能得到某种形式的补偿。所有成功的文化都普遍地赞同促使个体从属于群体福利的利他主义规范，如积极合作以及对他人痛苦的同情。坎村强互惠者比例高，也更容易形成这样的规范：回馈助己者，救助困难者。在这样的群体，为惩罚背叛者而降低自身适应性的强互惠者需要帮助的时候更有可能得到他人的帮助。另外，坎村成员彼此间畅通的沟通和交流有利于信息的传播，强互惠者作为伴侣、同谋者或对手所具有的潜在但不能观察到的品质就更容易在群体内传递，从而使得强互惠者的个人社会资本得以增加，人们更愿意与具备这种品质的人合作共事，从而使他们的演化占优。

我们再考虑合作群体内的情形。前文指出，参与合作的强互惠者不被排挤出群体的条件之一就是 $H_p - C_p \geq PQ_2 - PQ_1$。现在笔者引入社会资本因素，设 $R(S)$ 为社会资本给强互惠者带来的收益。不难理解，越富足的社会资本给强互惠者带来的收益越高，即 $\partial R(S)/\partial S > 0$，则强互惠者收益 $\pi_p = PQ_1 + R(S) - C_1 - C_P$，此时，如果合作者、惩罚者和背叛者的适应度相等，则三者以某一比例维持演化的均衡，也即参与合作的强互惠者不被排挤出群体的条件发生了调整。令 $\pi_n = \pi_p = \pi_b$，即 $PQ_1 - C_1 = PQ_1 + R(S) - C_1 - C_P = PQ_2 - C_2 - H_P$，可得 $R(S) = C_P = C_1 + C_2$，令 $Y = R(S) - C_p$，易知 $\partial Y/\partial S > 0$，即 $Y = R(S) - C_P$ 的图形单调递增，故存在均衡点 S^*，当 $S = S^*$ 时，$Y^* = R(S^*) - C_P = 0$，$\pi_n^* = \pi_p^* = \pi_b^*$，从而合作者、背叛者和强互惠者以稳定的比例实现演化均衡；当 $S > S^*$ 时，强互惠者收益增加，强互惠者的比例会逐渐增加，从而将背叛者排挤出群体；当 $S < S^*$ 时，强互惠者收益低于惩罚成本，强互惠者的适应性下降，强互惠者会被背叛者和合作但不惩罚者排挤出群体，最终合作瓦解。对不参与合作的强互惠者而言，他们不能从合作中受益，故社会资本能给他们带来的间接补偿越多，他们的适应性便能得到越多的补偿，从而维持自身的演化均衡。

分析表明，在社会资本富足的坎村社会网内，强互惠惩罚除了能得到道义上的支持外，能以低成本完成且强互惠者比例较高，强互惠者为惩罚背叛者而付出的成本也能够得到某种形式的补偿，且强互惠者由于能以低成本完成惩罚和共享规范的内化，容易遭到报复以及可能带有个人恩怨性质的惩罚等缺陷也能被克服或缓解。所以，在社会资本富足的坎村社会网内，通过强互惠惩罚维持群体合作秩序是比较和谐有效的。

三　经济惩罚

坎村的《互助基金公约》有明确的罚息机制和本金保障机制。比如延迟还款实行罚息制度，明确申请贷借款展期的，每展期 1 个月，罚息 5%，最长展期不得超过 12 个月；没有申请借款展期的，每延期一个月罚息 10%，最长不超过 6 个月。展期满 12 个月或不展期的延期 6 个月不还款就采取本金保全措施。入会户借款的本金和利息（含罚息）直接以该户入会份额抵补，直接驱逐出会，不足部分在该户从村庄的应得收益里面直接扣除，如当年的应得收益不足以抵还，则延续至扣满为止。未入会家庭则从村庄应得收益扣满为止，以后不得再借。这样的惩罚也近乎无成本的，而且当事人也无法报复。另外，由于互助基金相对较低的利率，村民如果从互助基金借款转借给其他人，一旦被证实，必须立即按照银行一年期贷款利率的 3 倍归还借款，并且终止 3 年的借款资格。

来自经济学和心理学的许多研究表明，经济的惩罚会直接增进博弈者之间的相互合作，因为经济的惩罚改变了局中人的支付结构，使得背叛的诱惑力下降，合作更具吸引力。演化博弈为支付结构的改变提供了理论依据，公共物品实验研究证实了通过罚款改变背叛者的支付结构减少了在第二轮公共物资贡献游戏中的背叛者人数，促进了合作（Fehr and Gächter，2000）；近来的心理学情景模拟实验也发现，在集体共享资源两难中设立一定数额的现金惩罚制度，被试在两难博弈中更倾向于合作并且更愿意相信他人因为害怕惩罚而选择合作（Noussair and Tueker，2005）。但合作是一个动态的过程，虽然经济上的惩罚影响着人们的合作动机，如果人们仅仅追求经济收益而无他求，那么，经济上的惩罚确实起到很好的效果。然而对社会化的人类来说，社会动机如获得认同感、归属感、道德感、名誉等也同样重要，这往往是维系合作的重要因素，所以经济惩罚须有强互惠惩罚的配合才能起到应有的效果。

四　惩罚成本承担问题

需要提出的问题是，如果博弈各方是对称的，那么对违约者的惩罚需要支付惩罚成本，比如施以惩罚会得罪被惩罚者、与被惩罚者的关系闹僵或被报复等，参与惩罚者在生存优势上要弱于不参加惩罚的村民，这就形成了第二层的"搭便车"问题。为什么一个理性的、自利的个体去排斥或惩罚那些违约的人呢？他这样做的道理何在？诚然，所有的成员都惩罚违约者比都不惩罚对大家更有利，但对于单个成员来讲，保持消极态度或者对违约视而不见更为有利。"惩罚对惩罚者来说总要花费很大的成本，而从惩罚中获取的收益则广泛地分配给了所有的成员"（埃尔斯特，2009）。实际上，惩罚又变成了一种公共产品，为提供这种公共产品，其成本承担有三种：一是施罚者主动承担，不需群体付费，类似于私人提供公共物品；二是群体成员平均分摊，群体合作提供公共物品，但这种方式很难解决施罚主体问题，也容易造成二阶"搭便车"；三是群体外的组织承担，需要群体付费，如税收或保护费，但因惩罚是群体委托的第三方执行，由委托代理关系的内在缺陷决定了当受托方实力较强且缺乏有效监督与制约时就可能转嫁给群体成员较高的成本。

不存在第三方介入的情况下，就需要有第二层次的选择性激励，但又会碰到第三层次的"搭便车"问题。如此推论，又会碰到更高阶的"搭便车"问题，人们就会面临无限向前追溯惩罚来源的循环现象，这就需要回归到群体秩序来解决。如果施罚者没有激励或保护措施，没有措施限制违约者的报复行为，那些不参加惩罚的"合作者"会逐渐将"惩罚者""排挤"出去，这又使得"违约者"有行使机会主义的机会。但坎村社会网的每个人参与的都是一个关联博弈，而且是非对称的博弈。个人故意违约将会同时受到交易域和社会交换域的惩罚，主要是受到强势合作群体的社会排斥，违约者无法从强势合作者处获取社会资源，即不对违约者提供帮助。① 这是违约者无法报复的。这个强势合作群体主要由外出精英组成，他们拥有广泛的社会资源和经济资源，通俗地说，村民办不到的事情都有求于他们，而他们往往不求助于村民。在这样的不对称合作中，外出精英群体就类似于"有效子集团"（Hardin，1982），虽然这个"有效子集团"也是局中人。他们合作但并不直接使用合作的集体资源，在某种程度上充当了仲裁和施罚的局外组织（类似第三方）。一定条件下，合作各方都认可的第三方在实施惩罚时的合作进化相较于由合作者实施时更容易被接受且合作更稳定。在间接互惠机制下，对背叛者最有效的策略不是惩罚而是不提供帮助。这个"有效子集团"还充当了外在的组织力量，动员潜在的合作成员，并为村庄获取外在资源，

---

① 自互助基金成立至今，外出精英在村庄的至亲直到现在没有出现过违约的现象，所以无法考察至亲违约，外出精英是否仍然提供帮助。一般认为，即使至亲违约，外出精英还会提供帮助。

也形成了子集团的领导人物，领导人物通过个人的感召力和领导力将整个群体组织起来。

但这个外出精英"有效子集团"承担惩罚成本的激励机制又是什么？强互惠惩罚或者说利他惩罚是一种具有正外部性的行为，在得不到物质或精神补偿的情况下，这种行为将难以持续。在坎村，有效子集团以及其他成员的强互惠惩罚或者说利他惩罚行为得以持续可能并不是从利他惩罚行为本身获得预期满足。显然这种利他行为要回到坎村客家人集体主义文化特质来解释。

第三节 监督、激励和有偿使用制度①

一 多重监督制度

坎村共享资源集体合作治理在达成共识后，自行设计资源利用与管理的制度规则也需要有效的监督才能保证集体合作的正常运行。坎村的互助基金，除了属于全体村民的祠堂基金外，互助基金大部分的产权可分，互助基金其实就是各个要素所有者之间的合作而形成的，其实质也是一种团队生产。团队生产就必然涉及团队成员的合作问题。新制度经济学从企业的产权结构视角研究了团队生产的组织变迁，认识到团队生产中监督问题的重要性，认为团队生产的实质是各要素所有者之间的合作关系，第三方的监督影响合作的产出水平，并且不同的监督强度对应着不同的合作产出。监督的功能在于确保组织行为朝向设定的目标而不至于背离其角色设计。因此，监督机制对于作为团队生产的自治组织的重要性是不言而喻的，但委托代理的监督和制裁往往过于依赖外部强制，却忽略了群体组织内部社会资本所发挥的监督作用。

不同于委托代理的第三方监督，坎村的监督机制是建立在村庄社会网基础上的，村庄社会网的社会资本发挥监督功能。互助基金的监督至少有四种。

---

① 本小节的部分内容引自笔者在《中国农业大学学报》（社会科学版）2016年第1期发表的文章《从利益输送引导的合作到长期合作治理的组织——K村互助基金会的个案研究》。

一是7大宗支房头组成的监督委员会的监督。监督委员会行使监督职能，主要是对互助基金的决策、使用、归还和利息支付等事项的监督。具体的监督措施在决策组织和机制部分已经作了阐述，在此不再赘述。

二是至亲或者是出资人对借款人的监督。违约的惩罚机制和效应在坎村明显不同于市场或正式组织。因为成员更多是以小家族的形式存在，更多情况是小家族的父母或祖父母都还健在，家庭成员之间的同悲同喜使得惩罚机制不仅仅是针对涉事者本人，还对其他成员产生影响。因此，父母或同胞兄弟会对其最亲近的人的借款使用进行监督，在快到期时催促或者想办法凑钱归还互助基金借款，最亲近的人无形中为借贷提供了联合担保。此外，如果是未出资的受益家庭，出资人与受益人的关系也非同一般，与对小家族成员的惩罚机制和效应相似，出资人也会对借款人监督并敦促受益家庭归还借款，碍于对出资人的感恩和顾及出资人的面子，受益家庭一般也会自觉守约。

三是对管理人的监督。在互助基金集体合作治理过程中，成员与管理者之间也存在着委托代理关系或隐含合约关系，即管理者受村民的委托管理基金，提供基金借贷所需的公共服务。因此，管理人与成员的信息对称程度决定了出现委托代理危机的可能性。但坎村互助基金在权力和沟通上不存在等级制度，并不强调组织成员之间的固定关系模式。它所注重的只是以信息和其他资源的共享为目标的网络成员相互沟通和交流的过程，从而形成个体之间平等交流、相互支持、合作协调的民主自治的运行机制，因此是一种基于相互合作的横向型的网络结构。这种结构模式使得成员之间信息交流和传播十分的快捷高效，从而大大降低了由信息不对称所带来的委托代理危机。横向的网络交流实现了对管理员的有效监督，横向的成员参与网络有助于参与者解决集体行动的困境。

四是全体村民相互监督。需要提出的是，对于全体村民而言，监督的本身也是一种集体共享资源，同样面临着谁来监督监督者的问题。在坎村，就通过全体村民共同相互监督来解决。对于村庄这种社会圈子来说，村民经常的闲聊和沟通不失为一种进行社会控制的理想方式。有关谁诚实可靠、谁好吃懒做或者谁喜欢交际等等信息，都会在这种非正式的网络中很容易传播开来。这样，监督工作由该群体自身来进行，而不必要有专门的代理人来做。与基金有关的所有信息都要随时公开张贴在祠堂以供监督，村民可以随时查阅原始记录。故意不还款的违约信息在村内畅通无阻，一个人的机会主义行为将会受到其他成员的联合惩罚。村内畅通的信息和有效的多边监督克服了村民的机会主义行为，避免监督本身面临的二次困境，也避免了出现"公地悲剧"的集体选择困境。

二 有差异的激励机制

虽然成员有利他的动机，但由于最终利己的社会交换目的决定了成员的行为也是理性选择的结果，个体选择合作参与集体行动，一方面需要实现物质收益，另一方面需要实现荣誉感、群体归属感等心理性收益。因此，如何有效地激励村民参与集体资源的治理以获取各自所需的资源就成了集体资源治理能否有效运作的关键。至于如何有效激励个体去为集体多做贡献，根据"选择性激励"理论，每个参与者都应该从群体那里得到回报作为对群体做贡献的奖励。只有当参与者的回报等于或大于群体要求他作出的贡献时，才会继续参与该群体的行动，否则，参与者就可能会产生"偷懒"以及"搭便车"行为等"道德风险"。本书认为，正是坎村本身能够以低成本或无成本地对不同层面的参与者给予各自所需的"选择性激励"奠定了集体资源治理有效运作的激励机制，即针对不同的成员特点设计了有差异的激励机制。

根据激励因素的分类，具体到坎村，物质性激励主要指村民通过合作而获得各种经济资源；团结性激励主要指通过合作而获得社会资源、社会地位、身份认同等；目的性激励主要是指村庄和宗族的整体发展而获得的一种荣耀感。应该说，自愿成为互助基金会的成员都受到以上三种因素的激励，但对于不同层面的参与者（外出精英、在村村民）来说，以上三种激励因素对他们的效用是不同的，恰恰以理性人为基础的集体行动理论忽视了非经济性激励在集体行动中的作用。与政府和市场相比，这些客家人聚居的村庄共同体能够更有效地鼓励和利用非经济性的激励措施，包括信任、团结、互惠、荣誉、自豪、尊重、报答、报复等，使得人们按照传统规制他们的共同行为。

入会家庭首要目的是分享互助基金的物质性利益。利益是个人行为的基本驱动力，加入互助基金会也不例外。对于入会的家庭，除了得到每年不高于6倍份额的借款激励外，还得到份额的利息收入。此外，大多数村民基于自身实力的原因处于经济和社会资源弱势地位，通过加入互助基金，依靠村庄社会网的力量来解决自身无法解决的问题是个体在现有环境下的理性选择。同时，互助基金运转获得的利息由成员分享，加入互助基金还可以分享村庄发展所带来的整体性收益，这等于为村民提供了一种积极的"选择性激励"。

对于外出精英，可以肯定的是，经济利益的激励不是主要的，他们更希望获得声望、尊敬、友谊以及其他社会和心理目标。更多人看重的是他们朋友和其他熟人的友谊，并且很看重社会地位、个人声望和自尊，可以说团结性和目的性的非经济激励才是主要的。村里提供的"选择性激励"恰恰体现了对他们的尊重（也可以说是宗族给他们的一种无成本的奖励），对于合作集体贡献较大（或者说付出较多努力）的个体可以获得较大的社会尊重：祠堂的功劳碑上刻有他们的名字以作纪念，在宗族祭祀的时候，通常由他们轮流主祭，名字写在祭文的最前面，将他们的事迹载入族谱，等等。这对坎村的客家人来讲是一个很大的荣誉和激励，因为他们认为祖先的"风水"会首先荫及功劳碑上的人以及主祭和祭文前面的人，宗族的发展也满足他们光宗耀祖、恩泽宗亲的心理需要。此外，他们还获得表达激励，即他们的意见可以在村庄中得到充分表达，并且被村民倾听接受，外出精英在村庄自我表达意见被接受的本身就是一种收益和满足。

对于互助基金会的其他日常管理者——执行委员会的成员，最主要也是物质利益的激励。他们也入会，跟其他村民一样享受从互助基金借款的机会，还可以得到劳务的报酬。

与惩罚机制相似，激励（奖励）机制也可以维持群体的合作。村民通过合作可以从村庄社会网获得物质性激励和团结性激励以及目的性激励，在某种程度上也可以看作对合作行为的一种奖赏。在村庄这样的高密度的网络之中，不仅行动者的贡献是可见的，而且他人对该行动者的奖赏或惩罚也是可见的，这就大大提高了奖惩的激励作用。虽然有研究认为"奖赏"（激励）对于稳定合作进化的作用要逊色于"惩罚"，但基于真人实验的文献表明，在可重复的多人"囚徒"博弈（公共产品博弈）环境中，"奖赏"对合作的作用要超过"惩罚"，并且奖励机制和惩罚机制的联合使用可以导致最慷慨的公共物品贡献。事实上，奖赏的实施者需要支付一定的成本。那么由谁来承担这个成本？这里出现一个新的问题：如果其中一些人承担奖赏的成本，从而提高了合作的可能性，但另一些人却没有支付，事实上，后者也就"搭"了前者的"便车"，这样，奖赏本身又变成了一种集体共享资源，又面临二次困境。在坎村，除利息激励外，由客家人的特点决定了奖赏的成本更多是由村庄外出精英这个"有效子集团"承担的。承担了奖赏成本的外出精英，在宗族内得到普遍尊重，宗族祭祀等由他们牵头，获得的是一种心理的满足。换句话，外出精英承担了奖赏成本得到宗族的无成本的奖励就解决了奖赏搭便车的问题，以外出精英人物的奉献精神的方式解决了集体行动的困境。

　　需要考虑的激励问题是，随着近年来连续的通货膨胀影响，利息的激励边际收益递减，不少人不再关心份额的利息的收益，多数的外出精英都将利息收入捐献给祠堂。对于第一代外出精英，由于他们对村庄的贡献而收获到的是村民的普遍尊重，满足了他们光宗耀祖、造福桑梓的心愿，也满足了其被认同和心灵归属需要，目前还没有明显的激励边际收益递减发生。但如果到了外出精英第二代以后，村外第二代客家人的那种告老还乡、叶落归根、入土为安的情结发生变化，如果内心不再认同曾经养育自己父辈的村庄，那么村庄社会网提供的非物质激励的边际收益就会递减，其对村庄的贡献就会减弱或终止。从社会化的角度，外出精英第二代长期在城镇生活，内心的客家文化情结被城镇文化同化完全是有可能的。因此，从长远考虑，怎样保证对外出精英的有效激励，以保持合作的持续就是一个值得深入思考的问题。

三　有偿使用制度

　　还需要指出的是，互助基金不是免费使用的，需还本付息。如果使用是免费的，必然导致恶性竞争，最终奔向"公地悲剧"。正是有偿使用，所以借款家庭都考虑成本，考虑在 18 个月内能否归还的问题。如果使用的收益抵不上成本，或者 18 个月内没有能力归还，也不敢贸然借款。在村民难以得到正规金融服务的条件下，互助基金以同期银行利率，无须任何担保和抵押，手续极其简单地获得信贷支持，对村民来说是一种应急之需的集体资源。不需要的时候就不借，就避免了非效率的使用，解决了使用拥挤的问题。需要指出的是，即使不向互助基金借款的村民也不觉得吃亏，因为互助基金超半数是祠堂的份额，祠堂份额的利息和本金是属于全体村民的，所以村民从互助基金借款没有出现竞争性的借贷行为。

此外，坎村完全公开的违约信息和惩罚信息，明确且服众的冲突解决机制等都利于维持村民的合作。

第四节　坎村合作治理的模式与条件

一　合作过程：被量化实证忽略的因素

在坎村经验的基础上，结合自组织理论，笔者进一步梳理了坎村由村庄精英动员的集体合作治理的全过程：（1）村民对互助基金资源有共同的需求，政府、市场和第三方的志愿机制都无法解决，但村民又急于解决；（2）村庄精英同意动用他们原先捐献给祠堂的资金借贷给有需要者，形成对村民的利益输送；（3）更大的资金需求出现，原先的祠堂资金无法满足要求，村庄精英承担初始的合作成本，动员合作，并首先出资带动合作；（4）以利益输送为契机，村庄精英担任领导者角色，成立合作的领导组织，并主持制定出既符合村庄规范又符合自利经济人的合作激励与约束机制，在一致同意的基础上突破传统约束，走向符合市场化的但又不违背传统的合作；（6）合作者的合作收益起到示范和榜样作用，其他村民跟进合作；（7）遵循民主原则，村庄精英动员全体村民参与制定合作的规章制度，并以组织为保障，治理村庄其他公共事务；（8）以成立的互助基金会为组织为基础，治理村庄其他公共事务。

二　合作治理的模式

坎村互助基金会的合作深深"嵌入"坎村的社会结构、社会规则和社会关系之中。嵌入性指的是经济情境中决策的社会、文化、政治和认知的结构。它指出了行动者与其所处社会环境之间不可分割的联系，个体的经济行为受到社会结构、规则和关系的制约（波兰尼，2013）。现在笔者根据获得的文档和访谈资料把嵌入坎村社会的互助基金会的合作治理结构与机制整理成下表 5 - 1 的内容。

表 5 - 1　互助基金治理结构与合作机制

	领导机构	第一层次是全村户主大会；第二层次是村务决策委员会以及常务委员会；第三层次是监督委员会；第四层次是村务执行委员会
	协调机构	四个层次领导机构的召集人组成村庄联席会议协调
	所有权结构	村庄资产经营收入、祠堂基金归全体村民所有，约占 50%；私人出资部分归出资人所有，约占 50%
	分配结构	祠堂基金及村庄资产收益归全体村民所有，用于村庄公共事务和福利；私人出资部分的收益归个人所有，每年结息一次
合作机制	决策机制	全村户主大会对村庄任何决策有否决权；村务决策委员会制定规则；退休副厅长为召集人；执行委员会为具体事务执行者
	激励机制 — 对精英的激励	获得较大的社会尊重；事迹载入族谱；等等
	激励机制 — 对管理者的激励	管理团队有劳务报酬
	激励机制 — 对一般入会者的激励	入会家庭，除了得到不高于 6 倍份额的借款激励外，还得到份额的利息收入
	惩罚机制 — 强互惠惩罚	声誉机制；社会排斥；不向供违约者提供帮助；等等
	惩罚机制 — 对管理者的惩罚	违规者将被撤销管理资格，赔偿财产损失
	惩罚机制 — 经济惩罚	明确的罚息机制和本金保障机制；延迟还款实行罚息制度，坏账的本金和利息直接从该户在村庄的应得收益直接扣除到扣满为止；转借者三倍罚息并终止借款资格
	监督机制	监督委员会的监督；借贷信息公开，村民可以随时查阅原始记录，接受监督；至亲或者是出资人对借款人的监督；全体村民对借款人和管理员的监督；集中借还款日；基金存入统一账户，专人管理
	争端解决机制	第一层次为当事人协商；第二层次为林伯、林叔和村民小组长裁决；第三层次为精英协商；第四层次为户主大会投票
外部约束机制		订立借款合同，受法律约束。当内部惩罚机制无效时才启动

　　从坎村互助基金会治理结构与合作机制可以进一步看出这是一种综合创新的合作模式。坎村对市场、政府和志愿机制都失灵的集体共享资源治理既不是层级命令式的，也不是市场化的，也不纯粹是自组织的，而是一种建立在血缘伦理型合作、利他教化型合作、多次博弈型合作和协商共识型合作基础上，又以外部第三方惩罚约束型的合作为后盾，既带有层级命令式特点，又借助市场化优势，又充分利用自组织方法，是一种内外约束并举、兼具多种治理方式优点的合作治理模式。坎村这种治理模式的具体属性如表 5 - 2 打"√"所示。很有可能，这种模式将成

为摆脱长期以来农民合作治理"内卷化"[①]困境的一种参考。

表 5 – 2　坎村治理机制的具体属性

属性	科层制治理	社会网络自组织治理	市场化治理
控制机理	权威、权力及其相关处罚√	信任、合作、社会制裁√	经济惩罚√
管理理念	顺从、服从、全面计划√	信任、柔性、程序化√	公平交换√
契约形式	明确契约√	暗含契约为主√	明确契约√
冲突解决	结构化、另作选择	程序化、协作协商√	第三方仲裁
沟通方式	正式的、职能化的、遵循规定的程序√	非正式的、跨职能的、开放的、复杂的、社会的√	市场信息传递
运作系统	命令—控制、我知—你做	沟通—期望、我们知—我们做√	价格机制√
决策选择	自定或引入外部制度√	自制—合作√	购买

注：打"√"者为坎村治理机制具有的属性。

坎村的治理首先得益于坎村既有类似科层组织的组织结构，即最具权威的领导者先在自己最亲密关系者中开始动员，动员过程经常是最权威的领导者带动了一群次权威的领导者，次权威的领导者又动员自己的密切关系者，一个集体合作团体就在这样滚雪球的过程中慢慢扩张逐渐成形，所以说带有层级式的特点。坎村集体共享资源是复合产权的，一部分属于共有，另一部分则属于私有，总体参考市场价格进行交易（参考银行利率借贷）。当然更兼有纯粹自组织治理的系列特征，但又不同于西方的自组织治理，主要表现在坎村的集体合作治理一是以血缘为纽带，二是存在权威的组织者和领导者，三是存在一个对权威的组织者和领导者的决策有否决权的户主大会，被治理者拥有最终否决权。

这种治理模式是把治理者（代理人）与被治理者（委托人）身份的合一，委托代理产生的权力不再扮演核心的角色，委托人和代理人不再是利益冲突的关系，不存在委托人与代理人之间存在信息不对称而产生逆向选择和道德风险问题，节约了解决这些问题的交易成本。坎村集体合作治理因其治理的范围或规模较小，可通过一系列已有的或制定的约

---

①　"内卷化"是美国人类学家克利福德·格尔茨（Clifford Geertz）在考察分析爪哇水稻农业生产时提出的一个名词。根据他的定义，"内卷化"是指一种社会或文化模式在某一发展阶段达到一种确定的形式后，便停滞不前或者无法转化为另一种高级模式的现象。

束激励机制，让利益相关者能够自主负担起治理责任，而不必委托专业代理人进行治理，在村庄内部解决了协调治理集体行动的相关成本、信息不对称和监督代理人等难题。

三　合作治理的条件概括

至此，可以发现，在坎村互助基金会治理中，血缘伦理型合作是基础；在客家人特有的集体主义和利他主义文化的教化和影响下，发展出利他教化型合作；成员在长时间稳定的交往中，意识到集体合作能够增进各自利益，成员是权利独立和地位平等参与者，不存在上下级关系，经过多次重复博弈发展出多次博弈型合作；各成员彼此尊重对方权利，成员之间长时间面对面交流、协商，能够对共同问题形成合作共识，由此再发展出协商共识型合作；再就是考虑到世俗化、市场化和城市化的冲击和人的思想变化，为防止内部约束失效，引入契约和正式合同和外部第三方惩罚，发展出外部第三方约束型的合作。

坎村的集体合作是在血缘伦理型合作基础上发展出多种合作的产物。合作治理的动力在于成员对集体资源的合作治理存在共同利益，治理主要依靠成员间的合作运行，强调的是自愿参与，遵循关系逻辑，但权力是自上而下组织起来的，关系和信任是集体合作治理的重要因素，主要靠成员认可的正式或非正式规则以及群体规范的激励与约束机制维持。其基本特点是：既不借助于法律明文规定的权利义务来规范人们的行为，也不完全借助市场的交易互换来调节人们的行为，而是通过社群性认同，依照特定规则自主处理公共性问题，整个治理过程体现了集体合作性质。

已有的研究普遍认为，集体合作治理一般都具备以下宏观的条件。（1）关系紧密且持久的社会网络，同质的规范和价值。（2）成员有自我治理的能力且还需满足：成员对资源的高度尊重和依赖、必要的共同知识、高信任和互惠关系、具有自组织治理经验和乐于追求自主治理、服众的领导者等等。（3）集体资源是村民参与村务和村民合作治理的基础。由于村集体资源与每个人的利益紧密相关，要有效合理地使用和保护集体资源，避免"公地悲剧"就需要每户村民充分参与决策和发表意见，形成维护资源、利用资源的行为规范。（4）集体资源规模小，成员对合作具有稳定的预期，并且成员规模和范围小且具有稳定性，并有长期历史经验的积累。(5) 需要依赖社会规范,声誉机制和惩罚机制能够起作用。但必须指出的是,即使不少群体具备这些宏观条件,共享资源集体合作治理也不一定发生,主要在于这些条件尚未解决初始成本承担、"二阶搭便车"等问题。

在对坎村案例剖析的基础上,本研究发现村庄能否合作治理仅有宏观条件是不够的,还需要具备以下微观条件。一是村庄存在人人都奉行的先行规范或者说演化出一致同意的行为规范,包括:(1) 群体认同的、有组织的集体主义文化;(2) 成员间为己利他的社会交换;(3) 相互信任和持续的关系;(4) 普遍追求公平的心理倾向,以及由这些规范演化出来的村庄内部的激励、惩罚和监督等制度规范。二是存在一个可供成员利用的、本身就有经济、社会资源的社会组织以保证合作治理所需的资源。三是村庄中有人愿意组织发动集体合作,充当组织者和领导者并承担初始成本。四是针对具体的事件或对象,协商制定出公平、公正的、被村庄群体成员普遍接受的具体行动规则,并确定成员投入与集体共享资源收益分享的直接关系。还可以进一步推断:可能凡是成功实现集体合作的村庄都具备上述条件;反之,不能实现集体合作或者说集体资源合作治理失败的村庄,可能不具备上述条件或者条件不齐全。

再进一步推断,村庄集体合作治理就应该是有条件的,不是任何村庄都能成功实现合作治理。合作治理只是村庄集体资源治理的一种方式,是村庄集体在特定情境约束下的理性选择的产物,只是在某些特定条件下,村庄集体合作治理的自发秩序才会产生,村庄社会群体并非总能产生自发秩序来进行合作治理。

第六章　村庄合作治理面临的危机和预防制度

　　世界上有许多村庄，尤其是在发展中国家，原本管理集体资源良好的村庄，在与外界社会接触频繁之际，原生的、草根的集体资源管理制度不可避免遭到冲击甚至流失，是不是因为原生性的、草根性的管理制度流失或解体就把集体资源的管理收归政府呢？学者们收集到的资料显示，许多国家的政府以此为由将很多集体资源的管理权收回，完全脱离治理传统后，引进新的管理制度，结果多数管理失败，集体资源加速衰竭，悲剧重现。虽然正式规则的引入对提高集体合作治理的程度很重要，但基础的社会互动比规则的具体形式更重要，如果正式规则与当地的规范相抵触或者忽视当地社区规范，那么，那些来自外部的旨在保护集体资源的正式规则也将逐渐失去效果。我们明白，坎村互助基金资源很特殊，如果由外在力量改变它的治理制度，它就立马消失。随着市场化、世俗化和城镇化影响加深，这种草根的集体合作治理会发生怎样的变迁仍然值得后续研究的关注。虽然村庄集体合作的文化底蕴犹存，但传统的田园生活场景早已不复存在，村庄社会已发生巨大变迁，同质的乡村已是沧海桑田，利于集体合作治理的思想观念、社会规范等已经受到很大的冲击，集体合作治理的制度必须随之而调适，而作出制度调适也只能是集体合作群体本身而非外在力量。如果固守集体合作治理的制度而不做调适和创新，集体合作治理也将受到冲击甚至解体。在危机面前，坎村的集体合作治理能否延续和怎样延续是一个不得不深入思考的问题，而坎村在保留并充分发挥原有合作类型作用的基础上，引入外部第三方惩罚约束型的合作并以此促进其他类型的合作，实现了传统合作与现代合作的兼容就是一个很好的解决问题办法。

第一节 危机催生新制度

一 社会流动对治理的冲击

由这里客家人重乡守土的特点决定了即使是举家外迁的精英，也依然把村庄当作自己的归宿，在村庄都还建有房子，逢年过节的时候基本上都会回来住一段时间，老了很多还是选择回到村庄，村庄总体而言还是具有集体取向的生活。如果按照传统意义的共同体概念来看，坎村还是具有比较固定的生活空间、比较固定的人群、内部与外部比较固定的联系、内部主要还是传统的面对面交往的方式（即使是现代工具的联系，因血缘关系的存在，也如面对面的交往），属于那种典型的建立在有形的空间位置基础上的社区。由此决定的村庄社会网络是可以被认为是静态的，即个体只能与事先已经设定好的其他个体进行合作博弈，这种网络关系将一直保持到个体死亡。但伴随着人们的流动性增强，生活内容与生活方式的多元化，加上现代交通和通信信息技术的发展以及市场力量的扩张，在目前城市化的大背景下，这里的客家人的观念也受到了冲击。

现代社会中，社会和地理流动是工业社会的一部分，社会网络则是动态的，即个体会自己选择"邻居"，动态的社会网络使社会规范失去了对人们的控制。早在 100 多年前，埃米尔·涂尔干（2000）就指出："一旦他可以频繁地外出远行……他的视线就会从身边的各种事物中间转移开来。他所关注的生活重心已经不再局限于生他养他的地方了，他对他的邻里也失去了兴趣，这些人在他的生活中只占了很小的比重。"当人们把大量的时间和精力都消磨在和陌生人在一起的时候，对于维持社会规范的重要性的外在认可就失去了力量。流动性倾向于削弱社会规范的作用。人们常常会问，为什么我要在意我在任何情况下都不会再见到的人对我的排斥呢。不断增长的社会流动对人们的集体合作产生两个方面的影响：一是它更倾向于破坏利他主义和团结的纽带，仅仅因为，人们不再长期在一起厮守，这就使得利他主义和团结难以发展起来；二是社会流动性缩小了来自长期自利中的观念范围。一般认为，在小规模而稳定的社会中，同样的人们反复互动的可能性很高，博弈链很长，反复互动是解决"囚徒困境"问题的关键，因此，"针锋相对"的观点更为有效。现代社会则相反，留给可信承诺和威胁的互动时间如此短暂，很难确保合作的进行。快速的流动造成了人与人之间的博弈链非常短（或者说博弈次数极少）。这使机会主义行为成了事实上的最优选择。这在生物学中也可以找到例子：在生物与环境的互动关系中，当环境多变时（相当于博弈链很短），许多物种就会采取机会主义（不合作的利己）策略；当环境稳定时（相当于博弈链较长），许多物种就会采取合作策略（合作利他）。采取机会主义（不合作的利己）策略的物种，一般寿命较短，个体较小，大规模生殖，对后代却不照管，其生存行为可类比为不合作行为；采取合作策略的物种，其生存策略正好与采取不合作的利己策略的物种相反，其生存行为可类比为合作行为。上述例子表明了稳定的群体对合作秩序生成的重要性。

那些成功解决了集体资源治理问题的社区，许多都是传统社区，几乎与外界没有什么联系，社会流动性不大，如山村的村民，种稻米的农民和渔民（Ostrom，1990）。因为只有当人们知道在将来相当长的时间内自己还需要与他人继续交往时，才会考虑到自己的名声好坏。因此，传统社会的低流动性以三种不同的方式共同强化合作：在成员之间建立很强的感情纽带、对破坏承诺进行有效的制裁以及增加长期自利的考量。在许多实际情况中，所有的三种机制都无一例外地发挥作用。还要注意到的是，在一个更微小的社区中，憎恨和爱更容易出现，利他和惩罚可能趋于加重的趋势，当人们彼此进行博弈的时候，形成社会网络的低流动性的小型社会群体的社会规范增加了承诺和威胁的可信度，因而更利于集体合作。

坎村社会网的社会资本在村庄集体共享资源治理中发挥关键的作用。在村民流动加速和城市化、信息化的背景下，使村民团结在一起的那种社会联系和普遍价值观念正在变弱。"社区的封闭性是现存社会资本发挥中介作用的关键条件，如果环境变化涉及社区成员流动的新机会（如外部劳动力市场的开放），这将导致社区成员的外流。在这种情况下，旧的社会资本即将消失，为了使一种新的制度得以出现，必须重建新的社会资本。"（青木昌彦，2001：260）未来坎村的集体合作治理面临的最主要问题是：一是随着现代化的加速，成员流动性增加，成员的"工具理性"意识增强，成员之间长期博弈的次数减少，这将会影响成员的合作与否的行为选择；二是如果集体合作治理的组织无法对成员提供有效的激励和约束，或者合作剩余减少到不足以激励合作，或者集体共享资源不足以吸引成员，那么合作将趋于解体。这样，如何重建新的社会资本，促使"霍布斯式背叛均衡"走向"永不背叛的合作均衡"，使集体合作治理更加有效等问题便自然而然地摆到了我们面前。

二 市场化促使合作转型

很多学者认为集体合作治理是建立在一套独特的前现代化的价值观之上的，是市场、政府和志愿机制出现之前的一种资源配置方式，而市场经济和世俗化将冲击群体的这种从历史上延续下来的、维持者给予亲密和归属关系的治理形式的价值观，如亲密情感和基于道德的信任等，从而使集体合作治理黯然失色。自由主义者托克维尔通过回顾 1830 年间美国的民主文化、市场化和世俗化后忧虑（转引自鲍尔斯和金迪斯，2006：86）：每一个人……对于其他人而言都是陌生人……他的孩子和密友是他的全部人生；至于身边的其他人，他接近他们但却看不到……接触他们但又感觉不到，他只为他自己而存在……托克维尔也许早就觉察到，世俗化会使人们变得漠不关心，世俗化的个体是群体的最大敌人，传统社会的个人是倾向于通过群体的安康来寻求自己幸福的人——而世俗化的个体对"公共事业"、普遍的善、良好的社会或者公正的社会倾向于冷漠、怀疑和警惕。又如 1848 年的《共产党宣言》所写的："资产阶级（指自由市场经济，笔者注）……把一切封建的、宗法的和田园诗般的关系都破坏了。她无情地斩断了把人们束缚于天然尊长的形形色色的封建羁绊，它使人和人之间除了赤裸裸的利害关系、除了冷酷无情的'现金交易'，再也没别的其他联系了。……在无数争取自由的地方，资本主义建立了单一的、不合理的自由——自由贸易。"合作治理这种价值观念随着时间的推移正在减弱："这种遗产随着时间和资本主义价值观的腐蚀不断减少。个体行为越来越向对自己有利的方向发展，建立在共同态度和目标上的习惯与本能已经丢失了"（Hirsch，1976：117）。

改革以来的市场化推动村庄社会快速转型，村庄社会由此进入后乡土时代。在乡土结构依然留存的情形下，村庄的社会经济与文化观念和行为已受到了现代化渗透，村民的理性得以张扬。理性化是指社会个体（韦伯，2005：30～50）：（1）明确意识到行动目的，且把所追求的具体目标作价值排列；（2）根据目的有比较地选择手段，以付出最小而收益最大为选择标准；（3）个人理性化是个人变迁过程中摆脱神灵的一种选择，人们把以往由感情、个人魅力、个人信义、仁慈心、道德等支配的东西合理化。简言之，个体是有目的行动，行动原则在于最大限度地获取利益。市场化、理性化使得建立在自给自足田园经济基础上的村民关系以及建立在血缘基础上的差序格局关系发生了重大变化。理性的算计利益不断地侵蚀着合作中的感情因素和血缘因素，农民渐以物欲化、工具化的角度来看待合作。

更为重要的是，市场化和世俗化将促使坎村的成员由所谓的"宗族的成员"向"精神的个体"转型，家族或宗族本位的"身份"也将转向到个人本位的契约社会，身份认知的转变为坎村从最初的血缘伦理型合作向其他合作类型直至到外部第三方惩罚约束型的合作演化奠定了思想基础。在市场化和世俗化条件下，随着农业生产市场分工的细化和农村工商业的发展，村民交往范围已经越出传统的村庄边界，其利益获得不再纯粹是通过宗族或村庄社会网内部来完成，而是逐渐在更大的市场范围内取得更多的收益。传统的村庄熟人之间的交往信任显得可有可无，即使不信任或不交往也不再对生存构成威胁，个体的行为有日益脱离村庄社会网而趋于个体化的倾向。如果说一个传统社会的单位是家族或宗族，那么一个现代社会的单位是个人。所有进步社会的运动在有一点上是一致的：在运动发展的过程中，其特点是家族或宗族依附的逐步消灭以及代之而起的个人义务的增长，个人不断地代替了家族或宗族，成为民事法律所考虑的单位，契约将逐步代替源自家族或宗族的各种权利义务上的那种相互关系（Maine，1963：163～164）。总之，市场化和世俗化是一个从身份到契约的历史过程。

虽然市场化、世俗化冲击着集体合作治理的集体主义基础，但人们的流动性、市场化促使人们与外界交往，人们"对新事物的了解与接触的增加不仅带来了知识的增加，还导致了新行为的出现……两种不同部分（文化）间彼此发生的接触越多，个人所得到的变革属性就越多。简言之，变革最常见于促使人们放弃旧的生活方式，接受新的生活方式的激励中。亲身或通过媒介进行的文化接触使个人增强了能力，还提供了有助于个人选择新生活方式的其他因素。于是他们在传统生活方式以及所承担的义务与现代生活方式间进行权衡，大多数研究者都确信他们会选择现代的生活方式"（米格代尔，1996：5）。这就为坎村从村庄传统的集体合作向现代法治的契约合作转型奠定思想基础，也恰恰是坎村能从血缘伦理型合作、利他教化型合作、多次博弈型合作发展出协商共识型合作再演化出外部第三方惩罚约束型的合作的思想基础。基于传统价值观的集体合作治理向基于现代法治的契约型的集体合作的治理转变并不是集体合作治理的衰亡，而是集体合作治理适应了市场化和世俗化而获得的新生。

三　领导者更替问题

就坎村而言，精英们已经认识到虽然三个拥有大量社会经济资源并且热心村庄事业的、具有无私奉献精神的精英对于互助基金的良好运作的重要意义，但随着时间的推移和他们的衰老，他们能够支配的资源减少，如果无其他资源的注入，村庄社会网可获得的资源必将减少，互助基金对外出精英的过分依赖让他们也逐渐意识到寄希望于一个或几个精英人物也是不长久的事情。目前坎村的治理得益于有资源的领导人物的带头和外出精英的跟进，是传统型和魅力型治理的结合体（韦伯，1997：241）。传统型治理是基于源远流长的传统的神圣性，相信按照传统实施治理的合法性；魅力型治理是人们确信一些非常有个人魅力的领导人具有超凡的智慧、品质，并因此治理获得合法性。某种意义上，坎村也可被认为是在契约约束下的人治类型。虽然领导人物是村庄公认的，也是一致同意的，总体上也算是民主的，但关键在于精英人物总有老去并退出的一天，需要有新的领导人，因此这是一种不稳固的、不能持久的治理形式。在现任领导人物退出之前，如果能够出现类似的人物，村庄治理将还会延续这个模式，如果无法出现令全体村民信服的领导人物，在现领导人退出历史舞台后，村民集体合作治理能否继续就是个问题，需有制度化的约束。

四　资源总量不足问题

集体组织资源事先输送给成员共享是促成集体合作的一个重要前提

因素，先前不存在集体共享资源的群体很难动员集体合作。但有些集体即使有了可供成员共享的资源也未形成集体合作，即集体组织事先输送给成员共享的资源本身还不足以促成一个理性成员集体合作。由合作行动决定于行动的价值乘以可能性的理论可知，个体预知能够从集体合作中得到的收益达到一个阈值才能导致合作行为的发生，即"行动＝价值×可能性"。换句话说，人们估算各种行为可能带来的报酬价值以及获得这种报酬价值的可能性后作出行动选择。这种对分析集体合作的动力机制富有启发意义，个体对集体行动的价值评估以及通过参与集体行动获得利益的可能性无疑是影响人们是否参与集体行动的主要变量。按照这个逻辑，如果参与集体行动的价值评估和参与集体行动的获益较低，那么人们合作参与集体行动的可能性就低；如果可供成员共享的资源过少，那么人们参与合作的可能性也较低。

坎村互助基金会在为其成员提供可利用的互助基金的同时，实际上也已在其成员内心深处为认可的合作范围圈定了地域边界，使合作呈现出"封闭状态"。坎村互助基金的合作只能是"有限范围"的"有限合作"，难以实现其应有的合作规模效益。由于互助基金会是封闭的，外部资金无法进入，随着物价的上涨，村民对互助基金的需求数额越来越大，单笔贷款已经很难满足一些村民的要求。在此情况下，如果村民评估集体合作的获益相对于高物价而言收益降低了很多，那么，村民参与集体合作的可能性可能降低，这是互助基金不得不面对的难题。

因此，设计何种机制以使人们的利他合作能够维持，一直都是以外出精英为代表的制度设计者思考的问题。

第二节 预防制度设计

个体能够被制度塑造和改变。曾有位学者指出制度能使人变好，也能使人变坏。好的制度不仅能够驾驭个人自私的动机，使之走向社会价值观目标，还能够唤起和培育人们的公共精神和合作精神。针对面临的各种挑战，坎村互助基金会在成立之初就有严格的制度防护，制度设计者并不因为血缘和亲缘关系就忽略制度设计。正如休谟（1980：526）所说的，为了设计治理体系，每个人都必须被假定为"流氓"，在他的一切行动中，除了私利，再也没其他目的。坎村互助基金集体合作治理的成功得益于基于这样假设的合理的制度设计。

一 限定合作范围

自组织的社会秩序只能在这样的共同体中才能存在（Taylor，1982：91）：一是团体人数相对较小；二是成员之间关系比较稳定。有效的集体合作治理的前提是成员之间的互信与合作，要做到这一点就必须严格控制治理网络的成员的范围和数量，使网络保持一定的封闭性。一方面，"为了有利于自发秩序的产生，最重要的是要对群体成员的身份划出一条明确的界限。如果人们可以随意加入或退出一个群体，或者弄不清楚谁是群体的成员，（从而弄不清楚谁有权从群体的集体共享资源中受益），那么，个人将不会有动力去为自己的名声担心"（福山，2002：272）。这样，就不会有集体合作的动力。另一方面，虽然坎村社会网是"相容群体"，成员之间进行的是"做蛋糕"的正和博弈，社会网内新参与人并不影响原来成员的收益，在社会网络内群体越大越好，毕竟村庄社会网内的可资利用的公共资源是有限的，成员越多，集体共享资源的使用也会出现拥挤的情况。事实上，合作关系将会随着公共资源的减少而转化为冲突关系，公共资源丰富时，成员表现为合作关系，而在公共资源紧张时表现为冲突或竞争关系。因此，如果出现社会网内可动员的资源存量不足的情况，或者动员成本过高时，为了满足个体的需要，保持合作关系，从人类行为演化的角度，合作和利他理应就会扩展到社会网之外。但在某种程度上，坎村依然属于习俗经济和惯例经济形态，其中的为己利他的交换是"亲临的"，是"面对面"的交换，更是具体"人格"的交换，交换的半径很小，交换人员固定。这就是说，为己利他的交换都是本村庄的，都是发生在宗族内，在亲朋、邻里和熟人网络中间。在这种交往半径很短且人员固定的为己利他的交换中，村庄社会网的个人信誉、熟人关系，亲朋网络、私人友谊以及个人关系的知识和经验往往起着非常重要的作用。这样，坎村社会网主要是通过宗族和血缘关系所强化的非正式的经济惩戒和激励机制来诱导个人合作的行动策略，村民与村庄社会网外的其他成员的重复博弈的频率要远远小于内部，而且社会网的为己利他的社会交换、信任、惩罚、监督与激励等机制仅仅是在社会网内才是有效的，其结果使人们的交往、交易半径限制在村庄社会网内，而无法也无力向生人、外人和其他族群或经济体扩展。合作的空间范围和对象也就自然具有相对封闭性，只能是一种村庄社会网内部的合作，最终使得集体合作治理呈现闭环状态，难以实现合作扩张带来的供给与需求上的规模经济效益。

理论上，如果对小群体有效的监督、约束和激励机制能够"发展成为能够普遍适用于整个现代工业社会的道德情操"的话（速水佑次郎，2003：22），合作是能够随之而扩大的，但实际上，如果合作的范围扩展到村庄以外，小群体的原则就会与大社会的原则发生冲突，"因为生活在小群体的人们的那种相互认识、相互满足对方的需要并追求着共同目标的生活状态是传统的、很原始的情感，是与理性主义、经验主义、享乐主义相联系的生活方式，但如果合作的范围拓宽到群体以外，成员的未来生活方式就是被组织到这样的一个大框架下的：这是我们不再服务于熟悉的同伴或者追求共同的目标，而是逐步形成各种制度、道德体系和传统……主要是以和平竞争的方式，在成千上万个他们素不相识的人的合作中，追求自己所选择的成千上万个目标"（哈耶克，2000：157）。其实，建立在封闭基础上共同体的道德无法满足现代大型社会生活条件下的自由社会秩序的特殊的道德要求。所以，超过村庄社会网边界的合作，需要市场经济的谋利式个人主义、契约主义和外在约束主义理念的支撑。虽然即使有现代契约和产权制度做支撑，集体资源也不可能在规模较大的群体通过成员合资或捐资的方式来提供，但如果没有契约、产权等现代制度为基础的普遍信任做支柱，仅仅依靠村庄内的亲缘、血缘关系为纽带的合作是不能超越村庄边界的。如果超出了村庄社会网边界，在没有上述新的社会规则和价值体系支撑的情况下，这种集体资源的规模和服务对象的扩张将会带来灾难性的后果。由此决定了嵌入村庄社会网的集体资源也就自然地具有排外性，集体合作仅限于本村庄。为了防止灾难性后果的产生，互助基金从诞生起就局限在村庄边界内。

建立在村庄社会网基础上的集体共享资源严格限定范围，不对村庄外开放，虽然无法得到村庄外的资源注入，无法借助外部资源而扩张，但这本来就属于小型的、以村庄为边界的、村民集体合作治理的共享资源，无须借助外力而扩张。这恰恰是其保持高效率运转的一个重要条件。

二　完善合作契约

事实上，无论是人类社会还是其他具有合作行为的生命系统，越来越多的证据显示，合作系统并不存在纯策略的合作均衡。生物学观测和实验也同样发现，合作系统中的自我抑制并不能维持合作系统的稳定。无论是在具高度亲缘关系的蚂蚁、蜜蜂或鼹鼠等种内合作系统，还是在相互作用的个体没有直接亲缘关系的高度互惠的种间合作系统，合作方中（如蜜蜂的工蜂或蚂蚁的工蚁，植物的传粉昆虫）都存在投机的不合作个体。在蚂蚁、蜜蜂和鼹鼠的合作系统中，都发现了有些工蚁（蜂）或次级个体会倾向偷懒而自己繁殖。在人类社会的合作系统中，偷懒等投机行为随处可见。显然，在合作系统中，合作方事实上采取的是混合策略（既可能是合作策略，也可能是竞争策略），而不是经典理论中合作系统合作方采取的纯合作策略。因此，仅仅依靠内在的道德自律是不能约束机会主义行为的，还需要社会规范或者外在力量的制约，这一直是现代社会学理论的观点。在先前的社会中，人们被所谓的一种"地位"关系相互联系在一起，对比之下，现代社会里个人关系是建立在契约基础上的。这种契约关系不像地位关系那样，它不是一种道义上的关系：除非该契约中的条款得以执行，否则契约一方可以随时毁约（Maine，1963：163~164）。"在唐纳德·布莱克看来，法律与其他社会控制成反比变化，国家的重要性上升是晚近之事，是因为立法者要努力填补家庭总组合村落衰落而造成的空缺。目前的许多动向，城市化、世俗化、责任风险值扩大以及福利国家的出现，正继续削弱着这种非正式社会控制的体系（规范），并正扩大着法律的领地"（转引自埃里克森，2003：351）。

在血缘关系主导的社会里，法律是陌生的东西，逻辑的思考更是格格不入，成规定俗是统治一切的天经地义，"正式规则只构成了少量的（即使它很重要）影响选择的约束集，在人们与其他人的日常合作中，不管在家庭内部、永恒的社会关系还是在企业活动中，治理结构绝对由行为规范、行为规则和习俗所决定"（North，1990：188）。

坎村属于转型期的村庄，复杂多元、不断变化的社会现实不可能不对村民产生影响，随着经常外出人口的增加和成员间联系的减少，村民不再将村庄社会网作为当然的社会联系范围，使得村民决策时面临的是博弈次数减少。在村民"工具理性"增强的情况下，对于少次数的博弈而言，只有当合作的收益肯定大于不合作的收益，即合作是村民的占优策略时，村民才会采取合作的行动。当群体成员有个人动机去采取减少群体总福利的行为时，关于行为的规范就会产生。这就要求不断完善村庄社会网的规范并适时改变网络的运行规则。因此，虽然村庄社会网的传统的习惯和习俗仍然起作用，但传统不再是一个首要的价值层面的标尺。它慢慢被改造为维持成员关系和合作的工具，社会网内不利于个体利益的规范已被抛弃。

村民在市场化的冲击下，越来越趋向于"工具理性"，社会交换中算计成分增加。这势必冲击村民的亲社会情感，亲社会情感的下降必将导致个人短期功利算计成分增加，个体短期功利价值取向将取代亲社会情感的价值取向，人们的信任与合作将受到前所未有的冲击。个体具有亲社会情感价值取向的群体具有高人际信任倾向，个体都是短期功利价值取向的群体具有低人际信任倾向，并且提出个人亲社会情感价值取向影响了其对于人际相互依赖的理解，亲社会情感价值取向的个体对于混合动机冲突中的竞争合作维度更多从道德动机的角度理解，而短期功利价值取向的个体则更注重权利、利益等外部动机。信任不是万能的，它与其他社会控制机制之间存在某种此消彼长的关系，信任和其他社会控制机制共同维护社会运行的秩序。在低人际信任倾向的情况下，为了使合作和交易能够顺利进行，就须有信任的替代选择，即其他社会控制机制来补充。除了信任和合理性的不信任之外，我们已经看到，还始终存在着某种需要，即要求其他的可供选择的和互补的社会控制机制，例如法律、正规和不正规的审计规则、反对渎职行为的安全保障（巴伯，1989：155）。

如果村庄社会网能够提供的资源减少或者无法满足村民的需求，社会网对村民的吸附能力减弱，村庄权威力量衰弱，对村民的约束降低，村民的自由度增加，吸附的力量减弱后，村民本来的经济利益取向将会显现，合作过程中的冲突也随之增加。由此可以推断：如果没有惩罚与合作的契约化明确双方的权利和义务，合作条件随即消失。

尽管坎村基金会互助作为一种以信任为基础的基本上是可以自我实

施的非正式制度，虽然很大程度上解决了村民小额资金缺乏的问题，但从理论上讲，我们还是不能仅仅相信人际信任和非正式规则的力量，最主要就是缺乏正式的契约（经济和法律）的约束。如果没有违约成本或者违约成本过低，在集体资源合作治理的博弈矩阵中，策略性的违约就是占优的。如果村民越来越趋于"工具理性"，即使是基于差序格局的人际信任也将减弱，那么，借款者的行为将潜藏较大的不稳定性和不可预测性，若违约行为得不到足够的惩罚势必使信守承诺按时还款的人的行为选择发生偏差，从而会使更多的借款家庭选择违约，在逆向选择情况下，作为集体共享资源的互助基金就会自然解体。

"一个社会发展其经济时，它的社会资本也必须调适，让人际关系网络部分地被基于市场的经济的正式制度所代替。"（斯蒂格利茨、武锡中，2003：73～78）在市场化和世俗化冲击下，以家庭、村庄为联系纽带的传统社会资本已经逐渐向以现代组织、制度为联系纽带的现代性社会资本转变。坎村正由"低环境文化"向"高环境文化"过渡。在"低环境文化"中，信息交流较多依靠人们在共同的文化背景下形成的共识，也主要依靠非正式规则来规范人们的行为，人与人之间信息的交流和传递也主要是在封闭的关系网络内部进行；在"高环境文化"中，人与人之间信息的交流和传递是清晰和非人格化的，人们通过各种正式的契约来规范各自的行为，人际合作是通过共同议定的制度化规则展开的。为了抑制机会主义和防范道德风险，使信誉机制发挥应有的作用，完善合作契约是必不可少的，因为契约是服务于个体的利益谋划，以契约为保障的信任关系和合作行为，自然就会是一种超越血缘的、高信任的"理性合作"，只要契约的规则体系是健全的，那么合作行为持久存在的可能性就比较大。"无论从实证研究的视角还是从规范研究的视角，群体规范都有其局限，而法律则有其地位。"（埃里克森，2003：350）因而坎村互助基金有必要按照有关法律确定借贷双方的权利和义务，从原来纯粹的道义约束上升为硬性的法律约束，这样才有利于互助基金的发展。针对这种情况，首先，互助基金会制定了公约，公布在祠堂使每个人都能熟知，借款都用统一的借款合同，进而，借用外部第三方惩罚的力量约束可能的违约行为，村庄的合作由此衍生出新的合作类型——外部第三方惩罚约束型的合作。2018 年前遇到的一个问题是合同的一方是互助基金会，但互助基金会是不具备法律主体的资格；2018 年后坎村在互助基金会基础上，注册了坎村农民专业合作社，基金会就被坎村农民合作社取代，也具备了法律主体资格的条件，原来依靠村规约束的借款合同正式变成国家法律的约束，提高了合同的约束效力。

三　提前引入第三方惩罚机制[①]

把互助基金会注册为非企业法人的农民专业合作社，借款人与互助基金会的借贷关系就由借款合同确定下来，受到国家法律的保护，违约者就受到法律的惩罚。虽然目前没有人违约，第三方惩罚也从来没被使用过，但第三方惩罚的存在则是维护集体合作的最后保障。外出精英主要是考虑到在市场化和人员流动情况下，如果哪一天强互惠惩罚不再起作用，就必须引入政府主导的第三方惩罚以维持村庄合作秩序。

在市场化和世俗化的冲击下，村庄原有的社会资本遭到不断的侵蚀，如果出现以下情况，则必须引入第三方惩罚机制。

首先，在市场化和世俗化的冲击下，村庄的强互惠者人数将会减少，人们对共享规范的认同度将会下降，并且认同的普遍性也下降，愿意为了合作规范而自己承担成本去惩罚破坏规范的人也会减少，更多的人可能更愿意成为二阶"搭便车"者。如前文所述，从而，$f > f_* = (c - \delta * \pi) / (c - \delta * \pi + h)$ 等对于强互惠占所在人群一定比例的要求无法满足，强互惠者难以维持群体的合作并维持自身的演化均衡。

其次，在市场化和世俗化的冲击下，村庄社会资本将日趋贫乏，这时村庄强互惠惩罚成本 C_p 上升。由前文所得结果 $\partial C_p / \partial S < 0$，可知，当社会资本 S 下降时，惩罚成本 C_p 上升。原因在于在社会资本贫乏的群体中，由于对共享规范的内在化程度不高，背叛者不轻易地感到对自身背叛行为的内疚和羞愧，故惩罚带来的伤害 H_2 减弱，这就需要较严厉的惩罚 H_1 才能达到预期的惩罚效果 H_P，从而惩罚的直接成本 C_a 随之上升。此时，强互惠惩罚者由于自身实力有限，很难完成这种严厉的惩罚。同时，由于人们之间的信任度不高以及规范约束力的弱化，被惩罚者不容

---

① 本小节的部分内容引自笔者在《中国行政管理》2015 年第 5 期发表的文章《强互惠、非强互惠第三方惩罚与群体合作秩序》。

易认同强互惠者对自己实施的惩罚，所以对强互惠惩罚者进行报复的概率更大，从而 C_b 也上升。惩罚成本 C_p 的上升，强互惠者要么无力进行惩罚，要么难以维持自身的演化均衡，进而强互惠惩罚行为的供给逐渐减少甚至无人提供。

最后，在市场化和世俗化的冲击下，村庄社会资本日趋贫乏，当 $S < S^*$ 时，强互惠者通过社会资本得到的间接补偿降低。这种间接补偿可能是获得的某种实质性的帮助，也可能是强互惠者个人社会资本的增加，即作为伴侣或者合作伙伴的不易观察的优秀品质的增加。这两种间接补偿的丧失，使得强互惠者的适应性受到影响，在演化中难以占优。

因此，在市场化和世俗化的冲击下，若村庄社会资本缺乏，强互惠惩罚无法发挥作用，村庄治理的资源日益匮乏，根本无法靠权威、礼俗等软规则和权力来实现村庄的有效治理时，就需要引入群体外的非强互惠第三方惩罚以维持合作秩序。其实，在社会资本贫乏的群体，局中人对他人合作的信任度较低，人们赞成引入一种惩罚体系。惩罚体系会增加个体对他人合作的外在信任度——人们相信其他人会因为逃避惩罚而采取合作。特别的是，现代社会群体更多的是动态的，成员流动性大，动态的群体使社会资本很难积累，社会规范对人们的控制弱化，强互惠将逐渐式微，甚至出现一些群体成员非但不增加合作，反而违背个人利益最大化原则去惩罚高合作倾向者的反社会惩罚现象，这就降低了群体合作水平。低水平的社会规范约束和软弱的非强互惠第三方惩罚并存是社会成员反社会惩罚的重要前提，因此，在强互惠惩罚无法发挥作用的情况下，必须引入群体外强力的非强互惠第三方惩罚以维持群体合作秩序。这样，村庄原有的合作就演变出第五种合作，即外部第三方惩罚约束型的合作。

有鉴于此，防患于未然，外出精英们提前设计，引入第三方惩罚机制，以更好地维持互助基金的集体合作。

四　保持合作的自愿本性

自愿、互助、互利、自律是集体合作治理的灵魂。林毅夫在分析1959～1961年农村集体化问题时（Lin，1990：1228～1252），用博弈论来证明1959年之后的集体经济效率下降来自入社"退出权"的取消，即认为这一退出权的取消使得一种重复性博弈实际变成了一次性博弈，从而以退出作为相互监督的机制不再存在，正是由于剥夺了成员自由退出的权利，集体化从自愿变成了强制才导致集体化的失败，而集体化运动在开始阶段之所以成功的原因就在于任何人都可以自由地退出。其实，当一个组织的社会资源总量较大，对成员有吸引力时，应该允许成员自愿加入；当组织的社会资源总量不能满足成员的需要或者成员不再需要组织提供的社会资源时，应该允许成员选择退出。退出机制可以保证自愿原则的实现，从而进一步保证契约的效率；退出的实施可以传递出可置信的潜在威胁信号。这是保证组织活力的重要条件。自由加入和自由退出组织权利的丧失将会导致集体合作效率低下，从而破坏合作的稳定性。

对坎村而言，合作的自愿本性包括三个方面：一是自愿加入；二是自愿增减资；三是自愿退出。自愿加入在此不再赘述，着重讨论自愿增资和退出机制。

其实，互助基金作为一种群体内的共享资源，最大的敌人是面临着因为个体的自私行为过度使用资源而导致解体的局面，所以怎样限制个人的自私过度利用和增加资源总量以保证基金不至于枯竭是制度设计不得不考虑的问题。由于合作系统内的个体间存在资源或服务等公共资源，合作双方随着双方的适合度或利益的增长必然因为公共资源的有限性而转化为冲突，而这种冲突将会导致合作系统的解体。系统内的个体将会自我抑制，或者由于合作系统的空间异质性，系统不会因为公共资源的竞争而解体。然而，如果合作系统内个体突变在资源饱和时能利用对方的公共资源，或在对方合作的情况下采取不合作的投机策略，这些更"自私"个体或突变将获得更高的适合度或利益，而这些突变又将可能导致合作系统解体。

针对可能因为某个个体借款过多而导致互助基金资源枯竭或者出现众人争相借款而导致互助基金资源无法满足需求或者面临可能的解体的问题，坎村互助基金会在互助基金公约中除了限定借款次数和总量外，还制定了相应的出资或者增资与借款额一一对应的策略："增资不限"的原则规定成员借款最高额可达其份额的 6 倍，但不能超过基金总额的一半，确立了份额与借款最高限额之间的比例。如果成员资金需求提高，则需要增加份额，由此建立起了基金份额随成员资金需求增长而自动增加的机制。需要多使用集体共享资源就需要多出资是村庄集体共享资源治理中得到村民普遍认可的一个普遍的相对公平规范。村民都认为这样是公正的。这种规范有助于村民取得一致意见而合作，采取集体行动，而出于某种绝对公平的动机的均摊则容易引发冲突。

为了保证基金增长，还规定村庄成员注入份额不限制、祠堂份额的孳息滚入祠堂份额本金、每年出租的村庄资产的部分收入也滚入祠堂份额；村庄成员升官、添丁、发财等喜事对村庄的捐赠也计入祠堂份额。通过这两项措施保证互助基金不至于枯竭。

在村民流动和城镇化加速的情况下，不少有经济实力的村民外迁至城镇居住，有外迁打算的村民考虑的是如果某一天自己举家外迁，也没有近亲属留在村庄，从今以后不再回到村庄，自己也不打算叶落归根，从而不再需要这些集体共享资源时，能否顺利退出。很多情况下，人们不愿意参与集体资源的治理就在于进入和退出机制不明确，特别是退出机制，对于一些设施类的集体资源更是如此。坎村外出精英为互助基金制定的"自由退出"原则，打消了有外迁打算的村民的顾虑。需要指出的是，自由退出仅仅意味着撤资，而不意味着有对外让渡权，即能转让给本村成员但不能把权利转让给村外的成员。实际上，这种受限制的让渡权可以加强群体的凝聚力，从而成功促进集体合作。

对于份额的退出，根据"自由退出"原则，退出者须提前3个月向执行委员会提出；执行委员会在提出后3个月内退还份额，并结清利息。村民一般是不会退出的，因为退出份额往往是被认为是脱离村庄社会网而有所忌讳。在村民看来，留在村庄社会网是身份获得认同和获得生存意义（如获得面子和光宗耀祖）的途径，退出村庄社会网，可能意味着个人身份甚至人生的彻底改变（即不再被认为是村里人）。对于外出村庄精英，从社会交换的角度考虑，三个因素决定了他们不会退出：首先，他们都还认同这个村，根都还在这个村，考虑到自己日后还要叶落归根；其次，他们指定受益的家庭的成员一般都是自己的亲兄弟或者自己最亲近的人，等于是帮助他们自己；最后，他们在村庄内得到很高的地位，享受到村庄的优先权利和话语权。因此，除了举家完全外迁定居且四代以内没有亲属在村庄的两户独女户退出外，至今无其他人退出，互助基金总体保持稳定。

　　虽然规定村民有自由退出的权利，但由于特定的村庄文化的影响及限制，人们对退出的顾忌实际上限制了退出的选择。在某种程度上，互助基金的合作又变成了不好意思退出的，合作由此变得更加稳定。但坎村的合作保留人们自由选择的权利，不违背个体的意志，尊重个体选择权，维护了自愿合作的本性，从而维护了正常的合作。

　　挑战与机遇并存。针对市场化、世俗化和城市化给互助基金合作带来的种种困境与危机，坎村互助基金的制度设计者不是消极面对，而是积极抓住这一过程对村民思想的洗礼，迅速根据村民思想和社会实际的变化，顺势而为。在血缘伦理型合作基础上，坚持利他教化型合作、多次博弈型合作的同时，再发展出协商共识型合作和外部第三方惩罚约束型的合作。在互助基金内，多种合作形态并存，相互约束，共同发展，以自己独特的方式发展出合作之道。村民以历史创造者的身份，将主体自主的品格充分发挥出来，既维持了村庄的传统，又实现了制度创新。传统与创新的制度兼容并行，共同维护村庄合作秩序，为市场、政府和志愿机制未涉足一类村庄集体资源的治理提供参考路径，也为村庄社会治理提供新的视角。

第七章　村民合作治理的动机阐释

人是社会经济行为的主角。人的行为决定了经济社会活动的规律。正确的经济社会决策必须建立在对人的行为动机正确分析、理解与预测的基础上。尽管基于完全理性假设的理论模型可以成功预测在极端竞争压力下人们不顾外部利益的行为，预测结果也得到大量的实证支持，但却无法解释在大量实证研究中人们的合作行为，更无法完整解释坎村的合作行为，原因在于过度抽象的场景和不符合实际的人性假设。很有可能，个体行为的动机是混合的，决定个体行为选择的主要因素是环境，而不是取决于他们（极端自利的个性）的特征。因此，要想突破传统的村民合作行为理论，可能需要两个层面上的理论拓展：一是村民个人直接行为的微观环境；二是与村民个人进行实地决策的社会生态系统有关的宏观环境。人们已经认识到，微观环境变量和宏观环境变量的组合如何影响了已知合作成本与收益的人、在某种程度上重视规范和对他人的回报的人，以及使用试探法而不是完整行为计划的人的决策。要更好地理解和预测村民的合作行为，必须建立基于具体社会情境（微观环境变量）的更为一般的村民行为理论。但提出一个更为一般的村民行为理论并不是以新的村民个人行为模型取代完全自利的理性行为人模型，而是提出广义的村民行为理论特征假设，以解释为何村民在某种环境下会以不同于其他环境下的特别方式进行行为决策。

第一节　村民的自利理性动机

一　坎村的理性是环境理性

个体的理性不可能不受环境的制约，村庄社会网内的村民更是无法达到纯粹理性的算计，而是一种环境理性。波兰尼提出过（2006：209~210）"一个人当然可以在离群索居的环境中理性地行动（其他动物也一样可以），不受社会关系的影响。一个在孤岛上独自生活的人，都是自己解决遇到的实际问题。他根据自己的技能和谨慎充分利用他的资源，没有任何制度上的框架去引导他的理性行动"。但需要考虑的是一人世界下的个体和社会网群体世界中的个体所面临的约束条件或要考虑的因素是不一样的，个人独自进行的选择（极端的情形就是人们经常提到的鲁滨逊的一人世界）和个人在群体中的选择的结果是不一样的。人是融于各种社会群体——家庭、街坊、网络、机构、教堂和国家——之中的，必须根据这些群体的利益来平衡自己的利益。人们由此可以意识到纯粹理性人的假设的困境：一方面为了保持逻辑的一致性，研究者需要突出理性人假设的合理意义；另一方面为了实现分析的有效性，能够更贴近现实，研究者又需要论及社会规范和道德等信念因素对人们选择行为的影响。理性受信念的影响，而信念是个体心智建构对环境的认识，个体基于认知采取合适的行为模式，个体理性是结合其所在的具体社会环境来分析个体的决策和行为选择。人的社会选择行为是以其对社会其他个体行为的社会预期为基础的；社会交互行为是以个体对其他社会个体的反应预期为基础的。因此，不能把个体选择行为视为纯粹的个体认知分析活动，必须在社会理性基础上分析社会交互过程对集体合作中的个体选择行为的影响。但合作群体的人们不必须是利他主义的，他们追求托克维尔所说的"恰当理解的自我利益"就可以保持群体的合作。这种自我利益是在更广泛的群体公共需要背景下的自我利益，是"有远见的"而非短视的自我利益，有助于促进他人利益的自我利益（帕特南，2001：100）。

坎村村民选择合作既是外部环境的刺激的结果，也是个体考虑了环境因素审慎决断的理性选择结果。

二　村庄社会规范约束自利理性

坎村的集体合作是一种理性的、自利的、结果导向的动机，合作者之所以选择合作，主要从自身利益出发，追求的结果是自己能够消费合作的产品。自利理性认为，"如果你想达成 Y，那就做 X"，理性行为与结果有关，而社会规范则不是结果导向的。重要的是，理性是有条件和未来导向，其要求是假设性的，也就是说，一个人想实现的未来结果是有条件的。村庄社会规范中所要表达的"命令"可能是无条件的，或者说，即使有条件，也不是未来导向的。规范使人的行为（合作或不合作）依赖于过去的事件或事情而更少地依赖于假设的结果。理性行为人可以不考虑过去的事件或事实，而仅仅考虑选择的成本与未来的结果之比较，而在规范的运行中，过去起着重要的作用，对人们的集体合作产生直接的影响，因而村庄规范大大地约束了理性算计中的自私的一面，是一种受社会环境—社会规范约束的理性。

在坎村，虽然规范约束了自利的理性，但规范约束下的行为总体还是坚持了自利理性原则，自利理性也成为约束规范的条件。也就是说，在影响人们选择行为的规范和自利理性力量的平行四边形中，规范与自利理性并存，并共同决定行为选择。这样，自利理性就成为约束规范的条件：村民做 X 将会产生这样的结果，亦即使成本——做 X 的直接成本和不做 Y 的机会成本——低于某个特定水平。根据笔者对坎村在村的村民行为的观察和调查了解，当自利理性与伦理价值的口头忠诚等规范发生冲突时，在很多情况下还是自利理性获胜；反过来，规范也约束并限制自利理性。外出精英对在村村民的很多行为，更多是出于规范的遵守，大部分行为是为在村村民谋利，而自己并没有利用这样的行为谋取私利，但他们的行为也都还是遵循理性的原则。人们被非理性的规范所驱动，只不过是一种过近距离的观察，它是自利伪装起来的超级微妙表达的结果而已（埃尔斯特，2009：134）。事实上，精英的亲社会合作行为有多重目标（肯里克等，2011：211）：（1）提高他们自己的福利；（2）增加社会地位和认同；（3）进行自我形象的管理；（4）管理他们的心境和情绪。其实，"就一般而言，人类的经济是附属于其社会关系之下的，则他不会因要取得物质以保障个人利益而行动；他的行动是要保障他的社会地位、社会权力及社会资产。只有当此物质财物能为他的目的服务时他才会重视它"（波兰尼，2013：113）。用自利理性经济人的话来说，考虑帮助他人的最根本原因是帮助自己。

虽然是自利理性获胜，但不容否认的是，这样的理性是加入了规范约束的自利理性。由于村庄演化出一致同意的行为规范并内化，内化了的道德规范约束了村民的选择行为：首先，内化的道德规范决定了个体好恶，或者说个体对选择结果的好恶的评价，或者说对行动本身的评价；第二，内化道德规范驱动了人们的选择，让这种行为的结果沿着一个方向尽量地接近群体目标，并且个体的选择行为是经过他人的反应才形成的，自己选择行为的结果无须经过他人的反应就已经作用在自己的效用函数上；第三，内化道德规范约束了个体选择的范围和边界。

三　村民通过合作实现利益最大化

坎村通过外出村庄精英自愿出资和村内使用者自愿出资建成共享资源并集体合作治理，形成了高效的村民合作，有效地化解了"搭便车""囚徒困境""公地悲剧"等合作中的"集体选择困境"难题。处于社会网中的个体之所以选择合作，是因为人们清楚地理解自己的目标所在，并希望实现自己目标最大化。但是，很多集体资源是个人力量无法缔造的，必须依靠集体力量才能获取。个体认识到了实现目标的相互依赖性，从而关心他人的目标。内生于村庄社会网的规范对个体的行为选择产生了巨大的影响，"人类能在社会领域的集群和实现内部的合作并不是仅仅因为他们的本性是好的，相反，集群是因为以更加全面的自利因素寻求他们的自身利益，是个体认识到自身利益必须通过和其他与自身一样追求利益个体间的长期承诺来实现"（Herzberg，2005：189~197）。虽然依然遵循"为己利他"的理性选择的原则参与集体共享资源的活动，但借助社会网的功能，个体的"为己利他"的理性选择既实现了寻求共同体生活和被认同的需要，也实现了个体利益最大化的动机，还增进了其他个体和集体利益，促使个体利益和集体利益协调兼容，使"理性小农"与"道义经济"有机结合，使人们在利己利他行为驱使下采取的行动既能实现个体的目标，也能实现集体目标，达到了个体理性和集体理性的统一。为己利他最终是把利他性还原为利己性，用利己性来解释利他行为。这就又回到了自利的理性人假设，为己利他的、自利的理性依然是村民行为选择的最主要因素。

第二节　村民感性选择动机

一　村民合作的感性因素

理性的人类并不能在日常生活中每时每刻都做出理性的决定。要是能做到这一点，人的行为要么会变得不可预测，要么会陷于停顿。事实上，人们拿一些简单的规则来规范自己的行为是明智的，即使这些规范并非在任何情况下都能使人做出正确的选择，因为选择本身是要付出成本的，而且需要一些信息，但这些信息又无法得到或者得到的信息有误。人类大脑可以产生许多"身体标记"，即喜好或厌恶的情感。它们可以帮助大脑进行分析，排除掉许多可能的选择，当思考过程遇到这样的"身体标记"时，大脑就不再进行分析，而是直接做决定（Damasio，1994：34～51）。有了"身体标记"，对可能得到的某种结果赋予情感上的反应，一般就不再进一步对其他选择进行理性的思考。也就是说，人的大脑已经把这些"身体标记"附在了行为规范和准则之上，而这些规范和准则一开始不过是理性推算的中间产物罢了（Churchland，1996：199）。就这一点而言，人们并不是因为规范对人们有用才遵守它，而是因为遵守规范本身就是一种目的——一种倾注了颇多情感的目的。

其实，人的意识活动同时展开于理性和感性两个层面，人的选择行为必然同时涉及理性和感性。脱离感性意识的，单纯由理性思维形式支配的选择是不存在的。由感性意识支配的感性选择，是基于模糊、被动、尚未进入逻辑思维层面的感性意识所做出的介于无选择的本能与理性选择之间的选择行为。马克思提出的"实践"是在现存的物质条件和具体的社会关系中人们所进行的、受特定情感意志和理想信念所支配的感性的物质活动，在作为意识活动的情感意志和理想信念中显然同时包含着感性与理性。社会行动可划分为四个理想类型（韦伯，1997：56）：工具理性行为、价值理性行为、传统行为和情感行为。前两种行为遵循理性，属于理性选择行动；后两种行为遵循传统和情感，属于感性选择行动。实践中的"模糊逻辑"认为日常生活中的实践既非受制于本能，也非完全合乎理性的逻辑，而是被前理性的实践感所支配（布迪厄、华康德，1998：164）。这种介于本能与理性之间以关系为基础的实践感，就是感性因素的存在空间。

在坎村，实际上不少村民的合作选择常常被喜好或厌恶情绪所支配，或者他们以简单的情感规则做出决策，因而无法否认其中的感性因素。

二　规范约束的感性与理性并存

制度主义经济学家一直重视习惯、习俗和惯例在人们行为选择中的作用，认为它们是由非理性因素支配的行为所形成的制度，其下的选择无疑也是感性的。显然，个体的行为都是理性计算后的选择显然是不符合实际的，因为就凭我们日常的接触和观察，就可以看到许多人的行为是按约定俗成的简单规则做出决策甚至是感情用事的。在现实生活的多重条件制约下，要做到对经济行为所有方面进行完全有意识的理性思考是不可能的。所以，人们依靠习惯和常规（惯例）来选择行动，就不必进行包括巨大数量的复杂信息的总体理性计算，行为过程就以一种有层次的组合方式组织起来了，并做到在不同水平与等级上以不同的程度对获取的信息做出反应。有时习惯性选择是有意识的，有时基本上就是下意识或者无意识的选择，不需要做深思熟虑的考虑。选择行动的动机是复杂的，并不一定遵循理性人假设。这些动机包括以下几个方面（森，2006：154）：一是声誉与间接效应，即此人也许希望拥有体谅他人而不是精明的"抢椅子者"的名声，并获益于未来；二是社会义务与道德命令，即他也许认为抢夺最舒适的椅子，剥夺他人的机会是不道德的，而这类道德情操或隐或显被此人所遵从；三是直接福利效应，即此人的福利也许直接受选择过程的影响，比如说别人的看法——他并不愿意忍受冲向椅子时所遇到的异样眼神等；四是遵循传统规则，即也许只不过是在遵循体面行事的传统规则，而不是什么直接的复利效应、声誉效应或其他自觉意识到的伦理法则等。认知心理学的提出选择行为的期望理论（Kahneman，2000：681～683），充分解释了人在感性层面上的选择行为和选择能力。哈耶克更是明确地指出人类社会的经济秩序和社会秩序都不是由理性选择行为产生的，而是在介于理性和本能之间的意识的支配下，通过人们的自发行为形成的，并称这种自发的扩展秩序为感性秩序（Hayek，1973：43）。这都对笔者研究坎村村民的选择行为具有重要启发。

在坎村，人们或许存在着一个规范导向的选择行为和理性选择行为共存的、稳定的频率制约的现象。在村庄社会网络内，习惯、习俗和惯例等规范是每个村民熟知的。社会网的习惯、习俗和惯例等社会规范肯定对村民的选择行为产生约束性和限制。一方面，按照新制度主义关于规范与自利的关系论述，某人遵守规范的行为也可被自利所解释，也就是说某人遵守规范是出于担心违反规范所付出的代价，因为"一套行为模式，如果在一个群体中该行为得到普遍遵从，那么偏离该模式的少数人与其他人相比会处于劣势"（Sugden，1989：85～97），村民遵守规范还因为惧怕破坏规范受到的社会排斥（惩罚），因而理性地选择遵守规范；另一方面，规范不仅受到他人的态度的支持，也受到个人破坏规范所产生的尴尬、内疚、焦虑与羞愧的支持，或者至少被破坏规范的预期结果所左右。规范的力量在于对人们头脑的控制，最终影响行为的选择在于破坏规范会触发强烈的情感。因而村民的行为选择有着复杂的动因，既有理性的选择，也有感性的选择，仅仅从经济理性的单向维度来解释村民的行为具有极大的局限性，很多非经济因素（感性因素）是决定村民行动的重要变量。新古典经济学关于理性人的假设，是假设每个人的行为选择主要受其个人内化的偏好影响，而不是受其他人的决策和行动影响。但身处在坎村社会网内，因村民个体的偏好受多方面影响，村民的决策是相互影响的。村民变成了追求并非单一经济利益的"效用"的理性人。

三　感性的从众选择

可以观察到，很多村民之所以合作，不少是受村庄社会网不成文规范的制约而产生的类似于感性因素引发的从众行为。对此，诺斯尝试运用认知心理学中的"共享心智模型"来描述"意识形态"在个体行为和经济运行中的作用，并引入了适应性学习的概念，以信念－制度解释经济变迁的思路，从群体和个体两个层面解释了道德规范怎样影响了人们的选择行为（North，1990：188）。如有不少村民仅仅因为情感因素而选择跟随亲近的或关系要好的人的行为，或者选择跟随至亲一样的行为，或者选择跟随出资最多者的行为；还有的村民仅仅是因为看到随着出资的人越来越多，当超过了他心中预设的参加集体行动的人数的"门槛"时，也跟随参加。当发现至亲家庭、亲密关系人或自己高度认同的人不断加入时，他们可能基于对这些人的信任而相信互助基金会，并参与合作；很多人也因"不好意思拒绝"的人情压力而参与集体合作，加入互助基金。因为如果不加入，就被认为不合群，他们集体合作行为的目的刚开始在于维系人与人的关系。关系的存在不为别的工具性利益，而为了关系本身，即不少人都愿意追随大多数人。很多人都这样想：如果其他人不合作，我也没必要合作。因此，当没有什么合作者的时候，即使合作带来的效用递增，但很多观望的个体还是选择放弃合作。放弃合作的个体也不会感到有义务去合作。在合作的初期，甚至还可能存在反对合作的看法，反对"出头鸟"的普遍心理很容易导致一些未合作的个体反而违背个人利益最大化原则去惩罚合作者的反社会惩罚现象，这就会降低合作水平。但是当多数人合作的时候，即使合作的边际收益递减，为了维持关系，观望者也觉得有义务去合作，这就容易提出康德式的问题"如果每个人都那么做会怎样"或者是这样想"如果别人都参与，我不那么做是傻瓜吗"，因而内心觉得，如果他人都参与，自己也有义务参与。

在群体内，个体做出合作或不合作的选择，明显影响了其他人将要做什么的估计，反之亦然。因此，在群体中，一个人的选择不仅反映了他对其他人的信念，也影响了这些信念本身。群体成员在决定了合作或不合作后，可能试图通过他或她对其他人行为的估计来证明选择的正确性。很明显，如果其他人打算不合作，那是不明智的，但是如果大多数人都选择合作，那么选择不合作就会被认为是非常不道德的。在这当中，个人可能通过自己决定做什么的行为来获得其他人将要做什么的信息；毕竟具有相似文化背景的人们倾向于在相似的文化背景下采取近似的行为方式，并且认为如果我这么做了，其他人也会这么做。这样就产生了从众选择的行为。

另外，"门槛"预设每一个个体心中都有一定的动机参与集体行动，但也受外在环境的影响，别人的参与会激发其动机，一方面示范效果会影响人的行为模式，另一方面参与的人数与参与的风险会成反比，所以个体心中都有一道门槛，当多少人参与了，就跟着加入，这个"多少人"就是基于示范效果与风险考量后设定的"心中门槛"。当参与人数超过"心中门槛"时，那些与其他人相比投入程度较小或没有投入的个体就会被激励。

这一效果证实了鲁尔的断言，即亲眼看见原先不可能的行动形式的发生，或者感觉到其他人正在严肃地考虑采纳这类行动的可能性，这本身就创造了一个新的行动愿望（Rule，1994：241～257）。由此就会引发从众行为。这些从众行为也都达到了合作的效果，出现村民个体的看似非理性选择导致集体理性的结果。

"门槛"理论表明，要使集体资源的合作治理得以实现，就必须要满足群体内至少达到"门槛"条件的人数参与，只有预期到超过"门槛"人数的其他参与者存在，成本分摊使得收益超过成本，个体才会自发参与。这种关系可用图 7 - 1 表示如下。

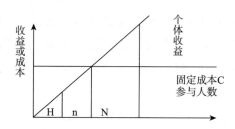

图 7 - 1　集体资源合作治理中个体收益与参与人数的关系

图中 H 点尚未达到门槛，n 点就是门槛值，超过 n 点就会发生从众行为。因为当加入某一集体行动的人越多时，人们对加入此行动的顾虑越小，而不加入这一行动所需承受的压力则越大。因此，一旦越过这个临界点，奥尔森的公共物品困境根本就不是一个问题。从村民的从众行为来看，村民的行为选择又多少具有非理性（感性）的因素，但超过门槛点的选择又是理性的。坎村社会网中的个体也不是关系网络的"傀儡"，虽然有村庄社会网的规范约束，但个人仍有自主选择的可能性。社会网的制度、习惯和经验影响了（但不是支配）个体行动，"感性选择"并没有成为主导的行动模式。

四　感性背后的理性透视

虽然主流经济学的理性选择理论专注于理性形式而将感性形式排除在理性选择之外，把个体的情感、情绪因素排除在外，但强调纯粹的理性来解释合作的行为也是不完整的。其实，人类思考自己周围的世界，参照它所提供的种种可能性而做出选择，并据此采取理性的行动，这是无可争议的事实。看似非理性的感性的从众选择过程，理性并没有完全消失，而是个体在思考变化着的周围世界，在和各种非理性的因素争夺行动的选择权（沃特斯，2001：1～9）。这类合作者是有条件的合作。合作的条件依赖于其他合作者的数量（即使康德主义者也是这样）。其他合作者的数量能够以两种方式影响一个人的合作倾向：这种倾向可以是其他合作者数量的直接函数，也可以是与其合作的效用函数——与其合作效用反过来又决定于其他合作者的数量，换句话说，他们不会在人数很少的时候合作。在这个意义上，村民感性的从众也可以说是权衡了村庄社会网因素后的一种理性的选择。

第三节　亲社会的利他动机

可能村庄社会网内的个体是集自利者、利他者、公平偏好者、对等者的角色于一身的。考虑村庄社会网情境因素的人，其行动明显不同于纯粹自利的个体的行动逻辑。因而，康德意义上的道德约束，即别人付出了我也有义务付出，也是促使了合作行动的成功重要条件。坎村互助基金会成立之初，主要是村庄外出精英出资，一些村民因不了解而不加入，但基金既不把他们排除在外，还会给予借款的便利，即允许"搭便车"。这就有两个问题需要解释：一是外出精英为什么在不需要借款的情况下慷慨出资，怎样解释他们的合作行为；二是为什么未出资的村民在被允许"搭便车"的情况下，只有两户未入会家庭在特别困难情况下不得已"搭"一次"便车"之后，其他家庭都没"搭便车"，最后都选择出资合作而不选择"搭便车"。显然，一般家庭不愿意去搭入会家庭的"便车"，在逐渐入会的100多户中，除外出精英外，大部分家庭是具有对等偏好的，因此他们并不愿意去搭入会家庭的"便车"。这是研究者无法回避的问题。

一　基于同感心的利他合作

正如前文分析的那样，村庄外出精英明显地存在利他、最后利己的行为，但外出精英的行为不能全部地用自利理性来解释。他们的行为具有同情、慈悲甚至责任的成分，否则不能解释外出精英的全部行为动机。村庄外出精英往往把提高村里人的生活水平当作是光宗耀祖的行为，而光宗耀祖则是他们认同的责任。

在斯密（2011：1~2）看来，自爱、同情、追求自由的欲望、正义感、劳动习惯和交换倾向是人类行为的自然的动机。他在《道德情操论》开篇指出了人的也同时具有利他的本性，"无论一个人在别人看来有多么自私，但他的天性中还总是存在着一些本能，因为这些本能，他会关心别人的命运，会对别人的幸福感同身受，尽管他从他人的幸福中除了感到高兴外，一无所得"。在这里，斯密把一个人牢牢地置于周边的人群之中——放在他所属的社会之中，一个人的价值判断和行动都要顾及别人的存在，个人并不是与公众隔离的。

但"基于同情的行为在很大程度上是自私的，一个人不可避免地因为他人快乐而快乐，因他人痛苦而痛苦，所以一个人的事业追求可能受到同情行为的帮助，因此，从这个意义来讲，基于责任而非同情心的行动才是非自私性的"（Sen，1977：317～344）。换句话说就是，一个人越为别人的不幸感到忧伤，越是想帮助别人，他就越自私，因为他实际上在为自己缓解痛苦，只有那些抱以冷漠之心、没有任何动机的帮助才是"真正的"无私行为。从这个意义上说，同情并不违背理性原则，因为我们的自利概念包括了我们对别人的关切，同情可以融入一个自己更为广义的福利概念中。这样，群体普遍的幸福被纳入村庄精英的幸福函数，也可说出资提高同一群体人们的生活也是提高他们自身的适应性。

我们也可以放到理性的大背景下来解释这种基于同感心的亲社会合作行为，这样，只有在理性的大背景下，局部的非理性才能够凸显。设想人人都是理性地行动，在逻辑上才是一致的；但设想人人都是非理性地行动，在逻辑上就缺乏一致性。同样，设想世界上每个人都毫不例外地为自己的利益而行动是可能的，而设想世界上每一个人都毫不例外地为了他人的利益而行动就缺乏内在的一致性。作为第二层利他主义和道德的价值必须附着在某些第一层的利益上；例如基于同感心的利他行为施予者在付出后达到的第二层快乐是以对接受第一层快乐的预期为前提的，从某种不同的意义上说，施予过程（利他合作、利他行为）的价值是附在利他行为的结果价值上的。例如，可以肯定的是，特定社会中几乎所有的人都希望获得幸福和荣耀，期望他们在有生之年得到个人的第一层快乐以及由此产生的更高层的快乐，从这个意义上说，基于同感心的利他行动的过程比利他行为的结果利益的时间更长，因此也就更重要（埃尔斯特，2009：33～45）。就是说基于同感心的利他主义者的利他行为是理性地追求利他行为带来的长期的快乐（满足感）和荣耀（利他行为受益者的尊重），利他行为虽然是没有物质利益的自私在里面，利他者的利他行为并不在于占有作为施惠的物的消费效用，而在于考虑了衍生自他人快乐（即他所属的群体消费了他施惠的物品感到快乐，施惠者因这些人快乐而感到快乐、共享快乐）的更高层次的快乐。显然利他主义者的效用是他人效用的函数。这样一来，基于同感心的利他主义者也是理性的，但这种利他动机是理性的、无私的，是以群体幸福为自己快乐幸福的结果为导向的。从这个视角来看，就可以把精英的行为选择全部归到理性的范畴：他们的行为由理性的、自利的、结果导向的动机和理性的、无私的、以群体幸福为自己快乐和幸福的结果导向动机组成；两种动机都是理性的，但即便一个人仅是受虚荣心驱使，他做的善事仍应当得到承认。由本性所具有的利己和同情两个动力共同走向一个目标：普遍幸福。这样，我们就无法否认，个人利益和由个人利益驱动的交易（捐资）——至少就其效果而言——是村庄外出精英利他合作的道德力量的源泉之一。

二　对等与感戴的合作

一是给回"面子"的对等合作。在未出资合作的村民看来，允许"搭便车"是已出资合作的村民给他们"面子"，他们觉得也应该给回"面子"，如果自己不出资又要借款的话，就觉得没"面子"。"面子"在坎村村民看来事关他们的"人格"，没"面子"就是没有人格自尊。在人格化的"面子"前，他们并非像理性人一样计算得失，而是更加珍视自己的人格，"打肿脸来也要充胖子"，以换取人格自尊的"面子"。另外，先前未合作的村民也考虑到出资者的情感，因此在"面子"和考虑别人情感的驱使下，最后还是选择合作参与。有些家庭虽然经济条件很差，但由于份额不限，为了"面子"，还是加入（合作）。这里的"面子"感受相当于社会心理学中的对等，是指人们具有的一种通过感受别人行动对自己是否友善采取对等的行为反应，以友善的行动回应友善的动机（类似于康德意义上的道德约束）并以敌对的行动回应敌对的动机，即正互惠和负互惠。不少田野调查和实验结果已经表明，集体行动中的个人并不是理性最大化者，而是互惠者（类似于中国传统的相互给"面子"）——如果观察到别人做有益于集体的行动，他们也会这样做；

如果别人逃避义务或者利用他们，他们将产生怨恨并可能采取报复性的行动。正是人类本性内的对等性原则促进人们的合作。不少村民为了"对等"，为不被人小看的"面子"而选择合作。加入基金会后村民发现，即使自己不借款也不亏，就相当于存钱进银行一样。最大的好处是自己需要的时候还能得到基金会提供的不高于自己出资额 6 倍的借款。对于无法从银行得到贷款的村民来而言，这是一种最大的便利。显然这种合作是出资村民的利他在先，即先存在对不出资的村民有利行为，允许未出资者"搭便车"。有经济地位和社会地位的外出精英拿出与自身资源禀赋相对称的捐助，向其他村民传递一个友好的讯号，能够促使更多村民采取合作行动。作为对事先存在的利他合作行为的回报，未出资者就会出现条件性合作（跟着出资），即使其个体占优策略依然是"搭便车"。

另外，理性选择合作的过程并非仅仅是"偏爱"的源泉，而是无处不受感情的支配。人们非常清楚自身的行为对他人的影响，由于受同情心或者窘迫感的驱动，人们常常调整自己的行为，以便照顾到别人的情感。出资者允许未出资者"搭便车"，对未出资者而言，他们也考虑到了出资者的情感反应，因而在照顾出资者情感的情况下，也选择出资，使得自己感觉舒适一些。

从某种意义上，给回"面子"而选择的对等合作和考虑对方情感的对等选择都是先前未出资村民理性选择的结果。

二是感戴。当精英的帮助使原先未出资者受益时，这些人也会出现感戴的情绪体验。这种情绪体验一方面提高了他们的心理抗压能力和生活质量，而且另一方面也可能促进已经受惠的未出资者本人出现利他合作行为。所以从某种程度上说，感戴具有一定的传递利他行为的特点，当受惠者接受了施惠并表达了感谢之后，其未来的亲社会行为（如帮助施惠者或其他人等）有可能出现显著增加，因而未出资者最后都选择合作。

虽然在自利理性人假设条件下，人们的诚实、可靠、忠诚、为他人着想、同情心、感戴等人类品格特征在很大程度上被经济学家忽略了，但无论何种类型的合作动机，或者说为什么人们会产生利他的合作，也许最终能够对此作出解释的是个体理性选择的结果。不容否认的是，某种形式的利他主义和合作确实给人带来大量的优势，而且也不是纯粹的自利理性所能解释的。

第四节　以自利理性解释村民合作行为

尽管理性选择理论不是放之四海皆准的真理，但事实证明，它确实对许多社会现象具有解释力，而且简明扼要。我们用它来分析村民合作行为或许可以得到启发性的结论。

一　混合动机中的理性算计

如果根据纯粹自利理性选择的观点，理性的村民趋向于选择"搭便车"的机会主义行为不可能产生集体合作。如果村庄的每个农户都是"理性小农"，他们为追求其各自的利益最大化目标，各行其是，就不存在共同体组织下的集体行为选择。同样，如果假设每个村民都是无私利他主义者，合作也不能实现，因为行为主体"都只愿意向对方转移资源而不愿从对方接受资源，其结果是谁的要求都不能实现"（杨春学，2001：87）。很明显，两个极端都无法完整解释村民的合作行为，村民的合作动机很有可能是混合的。

坎村村民的合作行为有着混合性动机，即个人合作行为的动机不仅是基于纯粹自利的理性选择，甚至有些至少是逆个人短期利益的。自利理性人和纯粹理他主义的理论无法完全解释他们的合作行为，混合动机的背后是一种包含更多利益的理性算计。

坎村的个体是嵌入具体的、持续运转、不可选择的社会关系之中的行动者。社会网内的个体理性选择抛弃了功利主义理性选择模型中原子化的个体观，把社会情境、集体认同感、价值观等社会理性因素考虑进去，是一种具有社会理性因素的理性选择。村内的个体是镶嵌于社会网之中的、能自我建构意义的理性行动者。他们既关心自身的利益，又关心与自己相关的群体的利益，通过关心他人的利益（利他）来增进个人效用；既具有自利理性，又具有群体理性，他们追求自身以及与自己相关利益的最大化的同时，也考虑自身不利的最小化。这表明，在社会网内的个体没有彻底抛弃理性选择原则，没有完全抛弃个人主义、功利主义和自由主义，而是将个人与群体、功利与他涉、自由与约束有机结合起来，并对理性选择加以重新设计，在效用最大化函数里面加入了相关者利益、群体利益、个人长远利益等变量，与社会网络的解释模型综合，大大增加了理论的解释力度，也拓宽了理性选择原则的解释范围。"当用理性选择理论来解释被道德或社会原则所规范的行为时，它是通过一种复杂的工具并将最终的自利行为连接起来论证的"（森，2006：19），"如果狭隘地把理性选择定义为排他性地在个人利益的基础上作出系统的选择，那么这个模型将很难指望人们把同情、伦理、正义、后代利益、社群福利等等考虑进去……如果利行为包括谨慎地实现我们的目标，那么就没有理由不把谨慎地发扬同情、谨慎地促进正义等同样看作是理性选择的表现"（森，2012：267～268），这就扩展了理性选择理论。总体而言，合作或者利他都没有违背人类自利理性。

二　理性能解释坎村的各种合作

虽然理性选择理论并非毫无争议，尽管对理性人的质疑也得到了实验结果的支持（Henrich, et al., 2001：73～78），即人在物质收益之外，很多的实验对象更加关注公正和互惠，愿意为修正物质利益的分配而承担个人损失，同时奖励那些以合作态度行为的人，惩罚那些不合作的人，尽管这些对于自身来说代价不菲。另外，尽管一大批学者更是无情地批判了新古典经济学的理性，认为只有在人们的自生自发的社会生活中才能发现经济行为和经济秩序的本质，不仅否定了效益最大化与理性计算原则，而且大张旗鼓地跃出传统经济学视野，把理性选择放到政治体制、文化传统和风俗习惯等广阔的领域中考察，但就生物学和经济学的有关研究成果来看，作为生物的个体的行为选择——当一个行动者帮助另一个行动者时，在考虑了自己的适存度成本并期待善行在将来获得回报的情况下才会出现互惠利他——使生物学家确信，从长期来看，人的选择仍然是遵循自利理性原则的。

其实，许多或者所有的命题都可以用理性人为了实现自我利益的模式来说明。"任何有组织的社会都是建立在一种关于人的本性以及人的社会功能和社会地位的概念之上的……在还没有获得或产生一种新的概念，且能从这个概念中推出新的有效的社会价值观念和一种关于新秩序的新理由以及一种对于人在这种新秩序中的地位说明的理论之前，如果抛弃自利理性的理论大厦，个人失去了社会秩序，而个人的世界则失去了其存在的合理性。个人再也不能理性地说明和理解自己的存在，并将自己的存在与自己所居住的世界一体；个人也不能使世界和社会现实与自己的存在协调一致。人被鼓励在一架巨大的机器中，他不能接受这架机器的目的和意义，也不能把这种目的和意义转化为自己存在的目的和意义"（德鲁克，2003：23～27）。

尽管阿玛蒂亚·森（2006：19）强烈质疑用理性工具去分析经济行为的普遍有效性，但他最后还是认为人类行为中存在许多规律，而这些规律都可以放在最大化框架中予以解释。他还赞同加里·贝克尔（2008：7）将理性选择理论视为经济学的核心范式的观点："我确信，经济学之所以有别于其他社会科学而成为一门学科，关键所在不是它的研究对象，而是它的研究方法……我认为经济分析是最有说服力的工具，这是因为，它能对各种各样的人类行为作出一种统一的解释"。虽然"人性存在着与新古典主义经济学定义的理性的唯利是图相悖的一面，人类常常是非理性地以群体的形式来追求功利的目标，新古典主义的经济模式向我们展示的是不完全的人类本质。但这并不破坏新古典主义的体系结构，也就是说，人们将在绝大多数情况下服从'经济规律'，成为预测经济发展方向和国家政策制定的有力参考"（福山，2001：29）。

这样，无论是坎村互助基金会合作中的血缘伦理型合作、利他教化型合作、多次博弈型合作、协商共识型合作动机，还是外部第三方惩罚约束型的合作动机，最终都可以归到自利理性人的理论大厦中，但又不否认各种合作的表层动机：血缘伦理型合作是亲缘选择的结果；利他教化型合作则主要基于对善和公益的追求；多次博弈型合作主要基于对内部惩罚的忌惮；协商共识型合作主要基于对合作理由的同意而建立起来；外部第三方惩罚约束型的合作主要是因为外部可置信的惩罚使违约者得不偿失。

因而，坎村的合作归根结底是村民理性选择的产物，自利理性是解释村民合作行为的基石。

第八章　村庄集体资源合作治理何以可能：研究发现和经验启示

长时间多次深入村庄内部的调查发现及拓展的个案研究法，有助于发现真问题、研究具体的问题，并与外部世界和理论重建进行对话。虽然坎村的案例很难推论中国的一般情况，但扎实的个案研究可能是构建本土理论的重要路径。通过翔实剖析坎村互助基金会合作治理的案例，运用分析性的归纳推理，仍可以看出西方既有的合作治理理论不能完全解释中国乡村合作治理的情况，而这正是建构中国本土乡村合作治理理论的重要线索。

第一节　坎村合作治理的个案研究发现

一　村庄部分集体资源可通过合作来配置

集体内部合作是解决市场、政府和志愿机制都失灵领域资源配置的一种方法。其实，在市场和政府两种资源配置方式出现之前，原始人完全靠共同生活的习俗、惯例、约定俗成的规则，通过合作完成社会经济资源的配置。集体合作治理、非资源使用者第三方治理（志愿机制）、市场和政府都是资源配置的一种方式。四者在各自的领域发挥不同的作用，并不存在谁替代谁的关系，都有其存在和失效的理由和空间。四种资源配置方式中，市场治理强调的是自愿的竞争关系；政府治理强调的是强制性；志愿机制则强调利他；资源使用者合作治理则强调在重复、稳定和熟悉的非匿名性交往关系基础上的自愿合作。集体合作治理所求的终归是通过协商出合作规范，创造合作条件以保证社会秩序和集体行动，强调行为者的自主治理。"它所要创造的结构或秩序不能由外部强加；它之所以发挥作用，是要依靠多种进行统治的以及互相发生影响的行为者的互动"（Kooiman & Van Vliet，1993：58~72）。

在四种资源配置方式中，集体内部合作一直在主流经济学视野之外。哈丁留给后人的宝贵学术观点就是政府应该恢复强制性的管理手段（Hardin，1968：1243～1248），这显然又是一次典型的"霍布斯式"的胜利。霍布斯反复强调并赞成至高无上的集权统治力量，认为这是国家的臣民彼此团结协作的唯一可行手段，各地所实行的集体所有制都被哈丁的逻辑观点认为是毫无效率的。因而造成政府大肆占领集体领域的借口，甚至有经济学家宣布（里德雷，2004：264），"如果我们想要避免公地悲剧，唯一的途径就是不惜一切代价，哪怕很可悲地采取利维坦式的集权统治"。很多学者认为市场、政府和志愿机制互为替代品，决定了人类行为的主要治理结构和机制，而没有给资源使用者合作的治理留下空间。"大多数现代经济理论把世界描述为是由一个政府（而不是很多的政府）掌管的，并从政府的视角来看世界。这个政府具有责任、意愿和权力，采用能最大化社会福利的方法重新构建社会；它就像弦上之箭的美国西部骑兵，每当市场'失灵'，便冲去抢救，而经济学家的任务则是建议政府何时救和怎样救。相反，民间的个人则被认为是几乎完全不具有解决他们自己面临的集体问题的能力。这种理论造成了对一些重要的经济和政治问题的曲解"（Sugden，1986：3），过分地夸大了政府在制定和执行规则中的作用。约翰．黑德更是把公共物品问题视为市场失灵的具体表现，建议利用政治选择弥补市场选择的不足，并认为自愿的合作行动并不能确保公共物品的供给（Head，1975：210），必须经由政府行使此项职能，在很大程度上否定了人们自愿合作治理集体资源市场失灵的能力。其实政府机制并非已臻完善，至少也像市场那样不完美。正像帕金森定律①指出的那样，在村庄集体资源治理上，政府对众多问题常常束手无策，更确切地说，因为政府对村庄的过度介入使村庄集体资源治理遭到前所未有的困境。

就目前的状况而言，对于村庄集体资源乃至村庄社会更多的公共资源的治理，都存在政府、市场和外部志愿力量无法或不愿意到达的角落。坎村的实践表明，在村庄社会网内，村民能够合作形成有效的集体行动，

---

① 帕金森定律（Parkinson's Law）是官僚主义或官僚主义现象的一种别称，源于英国学者 C. N. 帕金森所著《帕金森定律》一书的标题，常常被人们用来解释官场的形形色色。

只要适当引导，村民就能够合作治理力所能及的，政府、市场和外部志愿力量无法达到或不愿意涉足的集体资源。在村庄社会，当个体之间的互动行为过于复杂或交易信息无法核实，使得完全契约或外部命令难以约束个体的行为时，政府、市场和外部志愿机制难以解决的问题就会越来越多，那就更需要集体合作来解决。很有可能，在村庄的一些集体资源合作治理中，"没有政府的治理是可能的，即我们可以设想这样一种规章机制：尽管它们未被赋予正式的权力，但在其活动领域内也能够有效地发挥功能"（罗西瑙，2001：5）。

虽然不少学者在一些市场失灵和政府失灵领域的治理上最后还是回到政府，对市场、政府和志愿机制都失灵的村庄集体共享资源治理问题上更是如此，但坎村的实践和经验为这些失灵领域的治理提供了另一种思路，即只要具备一定的制度环境和条件，村民可以通过集体合作治理以及规则的选择和变革来治理村庄集体资源并推动其他公共资源治理。乡村集体资源的治理不能完全依靠政府或者其他外部势力，它更需要发挥村庄内生合作的力量。

二　村庄社会能生成合作治理的契约秩序

如何建立和维护社会秩序？一切社会科学和哲学都必须直接或间接回答这个问题。怎样才能以自发的非集权制方式，建立一种以自治为基础的，基于深思熟虑和自由选择的公共秩序，以使社会达到自组织的状态？这是20世纪末到现在的知识界最为关注的议题之一。无论是新古典经济学的公共品市场失灵的理论还是西方古典社会契约理论，都有一个共同的假设，即一个具有共同利益的群体会在某种力量的强制和社会安排下为实现共同利益而合作采取集体行动，但这又往往容易导致集权制，社会无法达到自组织状态。霍布斯从安全作为人的第一需要出发，认为有序的秩序总是优越于无序的自然状态。按照霍布斯的理论思路，没有一个利维坦（作为国家政府的集权体制机构），人类合作将是不可能产生的，因此，一个强权的政府机构是必要的。虽然人类学的研究也表明，在没有国家和政府统治的落后部落中也能够出现"有序的无政府状态"，但随着群体规模的扩大，"有序的无政府状态"就难以为继，强有力的领导阶级就成为社会发展的基本条件。"当我们认识到人的本性是追求自身利益，而人的利益几乎不可避免地发生冲突时，我们太容易陷入绝望了。任何社会似乎都是建立在极端脆弱的基础上。难道人们的生活要么是无政府状态下的'肮脏、野蛮和贫困'，要么是利维坦统治下的肮脏、野蛮和奴役？"（布伦南、布坎南，2004：1～2）

虽然在19世纪的工业社会后，理性的官僚政治事实上是社会生活的实质，但在20世纪下半叶后，无论是在政治上还是在经济上，严格的等级制度的治理逐渐式微，正在被一种非正式的集体合作形成的合作治理形式所取代。在不少集体资源的治理或者是社会乃至企业的管理中，正式的、受规章制度约束的等级关系正在被一种更为平等的关系所取代，让下级或者说行为主体拥有更大的自主范围，或者正在被一种非正式的社会网络所取代。在美国就有相当一部分的政府职能是由自发的、自治的和自愿的地方、地区、社区的社团组织（社会网络群体）执行的。它们建立了共同体标准，发挥了共同体职能，形成了社会舆论，做出或防止共同体行动（德鲁克，2003：164）。这些组织的协调合作是建立在非官方的社会网络或者社会资本的基础上的，相互间的协调合作是从下面开始，而不是来自上面的指令，并且这种协调合作的组织是以共同体的规范或者价值观为基础的，可以使人们为一个共同的目标形成集体行动达到集体合作治理的目的，而不再需要正式的指令或命令。但这些集体资源的治理或者社会乃至企业的管理更多是通过等级制度的权威堡垒，通过制定一系列严格的制度千方百计地控制着每一个人，某种程度上依然否定了人们具有集体合作达到自我治理的能力。

在没有像等级森严的科层机构存在的情况下，怎样才能产生集体合作治理的秩序？不具有"公民社会"传统的群体能否产生合作的契约秩序？这些是我们一直思考的问题。很有可能对于缺乏"公民社会"传统的社会，因历史的博弈而形成的合作，未来关系是可以预见的，因而秩序常常是自发产生的，但熟人群体的合作的扩展秩序能否像哈耶克所说的自发生成和自然成长？这些问题追问到最后，都会牵涉到人类内部——或具体到个人之间——合作的原始发生机制和维系的问题。

通过对坎村的详尽剖析和其他村庄的观察，笔者发现，社会网络正常运作的群体（关系紧密群体）之内的成员自发生成并保持某些群体规范或利用某些规范，在于使成员在相互之间的日常事务中获取总体的福利最大化，即在紧密的社会网络内，群体规范将鼓励人们在非零和情况下以最小成本选择联合产出最大的总和客观报酬。这一发现原则上是可以证伪的，因为影响"关系紧密"的变量如信息网络、成员互动、成员熟悉程度、互惠状况等等都是可以测度的，规范也是可以辨识的。当然现实中可以观察到的大量正面和反面的例子也可为这个说法提供支撑：即关系越紧密的群体将生成更多的导致群体成员福利最大化的规范。这一说法令人想起了法律与社会学的学者研究的主体，即持续长期的关系有助于人们行为的文明化、规范化，也与合作演化的观点相一致。该说法可以作出很多的预言：如社会关系网络越紧密的群体成员之间更容易集体合作治理群体集体资源；一个关系紧密的群体成员们将在群体规范中做出选择等。

集体合作治理是群体内部通过自发组织实现持续合作的过程，是一个合作的系统。从坎村集体合作的持续的动态过程来看，集体合作治理的路径是：首先是群体共同面对不利的社会经济情况或者共同需要解决的问题，单个个体无能为力解决，因而有集体合作的需求；其次是一部分成员积极站出来充当组织发动者和领导者的角色，承担初始的组织发动等成本，制定出具体的集体合作的规范，确立了成员投入与收益分享的关系规则；再次是构建集体合作的组织架构；最后是进入具体的实施阶段，主要表现为大部分的群体成员能够按照规则的要求投入各自的成本以实现集体共享资源的治理。围绕着村庄集体资源的治理，最关键的是集体合作的组织与发动阶段，即谁愿意充当组织发动者并承担初始成本的问题，次关键的是能否实现群体内较大程度的参与，以达到集体资源运转的最低要求，主要表现为以具体集体资源的正式制度以及以群体规范为代表的非正式制度的建构与演化。村庄的社会规范一方面有效阻止了"搭便车"，另一方面又在全体允许部分成员"搭便车"的基础上形成了一种群体自我控制型的社会秩序。在集体合作中，村庄形成的社会规范贯穿集体合作治理全过程。

坎村的证据给我们启发：正式的法律并不是社会秩序的唯一源泉，霍布斯把无政府状态等同于混乱状态至少是不全面的，政府可以不独享社会控制，人们也许会生成他们自己的规则来补充国家法律无法确定的规则。或者说，"如果法律制度缺乏，或其并不是那么合意，我们就不难预计，其他制度可能从社会发展中演化出来。尽管它们也非尽善尽美，但可以用来支撑经济活动。换言之，人们要从市场中获取好的结果，并不严格地需要政府提供的法律制度"（迪克西特，2007：5）。

不少学者和民众常常认为集体合作治理是基于"公民社会"传统，是古希腊和欧美的专利，传统中国是不可能集体合作治理的，也不可能生成契约秩序。受此影响，很多学者也对中国村民集体合作治理的可能性和信心产生了怀疑，因而他们的政策建议常常是由政府和外部组织来负责和包揽一切。然而，集体合作治理不是古希腊人和欧美的专利。历史研究发现，中国封建体制下的村庄自治也是一种集体合作治理模式，为人们在特定条件下具有集体合作治理的能力提供了历史的证据。

坎村的实践更是提供了现实的案例。这似乎昭示着，集体合作治理并不是"公民社会"专有的，契约秩序也不是其专利，只要具备一定的条件，中国村庄也能产生合作的契约秩序，也能实现集体合作治理。

三　村庄合作治理仍需权威等级

一些具有远见卓识的人，如《网络社会的崛起》一书的作者曼纽尔·卡斯特宣称：我们将要经历一次大转变，即从独裁的等级制度向网络社会和其他基本民主化的权力结构转变。由于可以理解的原因，那种可以在自愿平等基础上做出决策的组合世界，确实具有非常诱人的前景，而且也可以跟自由主义者的乌托邦相媲美。自由主义者希望看到政府的权力完全由自发性的团体和内部化的约束机制来替代。这种平等主义的一时冲动，说明了为什么在集体合作治理（自组织）方面的论述中，生物学的比喻大受欢迎的原因。在这些论述中，自上而下的牛顿式的机械控制方法被看作是最糟糕的，而自下而上的自我组织方式却被认为是最好的。

虽然，在未来的世界里，集体合作治理也会呼声越来越高，但必须承认，在可以预见的未来，权威的等级制度还将是社会管理或者说社会治理的不可缺少的部分。"等级是不可少的，因为群体中的每一个人并非都可以独自默守道德准则，一小部分人或许比较自私，以自我为中心，他们通过欺骗和单纯的破坏行为来削弱或利用群体。大部分人像是骑墙者，一方面想凭群体成员这一身份来获得利益，另一方面又想尽可能地为共同目标少出一点力。等级的必要性还在于所有的人都不可能时时刻刻做到按内在的道德规则来生活，不可时时刻刻都能做到公平分享利益。当人们不遵守社会既定的规范时，他们必将受到社会规范的制约和制裁。经济领域是如此，社会生活也是如此"（福山，2001：29）。这里至少有下面三点原因：第一，不存在社会网络的地方，人与人是陌生的关系，缺乏社会资本，权威的等级治理仍然是最好的方式；第二，一个组织要实现其目标，权威等级往往起着不可替代的作用；第三，对于无自主意识的、组织涣散、各行其是的"一袋马铃薯"式的成员或者乌合之众来说，一个利他倾向的权威等级组织能够更好实现他们的利益。

坎村的集体合作治理，虽然说是在村庄社会网络基础上的集体合作，村庄社会网络在其中起到了很大的作用，从组织发动到维持的整个阶段，它都是平等协商的，每个人在人格上都是平等的，但具有权威的等级"关键群体"在其中也起很大作用甚至可以说是关键作用。对于特定的集团而言，集体行动并不需要动员所有的成员，而在于确保临界质量的出现，如果一个集团的规模为 N，那么在 N 个成员中只要出现 K 个成员放弃"搭便车"并达到参与集体行动所需要的临界质量，那么这个集团就能够摆脱潜在状态，自愿提供集体物品。虽然奥尔森的集体行动理论较少甚至没有重视领导者在集体行动中的作用，但政治企业家理论认为，在缺少政治企业家组织的条件下，大集团难以有效地开展集体活动，而拥有卓越领导者的集团中，规模庞大反而可能成为集体行动的积极因素，因而相对于人数较少的群体来讲，富有洞察力的企业家更能够对人数众多的无组织群体给出积极的回应。领导者的组织能力与集体行动必要的资源条件相结合，或者领导者从外部获取赞助，从而为集体行动提供了初始资源。因而，并不需要所有的成员都参与集体行动，只要集团中出现"关键群体"就可以实现集体物品供给的目标。"关键群体"是集体的子集。这个子集是既拥有充分的社会资源，又易于组织的小集团。组织关键群体所需的成本不高。对于小集团而言，如果它不具备供给集体物品所需的资源条件，无论组织多好都是徒劳。在大型集团中组织数量很小的贡献者比在小型集团中组织数量很多的贡献者要容易得多，经济得多。

坎村的精英就起到了"关键群体"的作用。这个群体在坎村实际上就是权威等级群体。试想如果没有这样的"关键群体"作为权威等级群体，没有众望所归的林伯等三个代表权威的精英的领导和协调，没有其他外出集团的跟随，如果没有明显的不同权威等级的村庄社会网络结构，没有领导者的组织、发动和制定具体的行动规则，那么，坎村的合作治理也是不可能实现的。从这个层次讲，坎村依然是能人治村。但这种能人治村"既非民主又异见于不民主"（费孝通，1998：61），是一种协商的民主。在坎村，通过协商以及意见和异见的充分表达，做到了权威等级和集体合作的完美结合，达到了代表全体成员利益的集体合作治理。坎村的集体合作是自愿的、有组织、有领导、有权威的集体合作，但又不同于西方社会的自组织合作，西方社会主要强调正式规则的作用，而坎村治理的合作过程是在村庄社会网络关系的特质下进行的，正式规则不是启动集体合作的第一动力。

这就表明，集体合作治理虽然出发点很好，但在具体操作过程中，纯粹自愿的、无领导的、无权威的集体行动（自组织治理）往往很难达成，因为无领导、无权威就意味着没有令人信服的组织、没有发动和组织者，更不会有规则的制定者，因而集体合作很难达成，即使能够达成，交易成本往往很高或者要经历漫长的时间。在村庄的社会网中，村民集体合作能否发生的关键不仅在于村庄自身是否拥有基本的社会资本存量，更在于是否存在一个或若干个能人或精英。

坎村合作治理的实践表明，合作治理的社会秩序是社会规范和理性因素综合作用的结果。在社会规范的约束下，自利和非自利因素通过不同的个体进行复杂的相互作用，从而构成了稳定与合作的社会秩序。如果没有建立在群体演化的社会秩序基础上权威等级，具体对象的集体合作治理的秩序也无法建立。我们不可能指望一种新的合作秩序自然形成，并指望这种秩序能够解决困扰合作的种种问题。这恰好印证了福山（2002：290）的观点：社会秩序，无论是在社会范围内，还是在组织范围内，都将永远从等级制和自发性这两种混合源泉中产生出来。集体合作治理的合作秩序的生成，不能只依赖于个人与共同体的互动作用，它还需要领导者的推动，是自发秩序和人为秩序结合的产物。在这个过程中，某些自发的秩序会随着时间演化，且被人们观察到，但"人们逐渐学会改进这些规则；而且，某种自发秩序的形成完全依赖于认为制定的规则是完全可以想象的"（Hayek，1973：43）。

四　村庄合作治理要有组织资源保障

由捐赠和外出精英首先出资建成的祠堂基金和后来的互助基金会确实为村民提供了服务，村民也感受到来自祠堂基金和互助基金会的实实在在的利益，林伯等人动员了他们的关系网络形成了初期的关键群体和领导机构并承担了初始成本才是启动集体合作治理的第一力量，领导人和组织机构在集体合作治理过程中扮演了十分重要的角色，既是集体合作规则的制定者，也是集体合作正义的仲裁者、惩罚者和第三方信任的基石。

坎村的实践表明，村民事前就能得到来自集体组织的利益输送是村民服从集体组织并选择合作的一个重要前提，选择有公信力的领导人和组织机构是村庄共享资源集体合作治理成功的一个重要条件。

坎村的实践还表明，村庄合作治理取决于村民的组织化程度和组织资源的状况。当村民组织化程度高且村民共享的资源足够强大时，村庄集体合作治理能力就大大提高；当村民无组织且无集体共享的资源或资源过少，村庄集体合作治理能力就大大降低甚至无法产生集体合作。组织化的成员对集体行动至关重要，因而在村庄社会管理创新中，重建村庄民间组织是村庄集体合作治理的关键。毛泽东就非常重视的组织力量，强调将群众组织起来是革命行动的关键，"我们应当进一步组织起来。我们应当将全中国绝大多数人组织在政治、军事、经济、文化及其他各种组织里，克服旧中国散漫无组织的状态"。① 资源的组织化程度是决定一项集体行动成败的关键，组织化程度越高，成功的可能性越大。合作治理必须依靠一定的组织和组织资源，能否把成员组织起来并获得充实的自组织资源是实现合作治理的前提条件。组织和社会网络是集体行动的关键，资源在行动的发起和发展中起到了重要的作用。如果事先不存在一个能够为村民提供资源的组织或网络，村民几乎不会合作参与集体共享资源治理。本身就有资源可资利用的社会网络是资源动员的最基本的物质基础，因为行动首先是通过事先存在的社会网络而组织起来的，网

---

① 引自毛泽东《中国人民大团结万岁》，载《毛泽东选集》（第五卷），北京：人民出版社，1977。

络对资源具有强大的吸附能力，网络能为潜在行动者提供参与集体行动的激励，拒绝对网络同伴的召唤做出回应（不合作），将意味着可能失去这一网络所能提供的全部收益和保障，比如友谊、社会荣誉等。因而要把群体利益转化为集体行动的动员能力，组织力量是关键。一个群体的组织程度取决于两个因子：即群体所具有的共同特征和该群体内部人际网络的强度，而社会网络具有的具有沟通的功能和团结的功能才能促使群体成员之间的关系越紧密，越是紧密关系的群体的组织能力就越强。因而建立社会网络注重社会资本的投资，创造交往机会满足成员的关系需求和归属需要，在积极氛围中促成成员的人际信任，引导成员彼此加强交流和增加交流频率，增加关系的亲密度，转变人与人之间的互不相干的关系类型为利益相关关系类型利于提高合作水平；同样，加强群体成员的群体文化建设，促进群体规范的形成，增强群体的群属意识，改变人在弱关系群体中无荣辱感的状况，让激励或惩罚机制在群体中产生积极荣辱感利于降低机会主义和"搭便车"行为等措施都利于提高农民的合作水平。按照这一思路，解决村民合作治理问题的关键在于建立一个能够为村民提供资源的组织或网络，把农民组织起来，结束农民无组织的状态，才能有效动员村民合作参与集体行动。

至今40多年改革开放以来，随着村集体能够为村民提供的利益越来越少，越来越多的农民离开乡村到城镇，其根本原因在于村民缺乏有资源的组织，缺乏共同利益为基础。由于缺乏这样的组织和利益基础，村民从村集体没得到任何利益的情况下，他们对村庄事物漠不关心是符合自利理性人假设的，集体合作更无从谈起。如果村庄社会中培育出了大量的能够为村民提供资源的社会组织，并成为村民利益的代言人，那么村民就有了依赖感与归属感。因而，村庄社会治理的重点不在于上级对村庄的管理，而在于为村民提供服务，特别是民生服务和重建村民共同利益基础。没有共同利益为基础，管不成也管不好，如果村民能切身体会到来自组织的利益，也就愿意接受并服从组织的规范与秩序。因此，村庄社会治理应以重塑村庄社会组织和共同利益基础为重点，寓治理于村民集体合作和利益之中，化治理于日常村庄生活秩序，以达到村庄的善治。那么，在乡村振兴战略实施过程中，村庄建设能否依靠村民自身，创造一种以理性和村庄社会网络为基础的新的自治组织，由此推动村庄经济、政治、社会的全面振兴？坎村的合作治理为我们提供了新的参考思路。坎村合作治理的实践，也从中国的本土传统和经验告诉我们：目前和以后的中国的村庄合作治理既不可能照搬西方的传统，也不可能照搬中国的传统村治，它是在一种没有理想模型，也没有成型方法情况之下所进行的一种社会试验。

五　村庄传统能与现代合作治理兼容

与 20 世纪 90 年代初期相比，坎村已经发生了巨大变化。但参与互助基金会的村民还没有发生根本性的变化，他们仍然是村庄传统的继承者。虽然他们日益世俗化和理性化，但他们的日常行为方式和根本的行为准则并没有发生根本性的变化。他们仍然是在既有的传统和习俗中进行合作治理的实践。因此，村庄合作治理的制度设计就不能忽视历史传统，并且只有从根本的制度设计上考虑到村庄传统的因素和力量，村庄的合作治理才能发动村民积极参与并得到村民发自内心的支持。

从这个角度看，村庄社会规范体系与村庄社会现代治理就不是矛盾对立的。"体系"一词的本义指的是使参与者得以解决共同关注的问题的那样一种自治网络。体系拥有一个个的规范和角色的系统，由其成员赞成通过，借以规范他们在特定的环境或问题领域中的行动。有了这种体系，就可以维持秩序和规矩而无须求助于某种体系外的权威。建立体系是作为对无政府而又有管理这样一种要求、一种挑战的反应。村庄社会网本身就是一种内生的、比较稳定的、不易被改变体系，是成员共同选择和自发演进的，不是人为设计和外在权威强制推行的产物。改革开放以来，中国农村所面临的问题是"差序格局"正在解体或者已经解体，而一种新的秩序却没有形成，结果导致了农村社会内部的混乱与无序。村庄社会网内的血缘关系虽然已经不再是人们选择社会关系的主要依据，但在相当多的村落家族（宗族）共同体中，血缘关系的网络没有被冲破，地缘与血缘的结合依然存，村落家族（宗族）的基本网络结构还是很明确的。虽然血缘关系的外化形式改变了，但其内在逻辑依然存在。这种以"己"为中心和以血缘、地缘为关系纽带的家族（宗族）制度在近代以来社会变迁中虽然经历了来自外部冲击和自身变迁，但蕴含在其中以亲缘关系作为村庄社会网络的内核仍顽强存在着，并有着不可替代的作用。

新时代的社会治理机制创新不能脱离村庄社会治理的历史传统，需要吸收并借鉴传统乡村社会治理中的有效规约以及运行机制，全面推进农村基层社会治理机制创新。"虽然非正式制度可能通过决策方式一夜之间被改变，但镶嵌于习惯、传统和约定俗成的行为方式中的非正式制度通常不为决策所动，文化的制约不仅将过去与现在、与未来相联系，而且是我们解释历史变迁路径的重要环节"（诺斯，1997：125）。无数的实践表明，与许多市场制度一样，很多正式制度安排到了村庄也会失灵。正式的治理规则是不完全的，需要隐含、默认的共同行为来支持集体行动的实施，社区（群体）秩序就起到弥补市场秩序和政治秩序失灵的作用。萨格登（2008：263）曾提到："政府有力量打破习俗和惯例吗？想一想这些惯例被用来解决争议的所有情况……想一想有多少争议在国家正式制度（司法体制）的影响之外得到解决——邻里与同事之间、社团组织内部、马路上、学校操场上、青少年群体内部……任何政府如何改变在这些情况下人们的行为方式？"很明显是难以实现的。政府不具备万能的力量，仍需要习俗惯例等非正式制度来解决某些问题。社区规范、社区信任、共享惯例等是社区治理有效实施的特殊机制。政府应该对社区秩序和规范加以利用，让它们各自发挥自己的优势。

虽然村庄合作治理需要新的制度供给行为，但一个组织和制度的形成、生长和嬗变，并不能简单等同于组织结构及其制度模式内在的构造或重构过程，而必须考虑到组织和制度嵌入其中的整体社会的结构性环境，也必须考虑到组织和制度自身"路径依赖"的惰性，如不考虑这些，即使能从外界借鉴良好的正式规则，如果本土的非正式规则因为惰性而一时难以变化，新借鉴来的正式规则和旧有的非正式规则势必产生冲突。其结果，借鉴来的制度可能既无法实施又难以奏效，在组织与制度变迁或创新的具体过程中，势必出现淮橘为枳的状况，也有可能使一些有本土社会基础并能自发生长的组织和制度系统受到破坏。另外，即便引进的制度规范或者新制定的制度规范能够与村庄社会的既有秩序共存，也不意味着它们能够如我们所愿那样随意组合在一起。如果随意引进或制定一项新的规章制度，与现存的秩序不一致，该项规章制度至少不会受到重视，甚至更糟的是，使人们的动机扭曲，导致与引进或制定新规章的初衷完全相反的后果。因此，我们将要做出的制度选择，离不开既有制度的制约，创新村庄社会治理制度更是如此。

基于地缘和血缘的村庄社会网络虽然有其局限性，但基于地缘和血缘的村庄社会规范并不必然是与现代性对立的，在任何社会中都不存在纯粹的现代性和纯粹的传统性，况且现代性也绝对不排除在现代的实践传统之中去发掘、继承或发扬那些既有悠久历史又可以和现代实际相结合的旧传统意识、习惯、文化、思维，现代化进程也是传统的制度和价值观念在功能上对现代化的要求不断适应的过程。即使在经济发达的现代社会，非正式的规范仍然发挥秩序的作用，构成现代法治社会的重要组成部分。显然，非正式规范并不只是紧密交织的农业社会的产物。这种规范因此不必定是一个固定空间或行业中的现象；在高度个人主义的现代工商社会、在受过最高等教育的人群中、在高度离散的空间中，非正式规范都可能发生并运作，只要是身处如此社会环境中的这些高度离散化、原子化的个体可能借助其他现代方式构成一个特别形式的交织紧密的群体。坎村的实践也表明，非正式规范在一定条件下仍能够发挥积极作用，促进传统社会经济向现代经济过渡。换句话说，在一定条件下，传统社会规范或传统社会关系的存在可能对社会的发展是互补性的。

在创新村庄治理制度过程中，传统的非正式制度仍将作为十分活跃的因素对推进乡村治理现代化进程起到十分重要的作用。社会主义新农村的建设，必须充分重视和利用传统的非正式制度与传统的积极方面。从坎村的实际来看，村庄的非正式规范作为一种制度化了的文化价值形态，当它所属的环境发生变化时，它也发生了适应性的制度变迁，满足了集体合作治理的新制度供给的要求。

坎村是一个比较接近过度社会化的群体。作为主体的行动者对制度的服从以及相对应的"感性选择"在集体合作中起到了很大的作用。很多制度研究文献都证实了群体规范、惯例行为等对于群体性合作的影响，人们据此会限制自己不以自私的方式行动。从现实社会的观察来看，人类以不自私的方式的合作行为无疑受群体内部的行为规范、文化以及价值观等制度影响。对于村庄集体合作治理，由于环境不确定性和复杂性，仅仅依靠正式规则无法全部解决机会主义问题，很多情况下需要隐含性、默认的行为来支撑，通过村庄社会网内部的为己利他的互惠和社会网的惩罚作用从而实现合作。

因此，对于村庄集体资源的合作治理，不应该抛弃村庄社会的传统规范，而要利用村庄传统规范的积极方面，促使其与村庄集体资源治理制度对接、兼容。坎村合作规则的变化是一种"容纳变迁的制度结构"，即是一种能不断地容纳各种内在于现代化过程之中的社会变迁的制度结构。这种变迁的制度结构能够孕育出一些方法和机制，用以处理不断变化着的问题和随之而来的协调、调节和整合的复杂问题。这主要在于坎村通过人员的流动，与外界存在大量的格兰诺维特所称的"弱联系"。在"弱联系"中，处于各种社会网络边界的特异个体能够在群体之间迂回穿梭，并由此成为新观点和新信息的载体。外出成员在外属于不同社会群体。这些成员具有各种各样的身份，信息、创新和知识传递十分通畅，这是坎村社会制度变迁的重要条件。比如以前对传统习俗的尊重和使用是为了维持村庄的和谐秩序，在很大程度上传统规范是作为一个整体的价值目标而存在的，但在传统规范的权威衰落后，习惯和传统的做法成为一种为村民自身利益服务和维系村民关系的工具，传统规范只有在不损害当事人自身利益的前提下才会被采用。最典型的就是对村庄互助基金资源的产权界定以及与产权有关的利益分享机制。经过这样的秩序构建，坎村实现了村庄传统规范与集体合作治理的对接与兼容，使村庄社会传统的灵光穿越深厚的历史之墙，在村庄合作治理中发挥了独特的作用。利用传统的伦理文化，吸纳了现代社会组织资源的坎村社会既保留了传统社会的有益因素，又能自行解决新制度供给、可信承诺和相互监督等集体选择难题，促使村民走向集体合作治理村庄集体资源，这在村庄集体资源合作治理中发挥了独特的作用。

第二节 坎村合作治理的经验启示

坎村合作治理集体资源的个案具有偶然性，难免有人认为不具备典型性和推广的价值。中国农村地域广阔，加上民族或族群很多，各村具有独特的历史、文化与习俗，而且不少村庄交通通信也不发达，所以，研究者在各个地区和村庄所做的不同研究得出的结论和经验很难被概括为适合我们整个国家的理论与模式，但也不能因此认为对个案的剖析和研究是没用的。因为个案作为偶然性的背后也隐含着某些必然性。坎村合作治理集体资源的实践至少说明，村民也可以在小范围内成功地合作治理其所面临的集体资源问题。坎村个案的示范意义高于个案的本身，它预示着只要创造足够条件，村庄社会群体也有集体合作能力，不需要外部的干预，通过自愿、自由、自主的村民自治的办法就可以解决村民群体所面临的一些力所能及的公共问题。坎村的实践也表明，集体合作治理的关键是通过村民在公共问题上的合作参与，形成持续的集体行动，进而形成对公共事务的参与精神和公共精神，并且能够自主制定集体合作的规范，形成自治群体的规范层次的变革。坎村的实践为其他类似村庄合作治理和村民自治提供了经验借鉴。

一　保障公众的合作参与权和合作中的话语权

参与的定义是利益相关者通过对公共决策实施影响，以及对影响他们生活的资源和机制进行共同制约的行为过程，以此来掌控对他们生活有影响的资源和机制，也以此监督共享资源管理者的行为。对于集体合作治理来说，参与重在赋权给个体，加强参与者之间的互动。其中，话语权就成了公众参与的最关键因素。这就要求创建一个规范的框架和经济环境，使个体能够在其中参与他们自身的治理，产生合法需求并监督管理者出台的政策和行为，而这都与话语权密不可分。

公众话语权利就是公众表达诉求、协商讨论、批判反驳的平等交往权利。只有在公众能充分行使话语权的条件下，不同利益偏好的个体或次群体才能在辩论中形成关于公共利益的共识，从而为共同决策提供认同的价值前提。当然，合作治理过程中形成的辩论性共识并不直接形成治理政策。"合法"的决定并不代表所有人的意愿，而是所有人讨论的结果，集体合作治理政策由此获得"合法性"基础。哈贝马斯明确指出(1999：29)，话语并不具有统治功能，话语产生一种交往权利，并不取代管理权力，只是对其施加影响，而影响局限于创造和取缔合法性，交往权利不能取缔公共官僚体系的独特性，而是"以围攻的方式"对其施加影响。换言之，由平等话语权体现的交往权利虽然是一类基础性权利，但替代不了管理权力，而只是从"合法性"高度制约管理权力。也就是说，充分的话语权的作用在于以交往权利限制管理者或者说管理机构的权力，并不是说有了充分的话语权就不需要领导者和管理机构。

坎村村民在公共事务面前，每个人的权利和义务是平等的，即使是自愿多承担义务的村民，也不能寻求不对称的权利，每个人都是平等的。其实，无论在何种社会，把人分为不同的等级都会阻碍人们的合作，即使面临重大共同利益时也会如此。在这个意义上，权利和人格上的平等是坎村村民平等合作的重要条件。

在后传统社会，不存在基本信仰的同质性，不存在假设的共同阶级利益，相反，相互角力的平等的生活方式具有无法透视的多元性。这样，从多元性内部是否能够突出一种可作为公共舆论标准的普遍利益就成为集体合作治理决策必须解决的一个基本问题。通过行使话语权利而取得辩论共识的见解就是解决问题的最好办法。辩论共识是通过个人平等话语权的行使，在对话、协商、辩论的沟通中，通过理解、尊重、信任以及在此基础上的个人利益和偏好的调整而形成的辩论性共识。可见，辩论共识是以个人利益为基础，包含着个人意愿、需求，但又不归结为个人利益，而是在对话协商中经过协调形成共识性的公共价值。充分的话语权利肯定多元化利益的客观现实性，重视对个人权利的维护，但不把个人需求、偏好固定化，也不主张那种封闭的、排他性的个人权利。名副其实的话语权能保证公众对集体合作治理决策的参与，公众就合作治理问题进行对话、商谈、妥协，形成辩论共识对合作治理具有重要作用。

另外，集体合作治理的具体实施与维持还需要成员公约等契约性规则以及成员大会等管理机构，提供公众参与治理决策和执行的机会，并且允许对影响公众生活的决策进行充分的讨论。这就要求公共账目可靠并公开透明，为公众监督提供精确及时的有关经济、财政和集体共享资源运行状况等信息。

最后需要指出，村民具有充分的话语权并不意味着合作治理不需要领导者和组织机构。合作治理仍首先要有人组织和发动，这就需要有领导人物，即被公认的或被推选的人，也需要有执行的人员和机构。领导人物既然被赋予担负公共使命，就要以他们具体的行为、活动和决策向赋予他们权力的公众负责。而且，领导人和机构必须是有公信力的。从狭义上讲，领导和机构公信力的重点在于依据规章制度标准负责任地分配、使用和控制公共开支和资源的能力；从广义上讲，公信力也涉及集体合作治理的建立和加强。

二 制定符合分配正义的合作治理制度和合作规则

对合作最大的挑战是合作利益如何在个体之间公正地分配。公正分配则是"给每个人以适如其分的报答",① 如果某个成员在合作中付出成本较少却得到比付出成本更多的成员还要多的收益,这对付出更多成本的成员就显得不公平。付出成本较少却多占合作收益的行为不符合公正分配的道德准则,不劳而获、少劳多获以及由此造成的多劳少获是对群体公正分配准则的背离。因而一个有利于合作治理的制度框架应该做到:制度条款是明确的,明确各个个体对合作的投入与收益之间的对应关系,并不折不扣地通过客观公正的部门(组织)或有公信力的个人来实施。同时,规则的制定者需提供必要的依据对违约行为进行阻止和惩罚,以符合合作的分配正义。但在合作产生的收益中,人们往往无法把从事合作的不同个人的贡献截然分开。每一个合作的结果都是所有人的共同产品。对于这种共同产品或者对于它的任何一部分,每个人都有理由提出同等分量的要求;所有人拥有同等合适的要求,至少,任何一个人都不能比其他任何人拥有一个明显更合适的要求。出于某种原因,必须决定这个共同的社会合作的总产品应该如何分配:这就是分配正义问题。对于具有相似需求的小群体而言,虽然合作将更加容易和更有效率,但从合作成果中获得的私人效用(收益)不均等的程度增大时,将会导致某些个体从原有的合作中脱离。可观察或可体验到的不均等程度越大,合作解体的可能性就越大。其实,当有关系的两个或两个以上成员共同努力获得某项成果时,成员都倾向于采取平均分配的做法,尽管他们都清楚地知道每个成员对产出的贡献大小,但在分配时,他们一般平均分配劳动成果,以均分法则来分配将有效地维持团体和协议及成员之间的感情以便未来更好地合作。合作体系虽然是推进所有合作参与者善的事业,但也是一种互利合作的风险事业,它的典型标志不仅仅是利益的一致,更是利益的冲突(诺奇克,2008:119)。因为与每一个个体都靠自己的努力单独生活相比,社会合作能够使所有人都过上一种更好的生活,所

---

① 引自柏拉图《理想国》,郭斌和、张竹明译,北京:商务印书馆,1986,第 7 页。

以存在利益的一致。人们对其合作产生的更大利益如何加以分配不是无动于衷的，他们在追求自己的目的时都喜欢更大的一份而非更小的一份，因此便存在利益的冲突。这就需要有一套原则在各种社会安排中进行选择，以决定利益的划分，达成关于适当分配份额的协议。这种原则就是社会正义原则：它们提供了在社会基本制度中分派权利和义务的方法，而且确定了社会合作之间利益和负担的适当分配。

坎村的互助基金也涉及合作产生的收益分配问题，也就是说，基金的借款该如何分配才是大家都能接受的。只有分配被大家接受，合作才可能持续下去。祠堂基金属于全体村民，祠堂基金产生的收益按人头均分；后来的个人份额属于个人，互助基金公约规定确定了合作者缴纳基金的份额和借款比例之间的对应关系，也规定也不合作者可借款的最高份额。另外，还规定了不还款的惩罚措施。这样的分配遵循权利和义务对等原则。这些规定都为村民所接受。很明显，坎村的分配原则符合了他们心目中的分配正义：一是村民共同财产部分的收益均分；二是认可分配的基本权利和义务的对等原则；三是共同富裕，特别是给村庄的最穷成员带来了补偿利益（穷人也能得到借款的便利）对全村有利。这种合作不是建立在一部分人的利益改善是以牺牲另一部分人的利益为基础的，而是一种共同的"帕累托增进"。既然每个人的利益改善都依赖于一种合作体制，而没有这种合作体制，任何人都不会拥有比现在更满意的生活，所以利益的划分应该这样以便吸引每一个人都参与这种自愿的合作，其中就包括了处境更差的人（诺奇克，2008：227）。这样，制定一个符合的正义原则的治理制度和规则就是吸引人们自愿参与的重要条件。

三　村庄合作治理应从民生和传统出发

集体合作治理的起点应该是在尊重人们传统规范的基础上，着手解决民生问题，让人们实实在在感受到治理的利益。如此，人们才有动力去参与，才能逐渐整合正在走向离散的乡村。坎村为村庄社会集体合作治理提供了一种可参考的模式。

首先，坎村集体合作治理是在经济领域内展开的，针对村民最需要解决的公共问题，村民有兴趣有动力参与，形成了全体村民的公共领域（集体资源）。村庄集体资源就构成了村民自治参与的公共平台，村民依托宗族组织载体和村庄社会网络机制，开展内部的交流对话，在个体和组织参与集体资源合作治理的过程中不断提高村民自身的主体意识自觉和自治水平，为合作治理提供基本的细胞。村庄集体资源合作治理一方面使村民得到实实在在的利益，另一方面也成为村民就村庄公共问题交流的平台，也提供了由其编织的社会关系、规则网络与共识价值体系等有利于村民集体合作治理的条件。对村庄整体而言，在合作治理过程中进行充分的沟通协商往往是孕育理性健康的村庄民主的土壤；健康的村庄民主又促使人们更主动地加入村庄公共领域的行动，从而扩大村民的参与。

坎村的经验表明，村庄社会治理从经济问题入手，解决村民最关心的经济和民生问题才能吸引村民参与，才能引导村民参与村庄治理；完全抛开经济和民生问题谈村庄治理无异于缘木求鱼。坎村集体资源合作治理的最大特点就是有大量为成员提供互助救济、危难帮扶等利益方面的内容，同时有规范成员行为的规则以及惩罚措施，村庄成员都可以享受这种待遇。从某种意义上说，坎村能为所有社会成员提供村庄的福利，而这种福利着力解决民生问题。成员都不会轻易舍弃这种福利。为了享受村庄福利，成员都甘愿接受村庄社会网的约束甚至惩罚。这样，作为村庄社会网络组织的互助基金会就把利益和规范有机结合起来，化治理于经济利益之中，这就符合了人的自利理性原则。诚如韦伯（1997：238～239）所言的，虽然"并非任何统治（治理）都用经济手段"，但治理是建立在服从的基础上的，除了强制以外，"任何一种真正的统治（治理）都包含着一种特定的最低限度的服从愿望，即从服从中获取（内在的和外在的）利益。……在日常生活中，除习俗之外，物质的即合乎理性的利益主宰着统治者与管理者以及其他（社会）成员的关系"。

其次，不抛弃村庄传统规范。重视村庄社会规范的形成机制，发掘、尊重和重建乡村人日常生活中的社会规范是当下乡村治理的紧迫任务。坎村的治理模式是基于适应性的制度变迁基础上的，把村庄传统与现代社会历史的演进连在一起，有效地克服了自利的理性带来的负面效应，维持了村庄集体共享资源的治理和村庄治理。"虽然人类有一些本性通过培养教育可以培养成高尚的德行，另外一些则是自私自利以及反社会行为来易滋生的温床。我们必须构想出一种社会，既鼓励前者又抑制后者"

（里德雷，2004：294）。村庄传统规范就起到了既鼓励前者又抑制后者的作用。近代以来西方社会发展的一个重要教训，就是放任基于自利理性的个人主义贯穿于社会演变发展的全过程。虽然政府针对理性自利的人制定了系列法律制度，促进了社会法治的发展，但也为此付出了巨大的代价：缺乏信任导致高昂的社会成本。坎村利用传统的村庄宗族文化，虽然这种文化发生了适应性的变迁，但其中的内核没变：依然强调集体认同，遵循群体规范，强调自省与行为自律。这些都是中国传统村庄文化的核心。在适应性变迁的规范约束下，坎村村民的自利理性得到约束，克服了村庄治理过程中自利理性的个人主义泛滥的情形。

坎村的治理并没有粗暴地割裂村庄传统，而是在吸收传统的基础上制定村庄村规民约，使传统发生适应性变迁，传统秩序经过现代化的程序变成村民一致接受的规范，并且村庄规范又依赖于传统内化为村民的行为准则。吸收传统成功制定合作治理的规范并内化使坎村的治理得到自我执行，这无疑是坎村相对于自利理性的个人主义独霸下的其他社会结构（群体）的特殊优势所在。

四　村庄合作治理要顺应人的理性

"虽然我们的思想是由自私自利的基因构成的，但我们的思想却是朝着社会的相互信任的和彼此合作的方向构建的。人类具有社会协作的本能。人类来到世间，天生就具备这样的一些秉性，他们必须学会如何协作，如何区分信任与阴谋，自己首先以信待人，获得良好的声誉，相互交换货物与信息以及进行劳动分工。从这一点而言，我们代表的是真正的自我。迄今为止，还没有其他任何一个物种在我们人类之前经历着这一进化的过程，因为除了诸如蚂蚁群体这样一些由近亲繁殖而成的大型团体之外，还没有任何物种建立起真正团结稳定的社会"（里德雷，2004：281）。虽然合作是人类的本能，但合作必须顺应人的本性。如果合作不符合人类自私自利的基因，合作就不可能或不会长久。

集体合作治理的关键在于人的合作，合作的基础在于人的集体合作精神。人们是否合作是由人的动机决定的，而人的动机是由人的本性决定的。人的本性不是由环境或文化决定的，所谓的思想政治教育、宣传鼓动和强制手段也不可能彻底改变人性，斯金纳的乌托邦式的行为主义风格被证明是行不通的。虽然进化心理学过分强调人性的黑暗面，即"自私的基因"会驱使人采取攻击、侵犯、争斗等各种不合作行为，但进化论的分析也显示，人类之所以能够存活，不仅取决于竞争，也取决于一些积极的行为，比如形成友谊、与群体内其他成员的合作以及建立牢固的家族纽带等（里肯克等，2011：4）。人的自私本质决定了竞争与合作的共存，人们能够在追求自利中达成合作。

坎村集体合作治理成功的奥秘就在于尊重了人的理性。在人的自利理性基础上设计具体制度，既承认人的自利理性，允许并鼓励人们追求自利，也限制人性的丑陋一面，激发并维持了人的集体合作美德，达成村庄共享资源的合作治理。坎村的经验启发我们，在村庄集体共享资源治理或村庄自治中，必须承认人的自利理性，要从人的本性出发设计治理制度。

五　村庄合作治理目前不宜盲目推广

由于对村庄集体共享资源进行合作治理是有前提的，不具备条件的村庄不宜盲目推行合作治理，此类村民自治也不应该一刀切地在全国农村全面推广。目前不少村庄的实际情况一方面是在市场化和城镇化的推动下，村庄流动性增强、"熟人社会"向"半熟人社会"和"熟悉的陌生人"社会转变，村民利益日趋多元化，多数村庄的内聚力不断消解；另一方面是村庄原有的非正式组织遭到毁灭性的破坏，而作为正式组织的村民委员会和村党支部又没足够的资源和能力整合村民行为，特别是在村庄空心化和村民流动性增大的背景下，很多村庄已经不具备合作治理的条件。另外，村庄社会治理是一项专业很强的工作，目前受过专门训练的村庄社会治理工作人才也严重缺乏。

在这样的背景下，如果没有外部力量的干预，农民集体合作治理很难达成。坎村其实主要是靠既属于村庄社会网又不在村庄的外在力量——外出精英干预才达成集体合作的。坎村成功的条件不是一般村庄都能具备的。如果村民很难通过合作达到集体资源的治理，按照乡村的实际，也很难达到村民的真正自治。所以，对不具备自治条件的村庄的治理，目前还不能采用集体合作治理办法，依然需要强有力的基层党组织和政府力量来组织治理。总之，对于不具备集体合作治理条件的乡村，本研究不支持鼓励其通过草根民主的方式实现自治的观点。

第九章　转型期村庄集体资源合作治理的建议与展望

本书在对案例详尽剖析和逻辑推演的基础上，结合研究调研过的多个不同地点、不同族群、不同类别的华南地区村庄的实际情况，提出如下建议与展望供村庄集体资源合作治理的各方参考。

第一节　合作治理村庄集体资源的原则

一　政府不宜包揽村庄治理事务

激活村民成员本身的动力和活力是村庄社会治理的应有之义。在1949 年前，中国传统的村庄社会主要还是依靠乡绅自治或宗族来统治，"治理者始终认为律法的约束和刑罚的阻吓不仅成本高昂，而且治理效果也颇为不佳，因此，乡村社会治理的最佳方式不是依赖于官方的强制性措施与刚性规范，相反，民间的自我管理、互助合作以及在自愿基础上达成的公益事业共建才是实现乡村社会内部有效治理的途径"（李怀印，2003）。虽然早熟而强大的封建大一统政权并没有给村庄社会留下足够的作为和成长空间，导致中国传统村庄社会缺少内在的整体性社会关系网络，但每个村庄还算有较好的村治。然而，由于每个村庄是相互独立的，像是散落在中国大地上的互不相关的原子，或者说是一袋马铃薯，虽然都装在一个袋子里，但马铃薯似的村庄却是互不相干的，村庄之间没有相互联系的社会组织，也基本没有联合治理。1949 年后，政权下乡、法律下乡、教育下乡等措施促使传统乡村的乡绅社会向现代政治社会转变，政府与政党替代了传统乡村社会精英成为乡村治理的主体。在村庄社会组织缺位的情况下，原先可以依靠村庄组织治理的单个村庄也无法实现集体合作治理，马铃薯式的村庄社会更无法实现众多村庄的联合治理，政府不得不扮演全能管理者的角色，单个村庄和村庄社会进入政府管理的日程。

　　然而政府对村庄的管理越严格，村庄社会的协作精神就越差，只会使人们有增无减地变得更加自私，村庄社会就越难管理。

　　事实证明，村民的集体合作治理是达成良好村庄社会管理的极为重要的方面。在村民的个体权利意识不断觉醒的情况下，如果依然对村庄实行严厉的政府管理，依然将村庄社会作为被动的管理对象，行政权力包揽村庄公共事务，那么，除了带来村庄社会管理效益效能低下等消极后果外，政府的单向度管控将成为村民各种不满的焦点。要减少村庄社会的不满，政府的治理理念要实现从政府管理村庄社会到政府引导而不干预村庄社会集体合作治理。

　　从长远和全局而言，村庄社会的政府管理必然转变到村庄社会管理，即要回到村庄社会的自我组织、自我管理、自我教育、自我服务、自我监督的集体合作治理轨道。"政府的基本职能不是最大化社会的善，而是维持一种规则框架，其中个人可以自由地追求他们的目标"（森，2012：256），政府主要职能在于制定与维护公正与正义的规则，不必具体干预村庄事务。村庄社会与政府在合理明确的分工范围内各司其职，在政府提供必要的协助之外，保证大多数村庄事务在由村民个体和社会组织构成的社会集体合作治理的基本框架内得到及时有效的处理。在基层政府财政紧缺、基层政府力求精简的情况下，充分利用这类草根性的组织和制度，结合民间资源，降低村庄社会的治理成本，进而追求村庄社会的善治，是实为非常值得倡议的发展方向。

二　多手段治理村庄集体资源

　　建立在信任与协商基础上的集体合作治理是不同于层级（政府）和市场的治理机制。基于一群人的集体合作带来的治理模式是一种自下而上且有效率的方式。这种治理方式能够直接体现合作群体的真实需求，有效克服了政府治理的低效率和市场治理的不公平，并且资源共享者合作治理具有激励兼容和信息共享两个方面的比较优势。一方面，由于共享资源对使用者很重要，资源共享者比政府有更强的治理激励，并能够很好克服集体行动的困境；另一方面，资源共享者群体具有比政府更低的信息成本优势，利于规避政府委托代理产生的大量委托代理问题。近年来由于受这些理论的影响，集体合作治理不仅成为政治家和某些政治学家或者经济学家的口头禅，并且又走到了另一个极端：过分强调集体合作治理的作用和范围。集体合作治理因此也成为一些研究"三农"问题专家的常常挂在嘴边的一个词。他们当中很多人都建议村民在自治中放弃等级制度，以"生物学的方式"，也就是以一种权力高度分散的自愿合作形式将自己组织起来。尽管"自我组织"的集体合作治理是一种重要的社会秩序源泉，但它只能在某种特定的条件下形成，并不是在人类群体中实现合作（协作）的一个普遍程式。

正如市场、政府和志愿机制都会产生失灵一样，集体合作治理也会产生失灵，主要表现在无法单靠有限集体成员的力量弥补市场、政府和志愿机制的失灵。但市场、政府、志愿机制和集体合作治理失灵的情势各不相同。对此，采取的一种实际对策是把不同的决策方式结合起来，在不同时期各有侧重——当某种协调方式有失败之虞时，就转换另一种方式，从而创造较大的回旋空间。具体来说，就是政府、市场、外部志愿机制和内部集体合作治理在村庄集体资源治理过程中需要合作，各自承担不同的角色和功能并活跃在各自最擅长的领域，在保持各自特色的基础上实现资源整合与功能互补。政府的特长在于为集体资源提供制度设计的参考、资源引入和公共财政供给；市场的特长在于集体资源的集约化和规模经营与管理；志愿机制的特长在于无须政府和资源使用者承担成本；内部集体合作治理的特长在于对集体资源需求、供给和管理的精准。不同方式各有长短，因此，我们在理论上要超越"政府万能论""市场万能论""志愿机制（第三方治理）万能论""集体合作万能论"，四者应进行有机结合，唯有政府、市场、非资源使用者第三方治理（志愿机制）、使用者集体合作治理四种力量在各自领域发挥作用时，才能达到村庄集体资源的最优治理。

因此，村民集体合作治理其实应该只是被视为村庄集体资源治理的一种方式，且是一种特定社会网络基础下才有效的方式。20世纪80年代以来，随着人民公社的瓦解，国家正式权力从村庄社会的大部分领域退出。国家权力对农民的约束减弱，传统农村社区随着信息化的加速而持续世俗化，在市场化、工业化与城镇化的冲击下，维系"熟人社会"存续的社会结构发生了巨大的变化，部分村庄社区逐渐向"熟悉的陌生人社会"甚至"陌生人社会"演变，人与人之间的博弈链条逐渐缩短甚至变成一次博弈，村庄社会网络对成员的控制式微。如果不存在有效的社会网络对成员的控制，即使成员意识到共同利益的存在，认识到合作带来的收益，也不一定意味着合作能自发产生和维持，因为各个成员都会从自身的偏好出发，提出有利于自身利益的目标和方案。当出现冲突和分歧时，如果各方都会坚持自己的偏好，互不妥协，无法达成合作，合作治理就成为一句空话。有效的村庄集体资源合作治理的模式应该是符合特定的村庄社会网络基础的，并且是在村民自由选择基础上形成的。在中国当前千差万别的村庄实际中，很多村庄并不具备合作集体合作治理的基础和条件，因此，运用不同的机制治理村庄集体资源显然是必需的。村庄集体合作治理未来的发展也许并不一定是村民集体合作治理的完善和推广，更多可能是建立在自治基础上的不同的治理模式的共存。

第二节　建立为村民提供资源的合作治理组织

一　村庄仍需内生的合作性网络组织

乡村治理现代化是国家治理体系和治理能力现代化建设的重要一环，其重要基础是成长中的乡村公共领域以及村民公共意识的觉醒和公共精神的培育，而村庄及村际的村民内生组织的发育与成长可能是促成现代乡村公共领域、唤醒村民公共意识和公共精神的一条重要路径，也是乡村治理现代化的关键。

从中国的历史与现实来看，国（政府）与家（个体）之间还有很长很长的距离，但我们的社会一直缺乏沟通国与家的多元的社会组织。农民离国家更遥远，并且一直以非组织化的、分散的个体面对整个国家机器和社会组织，长期处于无集体行动的弱势地位。而要实现村庄社会的有序且符合乡村民主的治理，基于单个农户的分散与弱小，农户和农民的组织化是不能绕开的选择。国内外的历史经验表明，将农民组织起来才是问题的解决之道。将农民组织起来，既是实现国家意志的国家能力，也是国家推动现代化变迁的基础性权力（米格代尔，2009：272）。现代乡村社会的治理绝不可能单独依靠国家（政府）来完成，乡村社会治理主体应该是多元的。改革开放以来，村民对乡镇政府和行政村的依赖和认同感下降，传统的村庄权威式微和新的村庄力量生成，乡镇人民政府和行政村作为单一的乡村社会管理主体，已经无法适应新时期乡村社会实际，一个重要方面是培育村民自主自愿组成的社会组织，构筑国与家的桥梁和中继站，促进村庄集体合作治理。另一方面要积极培育村庄集体合作治理的土壤，鼓励村民依法实现自治。因此，如何构建一批在中国共产党领导下的农民组织以实现村庄社会自治是一个很现实的问题。

现在的乡村也有行政村党支部和村民委员会等正式组织，虽然按照法律规定，村民委员会是"村民自我管理、自我教育、自我服务的基层群众性自治组织"，但实际操作中，由于行政村以下的自然村缺乏自组织和亚组织，村委会往往成为乡镇政府的延伸机构。为此，很多基层工作人员认为，目前的农民无组织，因为很多正式行政村党支部和村民委员会缺乏动员农民合作的资源和能力，没有起到应有的作用。依托村庄社会组织进行管理是中国历代的村庄治理的基本做法，创新当代村庄社会治理仍然可借鉴这一点。同时，依靠民众进行村庄社会治理也是执政党群众路线的体现，无论是利益协调还是诉求表达，村庄社会自组织都起到了应有作用。

二　重拾并改造传统村庄社会组织

任何现代的社会组织都不是凭空产生的，都需要一定的社会资源，尤其是在现有的政治体制还难以为现代社会网络组织的建构提供充分的制度性空间的时候，对传统社会网络资源的吸纳就成为建构农村现代社会组织的现实而合理的策略选择。自20世纪中叶后，以宗族为代表的村庄社会网成为社会革新的对象，失去了作为社会网络组织的功能，很多地方已经成为一种历史情感和文化认同的松散共同体。尽管如此，华南地区乃至全国不少农村，宗族并没有消亡，以宗族为代表的村庄社会网在今天的村庄社会生活中仍发挥着一定作用，特别是非物质性救助和情感依托的作用。村庄的这类社会网络恰恰具备了正式网络组织所不具备的特有功能，并且重拾村庄社会组织也是可能的。因为非正式的、家庭（家族）式的小型私人社会网……不用通过正式运作就可以达到目标，这种自发的社会网使得较高的、更有效组织起来的社会多元性成为可能。家庭（家族）和朋友圈保护着一些特定群体的风俗、思想和地方的认同，社会重建是可能的，其基础都在那些关系网中。当个体由于血缘、地缘等原因被组合到村庄社会网之后，重复无数次的，甚至包括代际继承在内的社会交互行为就使其产生了除简单的利益最大理性以外的另一种行动的逻辑理性，即寻求共同体生活和被认同的需要，这就促使处于村庄社会网络的村民更具有亲社会情感。亲社会情感可促成村民（包括外出精英）集体合作，共同参与村庄集体资源合作治理。在村庄内的为己利他社会交换机制的作用下，"公地悲剧"和"无形之手"之间的关系得以沟通，促使"公地悲剧"向"公共福祉"的现实转化。

虽然目前村庄的社会网是传统乡村社会网络的延续，但不能说是与现代社会对立的，只要对其恰当地把握、辩证地扬弃，就很可能是一种独特的、潜在的、稳定社会的网络组织资源。非正式组织的一个重要职能是与正式组织沟通，第二个职能是通过调整服务意愿和实际权威的稳定性来维持正式组织中的凝聚力，第三个职能是对个人完整、自尊和独立选择的维持（威廉森，2001：335）。在适当地评价和有目的地利用非正式组织的地方，经济社会将得到更好地组织。因此，创造条件恢复这种非正式组织并赋予其参与村庄公共事务的职能可能更利于村庄社会的合作治理。

三　培育村际自发性群体或亚组织

中国社会组织的最大特点在于国家和家庭两极之间缺乏中间组织和亚组织，社会呈"马鞍型"分布：两头是强大的家庭和政府，中间部分很弱，国家和家庭中间没有建立起牢固的社会群体等亚组织。传统的村庄社会网络组织主要是大家族的延伸，社会关系和道德责任仅限于大家族之中，家族纽带的牢固意味着毫无关系的个人之间存在着某种弱点：责任被分成不同的等级，以亲疏关系来界定义务的多寡，一旦踏出家族（宗族）圈，社会就存在着较低的信任度。这导致他们对更大的集体没有责任感，更缺乏对的国家责任感，没有公共意识。对此，孙中山在

《三民主义》① 中早就指出："中国人对于家族和宗族的团结力非常强大，……至于说到对国家，从没有一次具有极大牺牲精神去做的。所以中国人的团结力，只能及于宗族而止，还没有扩张到国族。"如果建立起不以血缘关系为基础的新的群众自发组织，一方面，在血缘关系较弱或无血缘关系的村庄的集体资源问题也可以依靠组织进行契约式的自发治理；另一方面，对于已有的以血缘关系为基础的村庄，也可以扩展村庄的横向联系与合作，协助解决更大范围的集体资源合作治理问题；最后是能够通过这样的自发性群体培养公共意识，培养对国家的责任感。

因此，建立与农民切身利益有关的社会合作性组织应该是一个大方向。政府应给农民留出一定的交往、联络及合作的空间，并给以相应的政策支持，促成农民的互惠合作治理。自改革开放以来，由于经济上的自由和交易范围的扩展，村民的私人网络普遍得到了扩展，村民有了更多的自由选择怎样构建他们的私人社会网络，更多的基于血缘或地缘关系的社会网络被吸纳到个人的私人网络中。这样自愿构成的非血缘或地缘的联系成了个体寻求网络扩展的新领域，朋友、同学等强关系或弱关系的个体联合就成了一种新型的社会网组织类型。这些社会网类型就是自发性的群体或亚组织。

当前，村际农民自发成立或政府倡导设立的组织主要有文化组织，如宗族组织、花会、庙会、香会；互助性的公益组织，如农村专业经济协会和妇女类组织；辅助性自治组织，如村民理财小组、农村老年人协会、红白喜事协会等。这些组织不单是为弥补政府职能的不足而存在的，而是乡村社区治理的主体之一。更为主要的是，借助于这些组织，可增进人们的共同利益，促使人们之间进行合作，并将人们之间的经济关系转为社会关系，形成新的社会资本。因而，对这些组织，各级政府应鼓励并给予支持，为农村民间组织创造有利的发展环境。

四　赋予行政村"两委"必要的组织资源

本研究认为应赋予村民委员会和党支部委员会这"两委"可供村民

---

① 引自孙中山《孙中山选集》，北京：人民出版社，1981，第617页。

利用的经济和其他资源。农民不愿意参与"两委"和政府牵头的合作治理的主要原因在于农民从中没有获得直接的利益。如果村民委员会和村党支部等正式组织缺少可供村民利用的经济资源，在发动村民集体合作方面的能力就会大打折扣。要充分发挥这些正式组织的作用，就必须赋予这些组织物质资源，没有物质资源就无法有效组织村民自治。

五　赋予自然村作为"农民组织"的地位

传统中国乡村自治是建立在家族和宗族社会基础上，以自然村为单位的。具有高度离散性的自给自足的独立农户，以家族和宗族为脉络，构成村庄社会网络并且一直能够对传统的村庄实行有效治理。村庄作为一个乡村治理的组织在历史上长期发挥了重要的作用。在以坎村为代表的华南山区村庄中，一个自然村往往由一个大家族或宗族构成，自然村在乡村治理中有着特殊的地位，但人民公社解体后行政村的设置，忽视自然村的组织价值。恰恰这里的村民往往认同祖祖辈辈生活的村庄（自然村）而对行政村认同度低，自然村比行政村更能有效直接发动村民合作，行政村并不是发动村民合作自治的有效组织。目前坎村及其附近的山区农村，行政村难以动员集体合作的根本原因有两个，第一是行政村范围过大，很多村民互不认识、人际信任随着人员范围的扩大而减弱，激励、惩罚维持合作的机制减弱或不起作用；第二是集体土地、山林等属于自然村而非行政村，而土地是农业生产的基本生产要素，集体土地不归属行政村，导致农民的农业生产、土地流转等与行政村不发生直接关系，从而村民与行政村缺乏最基本的经济联系。

六　以利益输送引导村民建立治理组织

在很多农村社会问题的治理中，让村民发挥自我管理和约束的功能，是未来乡村治理需要大力发展的领域。坎村的个案为我们展现了一个村庄内的自组织及其治理何以可能的图景。

坎村的实践表明，村民事前就能得到来自组织者的利益输送是村民服从组织者并选择合作的前提，村庄内生的有公信力的组织者（领导者）和组织机构是合作治理成功的必要条件。组织者在互助基金会合作治理过程中扮演了决定性的角色，既是制度的设计者，也是利益协调者和第三方信任的基石。

由善心捐赠和外出精英首先出资建成的祠堂基金和后来的互助基金会确实为村民提供了利益输送，村民也感受到来自祠堂基金和互助基金会的实实在在的利益后，退休后回村定居的林伯、在任副镇长林叔和包工头林四等外出精英动员了他们的关系网络形成了初期的关键群体和领导机构并承担了初始成本是启动村庄合作治理的原始力量。

坎村的实践让我们看到，以利益输送为契机，可以引导村民建立长期合作治理组织：（1）村民共同渴望得到某种资源但无法从正规途径获得时，此时若有组织或能人输出利益，满足村民的需求，这就是发动村民、组织村民的契机，解决村民共同需求的组织或能人就顺势成了村庄内自组织的天然领导者；（2）接受新思想的外出村民介入有助于村庄组织的现代化，受现代正式组织制度的理念熏陶，秉承了村庄传统的村庄精英，特别是外出精英的存在和作为，是村庄自组织成长的重要条件；（3）为村民提供必要的公共物理空间、必要的组织资源和基本功能保障是村庄自组织成长的通则；（4）首先就村民需要解决的某一公共问题而成立一个组织，然后以这个组织为依托解决其他公共问题，慢慢把这个自组织扩展为村庄公共事务治理组织可能是比较有效的做法。如果村庄能够建立这样的组织，那么村落共同体将得到维持、强化或转型，并承担或部分承担国家实施村庄公共物品与服务的供给，这样村庄就仍然具有生命力而不会被市场经济和城市化的大潮淘汰。

坎村的实践表明，行政村以下的自然村组织培育是村民自治或村民集体合作实践进程当下的重要课题。通过重拾村庄社会组织，支持村际间建立自发性群体和亚组织以及改造目前的村委会和村党支部并赋予村庄"农民组织"的地位，并创造条件，以利益输送为契机建立村民长期合作的组织。这样，村庄社会的每一个人都将与其他人密切相关，其关系将四处蔓延，这将重塑村庄社会结构的基础。在这个结构中，虽然人际关系网络未形成清晰的轮廓和团体界限，但可以向外伸展，产生更多、更大的社会关系网络。其结果是通过村庄社会网络把更多的认识或不认识的、有关系或无关系的村民聚在一起，形成一个个自组织式的社会网络组织，并根据组织原则的多样性，形成社会力量来推动村庄社会的公共生活。这样，村庄社会就向一个可以自我启动、自我组织的秩序迈进一大步。

第三节　发展非对称合作并提供正式制度援助

一　发展非对称性合作

汉米尔顿法则、[①]"多次重复的囚徒困境"、群选择理论等经典合作演化理论的基本假设都是合作各方是对称性地相互作用的。其实很多学者，包括上述理论的创始人，早已经意识到合作系统的合作各方可能是非对称性地相互作用的。在实际的合作系统中，实验和观测数据同样也显示了合作各方事实上就是非称性地相互作用的。还有研究提到收入或财富的非对称性（异质性）对于建立管理权威是有利的，政治地位、社会声望以及其他一些类似因素似乎是激励一些精英分子承担创建集体性规则成本的真正动机。日常的观察也显示，在分散决策的场景，较富（有地位）的个体充当集体行动的领导角色，比如较富（有地位）的个体（家庭）通常作为集体资源管理的首先倡议者并在最初发动阶段发挥积极的作用。[②]在每一个特定的社会集团中，必然有极少数人比另一些人更有能力，他们在各方面都出类拔萃，从而享有较高的社会地位。这些人便是精英。

坎村的互助基金会的合作系统的集体合作明显是非对称性相互作用的，主要表现为倡议发起集体资源的人都是村庄的精英，村庄的社会资源基本上由他们提供，精英是集体合作的主要话语权人，处于强势地位，也是集体合作的制度和资源的主要供给者。因此坎村的集体合作是一个典型的非对称性合作系统。在非对称的合作系统中，合作或合作频率的提高可由系统中实力大的个体通过强迫来实现。如果合作的接受方（实力大的个体，在这里为互助基金会的发起者）能够对合作方的不合作个

---

① 即生物有机体因利他行为而付出的个体适合度的代价，必须能够被通过由利他行为帮助亲属传递自身相同基因而获得的广义适合度收益所抵消。个体之间的亲缘关系越近，彼此之间的利他倾向就越强。

② 较大能力的成员更愿意去提供集体物品的判断内生于奥尔森模型之中，这也是"智猪博弈"模型阐述的思想。但在坎村，较强能力的成员虽然在合作的各个阶段都发挥了主要作用，但他们并不占用（享用）集体资源，这与"智猪博弈"中的"大猪"是不同的。

体实施有效惩罚，那么合作方个体采取合作策略将是它们的优势策略。在非对称性合作系统中，合作方（弱的一方）个体之间更容易发生竞争或相互抑制行为，抑制了公共资源的利用，从而减少了与合作接受方（优势方）因为公共资源紧张而导致的竞争。通过这种非对称的相互作用方式，合作系统将可能维持一个相对稳定的状态，即合作系统维持较高的合作频率。

虽然被动或被迫的合作机制近年来在许多生物合作系统已有报道，这为解释坎村的合作提供了一些借鉴。但坎村的合作不少是被强势合作者吸附，其他成员为了从强势合作者那里得到社会资源而被动选择的合作。坎村不仅没有通过强迫来实现合作，而且对初始的不合作者也不采取惩罚措施，相反还允许不合作者"搭便车"。但由于村庄的社会资源基本上是由这些发起者提供的，这些个体自身拥有的资源构成了对其他村民的吸附效应，参与（合作）比不参与（不合作）的受益更大。村民可以选择不参与，但参与的成本很低且随时可以退出并收回成本，如果选择参与（合作）后违约（不合作），村庄社会网内的处于强势地位的发起者对合作存续期间的投机行为的惩罚是可信和无成本的。这样，合作方的个体为了从强势者处获得社会资源的支持，就越容易被动采取合作的行为。村民的合作行为是他们自由选择的结果（即使是被动选择，也是自由的，因为也可以不选择），并不是在超经济力量的干预下的被迫选择。这种合作明显不同于强迫的合作，而是强势合作者的吸附功能起到了类似于强势地位合作者的强迫作用（但不是强迫）。自由地选择合作行为说明合作是在可选集合中效率最高的行为。

强势合作者是群体中的特殊人物，在合作中起到重要的作用。一个集体行动能否发起，主要看动员的精英是否拥有足够的资源，一旦拥有这些资源，他们会采取一定的动员策略发起集体行动。按照集体行动逻辑的理论，如果一个集团含有特殊人物，那么该集团在获得公共品方面就能成功，尽管有"隐集团"的"搭便车"行为（类似于股市里小股东搭大股东的"便车"）。无论是出于何种动机，坎村的外出精英就是奥尔森所说的"集团中的特殊人物"。他们的存在，的确促进了合作的成功。社会学研究也有类似讨论，处于强优势地位的统治者可以建立和实行有效规则，使得被控制者和控制者之间的关系是重复的自愿服从，而这有利于社会关系的稳定，也利于维持集体合作，更利于集体共享资源的治理。

发展非对称合作的成功表明，推动集体合作"有时不必把整个集团组织起来，因为某个集团的子集就能够提供集体物品，而且，这样做的一个巨大的好处是降低了组织成本"（奥尔森，1995：38）。在坎村合作治理中，这样的一个"子集"就是拥有较多社会资源的村庄外出精英。坎村成员很多，如果要全部一下就组织起来，成本显然不低。如果仅仅是针对村庄精英来进行组织工作，就大大降低了组织成本。坎村治理的集体行动就是由外出精英在他们中间首先动员和组织的。其实任何一个小团体的长期合作行为的产生都会有一个关键群体，普通成员之间的关系相对影响较小，更重要的是关键群体与被其动员的成员之间的关系情况。关键群体位于社会关系网的中心位置时，便更容易通过私人关系影响其他组织成员加入集体行动中来。

这给我们一个启示，可能最优的组织行为也没有必要将所有的成员都动员起来。很多情况下，要达成集体合作，一个非常关键的机制就是能够将那些能量较大的成员有效地组织起来形成一个集体合作的核心，并且这个核心阶层（有效子集团）有足够的资源能够承担合作的初始成本，并充当组织发动者和领导者的角色。虽然不需要所有成员参与就能形成集体行动，但是，对于公共秩序的形成来讲，就需要所有的成员都参与。合作治理的结果和绩效都是由村民的行为及其互动产生，如果每一个村民都参与集体合作治理，公共秩序才会得到维护和发展；相反，如果只有少数人参与的共享资源集体合作治理，最后可能会导致公共秩序的衰落。也可能正是意识到这一点，坎村从一开始就允许公认的贫困户"搭便车"，达到了全体成员的参与，从而利于共享资源集体合作治理秩序的维护和发展。

二　提供正式制度援助

坎村的祠堂基金公约或者是互助基金公约都可谓在全体村民讨论的基础上经一致同意达成的成文的村庄"宪法"，属于村庄正式的制度安排。坎村互助基金公约的制定就表明，村庄社会规范在演进过程中已不仅仅是遵循一种口头协议或者非正式合约，而是寻求正式的制度文本的援助。制定和修改村庄"宪法"一方面说明了坎村的制度存在适应性的变迁，另一方面说明了村庄在运作中需要正式制度作为依据以弥补村庄非正式规则的不足，也彰显了村庄内部合作机制的演进。尽管坎村内部的合作机制的真实运行还是属于精英治理，但这种治理是建立在成文村庄"宪法"基础上的，精英也带头遵守。这种治理渐趋于制度的治理。应该说，健全的组织、有效的一致同意的成文村庄"宪法"是坎村合作治理取得成功的一个重要因素。在调查中笔者发现，坎村的这些制度并不是一种文本摆设，而是真正做到了有章可循，实现了工作制度化、管理规范化。可以看出，组织机构的规范化、有效的领导、组织和执行以及有效的村庄"宪法"制定规则是坎村不同于其他村庄内部合作治理的一个重要标志。

虽然坎村能够内生出合作治理的制度，但也不意味着我们应该支持极端自由主义所倡导的无政府的治理。每种集体资源同时都受到不同层次治理体系的规则的管理——从最底层的、草根性的资源使用者的自治规范到地方政府颁布的区域性管理再到全国性的管理措施和法律。草根性的自治规范与政府的管理措施或法律相对分治，各自在所属的领域内发挥治理功能，它们之间不是竞争与替代的关系，集体合作治理既不能"去国家化"，也不能"去社会化"，它们是合作共治的格局。研究显示，草根性的自治体系是集体资源合作治理最有效的管理层级，当这种草根性组织能够保持自主性并与其它层级的制度和谐互动时，资源的管理是最有效的；反之，若草根性的制度与其他层级制度相冲突，或遭到上级体系的吞并，集体合作治理效率大幅度降低且集体资源会快速消失。因此，有效的集体合作治理制度需要与外部层级制度相兼容，并得到外部制度的支持。虽然书中的案例剖析发现在一定程度上支持了哈耶克"秩序可以自我生成"的观点，但又与此观点非常不同。坎村的合作治理成功就在于草根性的体系与外在制度相兼容，并得到外在制度的支持。

但如前文所述，坎村的合作是血缘伦理型合作、利他教化型合作、多次博弈型合作、协商共识型合作和外部第三方惩罚约束型合作并存的。不管村民的合作动机无论怎样，最终都归结为理性的，在世俗化和村民流动加剧的情况下，村民博弈链缩短，村庄非正式规则的约束力减弱，难免出现机会主义和"搭便车"行为。如果没有一定的强制性的惩罚

（约束）机制或者激励机制，仅靠村庄成文和不成文规范的约束可能无济于事。虽然外部第三方惩罚在坎村的合作中从来没有发生过，但不能因此而否认外部第三方惩罚对于维持前四种合作的作用，因为它属于"有事"时才启动的程序，能够对违约者构成可置信的、有效的威胁，有效地约束了潜在的违约行为。虽然外部第三方惩罚不是合作所必需的，但在市场化、世俗化和城市化背景下对于维持合作又是必要的。

因此对村庄合作来说，强制性规则执行的前提是先确立一个由村民全体成员议定并认可接受的正式制度规则：一种有效的正式制度应该是遵循之能获益，而违背之则会付出更大的成本；其次，也要保证正式规则的执行，这不仅涉及各村民成员的授权，同时也要根据制度文本。

如果群体非正式规则并不能保证集体合作，或者无法有效约束成员，要保持集体合作，就需要提供正式的制度援助。这种援助的制度应该是来自群体成员信服或屈服的某种权威，这种权威通常用来决定谁有资格在某个领域制定决策，应该允许或限制何种行动，应该使用何种综合规则，遵循何种程序，必须提供或不提供何种信息，以及如何根据个人的行动给予回报，即主要应该包括激励和约束机制，特别要明确违约责任以及惩罚机制。诚如霍布斯（1985：135）所言，"文字契约是如此脆弱，以至于在缺乏某种强制性力量畏惧的情况下，将无法约束人的野心、贪婪、愤怒以及其他情感"。尽管一个制度被群体中所有成员都同意是必要的，但却不表明可以自动执行的。例如著名的"囚徒困境"，即使双方都同意规则，但如果没有一个外部权威强制实施的监督，困境还是无法得以解决。问题的关键的是，来自外部权威的惩罚的威胁对防治博弈者背叛是必要的，因此外部第三方惩罚约束型的合作是合作发展的必然结果。

坎村的实践表明，成功的集体合作治理需要和外部对集体资源管理的层级制度相兼容并得到外部组织和制度的支持。当乡村社会的非正式规则无法奏效时，需要引用正式制度规则去改造村庄非正式制度，促使村庄非正式制度发生适应性的变迁；也需要引用村庄非正式制度去改造正式制度，使正式制度能适应具体的村庄社会，通过相互融合，两种制度才能最终在乡村兼容，共同维持村庄的集体合作。

第四节　建构中国本土乡村合作治理理论的展望

坎村的个案给村民合作治理问题的研究以启示。本研究进一步确认了体验合作和参与观察方法对于研究村庄问题的有效性。笔者以局中人的身份与其他成员互动，真实体验成员的合作决策；深入村庄的田野调查和体验村庄生活的方法有助于发现真问题、研究具体的问题，并与外部世界和理论重建进行对话，更加有助于深入研究影响村庄集体资源合作治理的主要变量并揭示对合作治理有重大影响但易被流行的量化实证研究遮蔽和排除掉的随机因素。

还有一个令人感兴趣的问题是，在这个具有浓厚宗族传统的村庄，为什么公共精神和契约精神也能得以推崇并能生根发芽？很有可能，村庄社会传统与公共精神、契约精神并不是对立而是可以兼容的，公共精神和契约精神的发育也可能与村庄原有的社会关联性状有关，哪怕这种社会关联是传统的血缘、地缘性的宗族关系等。但目前村庄公共精神和契约精神的构建、它与村庄传统（宗族文化等）及新传统（党建引领等）的内在关系等问题是复杂的，仍需进一步的经验和理论的研究来阐明。

坎村互助基金会个案的初步研究也给我们留下新课题。虽然坎村的案例很难推论到国内其他乡村的一般情况，但通过考察坎村互助基金会的案例，仍可以看出西方既有的合作治理理论不能解释中国乡村合作治理的情况，而这正是建构中国本土乡村合作治理理论的重要线索：（1）我们必须进一步将已初步整理的文本和记忆的合作与现场的合作进行对话，动态地、具体地揭示合作机制和深层契机；（2）接受新思想的外出村民的加入有助于与传统兼容的现代组织在村庄的建设，但采取怎样的措施吸引和激励外出村民携带资源回乡参与村庄组织建设需要进一步被研究；（3）互助基金会与乡村传统资源的关联（如与传统宗族关系和文化的关联，与传统良俗中的公共精神的关系）、村庄传统与公共精神或契约精神的兼容，特别是建立在党建引领下能与传统对接的村庄自治组织，并且探索村庄党政组织和民间组织的权利和义务边界，形成党政组织、社会组织各司其职、各得其所的村庄合作共治局面，形成可复制、可推广的转型期村庄合作治理模式等问题需要进一步重点被研究；（4）2006 年以来，随着国家财政收入的增长以及城市和工业反哺农业和乡村政策的实施，特别是乡村振兴战略实施以来，国家与乡村的关系转变为国家对乡村的资源输入。因此，怎样以党和政府对农村的利益输送为契机，把行政村"两委"改造成村庄长期合作治理的嵌入型组织或者引导自然村建立党建引领下的村庄治理组织，将国家的资源输送转变为基层治理能力，从而在新的历史时期推动乡村治理现代化等问题很值得深入研究。

参考文献

阿克塞尔罗德，2008，《合作的复杂性：基于参与者竞争与合作的模型》，梁捷、高笑梅等译，上海世纪出版集团。

阿克塞尔罗德，2007，《合作的进化》，吴坚忠译，上海人民出版社。

阿马蒂亚·森，2000，《伦理学与经济学》，王宇、王文玉译，商务印书馆。

阿玛蒂亚·森，2006，《理性与自由》，李风华译，中国人民大学出版社。

阿玛蒂亚·森，2012，《以自由看待发展》，任颐、于真译，中国人民大学出版社。

阿维纳什·迪克西特，2007，《法律缺失与经济学：可供选择的经济治理方式》，郑江淮等译，中国人民大学出版社。

埃尔斯特，2009，《心灵的炼金术：理性与情感》，郭中华等译，中国人民大学出版社。

埃莉诺·奥斯特罗姆，2012，《公共事物的治理之道：集体行动制度的演进》，余逊达等译，上海译文出版社。

埃米尔·涂尔干，2000，《社会分工论》，渠敬东译，生活·读书·新知三联书店。

埃文思·普理查德，2004，《努尔人——对尼罗河畔一个人群的生活方式和政治制度的描述》，褚建芳等译，华夏出版社。

艾米·波蒂特、马可·A. 詹森、埃莉诺·奥斯特罗姆，2011，《共同合作：集体行为、公共资源与事件中的多元方法》，路蒙佳译，中国人民大学出版社。

爱德华·奥斯本·威尔逊，1985，《新的综合》，李昆峰编译，四川人民出版社。

爱德华·霍尔，1990，《超越文化》，韩海深译，重庆出版社。

安德鲁·肖特，2004，《社会制度的经济理论》，陆铭、陈钊译，上海财经大学出版社。

奥利弗·E·威廉森，2001，《治理机制》，王健等译，北京：中国社会科学出版社。

柏拉图，1986，《理想国》，郭斌和、张竹明译，商务印书馆。

保罗·霍普，2010，《个人主义时代之共同体重建》，沈毅译，浙江大学出版社。

保罗·康纳顿，2000，《社会如何记忆》，纳日碧力戈译，上海人民出版社。

鲍勃·杰索普、漆燕：《治理的兴起及其失败的风险：以经济发展为例的论述》，《国际社会科学杂志（中文版）》1999年第1期。

加里·S.贝克尔，2008，《人类行为的经济分析》，王业宇、陈琪译，格致出版社、上海三联书店、上海人民出版社。

本尼迪克，1987，《文化模式》，何锡章、黄欢译，华夏出版社。

彼得·德鲁克，2003，《社会的管理》，徐大建译，上海：上海财经大学出版社。

伯纳德·巴伯，1989，《信任：信任的逻辑与局限》，牟斌等译，福建人民出版社。

大卫·休谟，1980，《人性论》上册，关文运译，商务印书馆。

道格拉斯·里肯克等，2011，《自我·群体·社会——进入西奥迪尼的社会心理学课堂》第5版，谢晓非等译，中国人民大学出版社。

道格拉斯·诺斯，1995，《1995年3月在北京京城大厦的演讲》，《经济信息学报》4月8日，第4版。

道格拉斯·诺斯，1997，《经济史中的结构与变迁》，陈郁、罗华平等译，上海三联书店、上海人民出版社。

狄金华、董磊明，2011，《农民合作行为中的惩罚机制及其实践基础研究》，《中国行政管理》第3期。

狄金华、钟涨宝，2014，《变迁中的基层治理资源及其治理绩效：基于鄂西南河村黑地的分析》，《社会》第1期。

斯蒂格利茨、武锡中，2003，《正式和非正式的制度》，《经济社会体制比较》第1期。

董磊明，2008，《宋村的调解：巨变时代的权威与秩序》，法律出版社。

杜赞奇，1996，《文化、权力与国家——1900~1942年的华北农村》，王福明译，江苏人民出版社。

恩格斯，1972，《家庭、私有制和国家的起源》，载《马克思恩格斯选集》第4卷，人民出版社。

卡尔·A. 魏特夫，1989，《东方专制主义：对于极权力量的对比研究》，徐式谷等译，中国社会科学出版社。

费孝通，1998，《乡土中国 生育制度》，北京大学出版社。

费正清、刘广京编，1991，《剑桥中国晚清史（1800－1911年）》上卷，中国社会科学院历史研究所编译室译，中国社会科学出版社。

弗郎索瓦·佩鲁，1987，《新发展观》，张宁等译，华夏出版社。

弗朗西斯·福山，2002，《大分裂：人类本性与社会秩序的重建》，刘榜离等译，中国社会科学出版社。

弗朗西斯·福山，2001，《信任：社会美德与创造经济繁荣》，彭志华译，海南出版社。

弗雷德里克·巴斯夏，1995，《和谐经济论》，王家宝等译，中国社会科学出版社。

格奥尔格·齐美尔，2002，《空间社会学》，载《社会是如何可能的：齐美尔社会学文选》，林荣远编译，广西师范大学出版社。

哈贝马斯，1999，《公共领域的结构转型》，曹卫东等译，学林出版社。

哈贝马斯，1998，《公共领域》，载汪晖等主编《文化与公共性》，生活·读书·新知三联书店。

哈耶克，2000，《致命的自负》，冯克利等译，中国社会科学出版社。

哈耶克，1997，《自由秩序原理》上册，邓正来译，上海三联书店。

哈依姆·奥菲克，2004，《第二天性：人类进化的经济起源》，张敦敏译，中国社会科学出版社。

贺雪峰、罗兴佐，2006，《论农村公共物品供给中的均衡》，《经济学家》第1期。

贺雪峰、仝志辉，2002，《论村庄社会关联——兼论村庄秩序的社会基础》，《中国社会科学》第3期。

黄少安、韦倩，2011，《合作与经济增长》，《经济研究》第8期。

黄湛冰、万迪昉，2005，《惩罚在长期激励中的成本优势分析》，《管理科学》第5期。

黄宗智，2005，《悖论社会与现代传统》，《读书》第2期。

霍布斯，1985，《利维坦》，黎思复、黎廷弼译，商务印书馆。

霍奇逊，1993，《现代制度主义经济学宣言》，向以斌等译，北京大学出版社。

吉登斯，1998，《民族—国家与暴力》，胡宗泽、赵力涛译，生活、读书、新知三联书店。

杰弗瑞·布伦南、詹姆斯·M. 布坎南，2004，《宪政经济学》，冯克利等译，中国社会科学出版社。

杰克·J. 弗罗门，2003，《经济演化——探究新制度经济学的理论基础》，李振明等译，经济科学出版社。

杰克·赫舒拉发，2012，《力量的阴暗面》，刘海青译，华夏出版社。

柯武刚、史漫飞，2000，《制度经济学：社会秩序与公共政策》，韩朝华译，商务印书馆。

肯尼斯·阿罗，2006，《组织的极限》，万谦译，华夏出版社。

孔飞力，1999，《叫魂：1768 年中国妖术大恐慌》，陈兼、刘昶译，上海三联书店。

拉德克利夫－布朗，1999，《原始社会的结构与功能》，潘蛟等译，中央民族大学出版社。

李怀印，2003，《中国乡村治理之传统形式：河北获鹿县之实例》，载黄宗智主编《中国乡村研究》第一辑，商务印书馆，2003。

李蓉蓉、张树峰，2008，《村庄治理资源的有效配置研究》，《当代世界与社会主义》第 1 期。

李纾，2006，《发展中的行为决策研究》，《心理科学进展》第 4 期。

李纾，2005，《确定、不确定及风险状态下选择反转："齐当别"选择方式的解释》，《心理学报》第 37 期。

林南，2009，《民权、社权与政权》，第一届国际关系社会学研讨会特邀演讲，西安交通大学 10 月 3～5 日。

刘琦、张亦宁，2008，《个体异质性与行业自主治理的研究》，《系统工程学报》第 5 期。

刘文忻等，2010，《社会偏好的异质性、个人理性与合作捐献行为——基于公共品自愿捐献机制的实验研究》，《经济评论》第 5 期。

卢长宝、林阳阳、段奕君，2013，《社会比较意义下嫉妒情绪的认知、情感及行为机制》，《东南学术》第 5 期。

罗伯特·C. 埃里克森，2003，《无需法律的秩序：相邻者如何解决纠纷》，苏力译，中国政法大学出版社。

罗伯特·默顿，2001，《社会研究与社会政策》，林聚任等译，生活·读书·新知三联书店。

罗伯特·诺奇克，2008，《无政府、国家和乌托邦》，姚大志译，中国社会科学出版社。

罗伯特·D. 帕特南，2000，《繁荣的社群——社会资本与社会发展》，载李惠斌、杨雪冬主编《社会资本与社会发展》，社会科学文献出版社。

罗伯特·D. 帕特南，2001，《使民主运转起来——现代意大利的公民传统》，王列、赖海榕译，江西人民出版社。

罗伯特·萨格登，2008，《权力、合作与福利经济学》，方钦译，上海财经大学出版社。

罗家德、孙瑜等，2013，《自组织运作过程中的能人现象》，《中国社会科学》第 10 期。

罗兴佐，2004，《论村庄治理资源——江西龙村村治过程分析》，《中国农村观察》，第 3 期。

马尔科姆·沃特斯，2001，《现代社会学理论》，杨善华、李康等译，华夏出版社。

马克·格兰诺维特，2007，《镶嵌：社会网与经济行动》，罗家德译，社会科学文献出版社。

马克思、恩格斯，1995，《马克思恩格斯选集》第二卷，中央编译局译，人民出版社。

马克斯·韦伯，1997，《经济与社会》上卷，林荣远译，商务印书馆。

马克斯·韦伯，1999，《儒教与道教》，王容芬译，商务印书馆。

马克斯·韦伯，2005，《韦伯作品集（Ⅶ）：社会学的基本概念》，顾忠华译，广西师范大学出版社。

迈克尔·波兰尼，2013，《巨变：当代政治与经济的起源》，黄树民译，社会科学文献出版社。

迈克尔·波兰尼，2006，《社会、经济和哲学——波兰尼文选》，彭锋等

　　　　译，商务印书馆。

麦特·里德雷，2004，《美德的起源：人类本能与协作的进化》，刘珩
　　　　译，中央编译局出版社。

曼瑟尔·奥尔森，1995，《集体行动的逻辑》，陈郁等译，上海三联书
　　　　店、上海人民出版社。

毛泽东，1997，《中国人民大团结万岁》，载《毛泽东选集》第5卷，人
　　　　民出版社。

梅因，1995，《古代法》，沈景一译，商务印书馆。

孟德斯鸠，1995，《论法的精神》上册，张雁深译，商务印书馆。

孟昭兰，2005，《情绪心理学》，北京大学出版社。

米格代尔·J，1996，《农民、政治与革命——第三世界政治与社会变革
　　　　的压力》，李玉琪、袁宁译，中央编译出版社。

米格代尔.J，2009，《强社会与弱国家：第三世界的国家社会关系及国家
　　　　能力》，张东泽等译，江苏人民出版社。

纳拉扬、普里切特，2005，《社会资本：证据与含义》，载达斯古普塔等
　　　　编《社会资本——一个多角度的观点》，张慧东等译，中国人民大
　　　　学出版社，2005。

彭长生，2008，《资源禀赋和社会偏好对公共品合作供给的影响——理论
　　　　分析和案例检验》，《华中科技大学学报（社会科学版）》第5期。

皮埃尔·布迪厄、华康德，1998，《实践与反思——反思社会学导论》，
　　　　李猛、李康译，中央编译出版社。

乔恩·埃尔斯特，2009，《社会黏合剂：社会秩序的研究》，高鹏程等
　　　　译，中国人民大学出版社。

青木昌彦，2001，《比较制度分析》，周黎安译，上海远东出版社。

让·梅松纳夫，1997，《群体动力学》，殷世才、孙亮通译，商务印书馆。

阮云星、张倩，2009，《村民自治的内源性组织资源何以可能？——浙东
　　　　"刘老会"个案的政治人类学研究》，《社会学研究》第3期。

萨缪尔·伯勒斯、赫尔伯特·基提斯，2003，《社会资本与社区治理》，
　　　　转自曹荣湘编《走出囚徒困境——社会资本与制度分析》，上海三
　　　　联书店。

石磊、王瑞武，2011，《合作行为的非对称性演化》，《中国科学（生命

科学)》第 1 期。

宋紫峰、周业安，2011，《收入不平等、惩罚和公共品自愿供给的实验经济学研究》，《世界经济》第 10 期。

速水佑次郎，2003，《发展经济学——从贫困到富裕》，李周译，社会科学文献出版社。

孙立平、郭于华，2000，《"软硬兼施"：正式权力非正式运作的过程分析——华北 B 镇收粮的个案研究》，载清华大学社会学系主编《清华社会学评论》特辑，鹭江出版社。

孙中山，1981，《孙中山选集》，人民出版社。

仝志辉、温铁军，2009，《资本和部门下乡与小农户经济的组织化道路——兼对专业合作社道路提出质疑》，《开放时代》第 4 期。

托克维尔，1997，《旧制度与大革命》，冯棠译，商务印书馆。

汪丁丁、叶航，2003，《理性的追问——关于经济学理性主义的对话》，广西师范大学出版社。

汪丁丁，2005，《制度分析基础讲义 II：社会思想与制度》，上海人民出版社。

王沪宁，1999，《当代中国村落家族文化——对中国社会现代化的一项探索》，上海人民出版社。

王宁，2002，《代表性还是典型性？——个案的属性与个案研究方法的逻辑基础》，《社会学研究》第 5 期。

王宁，2007，《个案研究的代表性问题与抽样逻辑》，《甘肃社会科学》第 5 期。

王沛、陈莉，2011，《惩罚和社会价值取向对公共物品两难中人际信任与合作行为的影响》，《心理学报》第 1 期。

王瑞武等，2010，《非对称性有利于合作行为的演化》，《中国科学（生命科学)》第 8 期。

韦倩，2009，《影响群体合作的因素：实验和田野调查的最新证据》，《经济学家》第 11 期。

韦倩，2009，《增强惩罚能力的若干社会机制与群体合作秩序的维持》，《经济研究》第 10 期。

韦森，2007，《从合作的演化到合作的复杂性——评阿克斯罗德关于人类

　　　　合作生成机制的博弈论试验及其相关研究》,《东岳论丛》第 5 期。

维特根斯坦,1962,《逻辑哲学论》,郭英译,商务印书馆。

文森特·奥斯特罗姆,1992,《隐蔽的帝国主义、掠夺性国家与自治》,
　　　　转引自 V. 奥斯特罗姆、D. 菲尼、H. 皮希特编《制度分析与发展的
　　　　反思——问题与抉择》,王诚等译,商务印书馆。

吴毅,2002,《双重边缘化:村干部角色与行为的类型学分析》,《管理
　　　　世界》第 11 期。

吴毅,2007,《小镇喧嚣:一个乡镇政治运作的演绎与阐释》,生活·读
　　　　书·新知三联书店。

夏茂森、朱宪辰、江波,2011,《异质群体中道德风险与共享资源的合作
　　　　治理研究》,《系统工程学报》第 5 期。

徐勇,2001,《村干部的双重角色:代理人与当家人》,载徐勇、吴毅主
　　　　编《乡土中国的民主选举——农村村民委员会选举研究文集》,华
　　　　中师范大学出版社。

雅森特·佛丹纳,2003,《集体行为理论的比较分析框架》,载于曹荣湘
　　　　主编《走出囚徒困境——社会资本与制度分析》,上海三联书店。

亚当·斯密,2011,《道德情操论》,王秀莉译,上海三联书店。

亚里士多德,1965,《政治学》,吴寿彭译,商务印书馆。

杨春学,2001,《利他主义经济学的追求》,《经济研究》第 4 期。

叶航、汪丁丁、罗卫东,2005,《作为内生偏好的利他行为及经济学意
　　　　义》,《经济研究》第 8 期。

俞可平主编,2000,《治理与善治》,社会科学文献出版社。

约翰·梅纳德·史密斯,2008,《演化与博弈论》,潘春阳译,复旦大学
　　　　出版社。

约翰·穆勒,1991,《政治经济学原理及其在社会哲学上的若干应用》
　　　　下卷,胡企林、朱泱译,商务印书馆。

詹姆斯·M. 布坎南,1988,《自由、市场和国家:20 世纪 80 年代的政
　　　　治经济学》,吴良健等译,北京经济学院出版社。

詹姆斯·N. 罗西瑙,2001,《没有政府的治理》,张胜军、刘小林等译,
　　　　江西人民出版社。

张洪恩、王覃刚,2007,《强互惠理论的扩展》,《中国工业经济》第

3 期。

张军，1999，《合作团队的经济学：一个文献综述》，上海财经大学出版社。

张仲礼，2002，《中国绅士——关于其在十九世纪中国社会中作用的研究》，李荣昌译，上海社会科学院出版社。

章平、李玉连，2008，《共享资源治理模式创新的实现路径——集体行动的组织理论与实证分析》，《经济评论》第 4 期。

周怀峰，2016，《从利益输送引导的合作到长期合作治理的组织——K 村互助基金会的个案研究》，《中国农业大学学报》（社会科学版）第 1 期。

周怀峰，2013，《村民合作研究的内容和方法建议》，《南方农村》第 7 期。

周怀峰，2013，《嵌入宗族社会网的自然村小型公共品治理——桂东南 B 乡 K 村互助基金的个案研究》，《南方农村》第 1 期。

周怀峰，2014，《社会资本视野下的公平心理与群体合作》，《安徽师范大学学报（社会科学版）》第 5 期。

周怀峰、谢长虎，2014，《惩罚困境、社会资本与群体合作秩序》，《陕西师范大学学报（哲学社会科学版）》第 4 期。

周怀峰、谢长虎、黄道鹏，2014，《促进集体合作的途径概述》，《南方农村》第 6 期。

周怀峰、谢长虎，2015，《强互惠、非强互惠第三方惩罚与群体合作秩序》，《中国行政管理》第 5 期。

周怀峰、谢长虎，2015，《社会资本、惩罚方式选择与群体合作秩序》，《安徽大学学报（哲学社会科学版）》第 1 期。

朱宪辰、李玉连，2007，《领导、追随与社群合作的集体行动——行业协会反倾销诉讼的案例分析》，《经济学（季刊）》第 2 期。

朱宪辰、李玉连，2006，《异质性与共享资源的自发治理——关于群体性合作的现实路径研究》，《经济评论》第 6 期。

朱宪辰、章平，2005，《共享资源自发供给制度的产生——一个动态演化模型解释》，《财经研究》第 7 期。

Adams J. S. , 1965, "Inequity in Social Exchange," in Berkowitz, L. , eds. , *Advances in Experimental Social Psychology*, New York：Academic

Press, pp. 267 – 299.

Agrawal A. , 2001, "Common Property Institutions and Sustainable Governance of Resources," *World Development* 29: 1649 – 1672.

Alchian A. , DemsetzH. , 1972, "Production, Information Costs and Economics Organization," *The American Economic Review* 62: 777 – 795.

Amitai E. , 1996, "The Responsive Community: A Communitarian Perspective," *American Sociological Review*: 1 – 11.

Andreoni J. , 1995, "Cooperation in Public-Goods Experiments: Kindness or Confusion?" *The American Economic Review* 85: 891 – 904.

Andreoni J. et al. , 2003, "The Carrot or The Stick: Rewards, Punishments and Cooperation," *The American Economic Review* 93: 893 – 902.

Andreoni J. , 1989, "Giving with Impure Altruism: Applications to Charity and Ricardian Equivalence," *Journal of Political Economy* 47: 1447 – 1458.

Andreoni J. , Miller J. , 2002, "Giving According to GARP: An Experimental Test of the Consistency of Preferences for Altruism," *Econometrica* 70: 737 – 753.

Andreoni J. , 1988, "Why Free Ride? Strategies and Learning inPublic Goods Experiments," *Journal of Public Economics*: 291 – 304.

Araral E. , 2009, "What Explains Collective Action in the Commons? Theory and Evidence from the Philippines," *World Development* 37: 687 – 697.

Arato A. , 1981, *Civil Society Against the State: Poland 1980 – 81* (Telos, March 20), pp. 23 – 47.

Arrow K. , 1971, "Political and Economic Evolution of Social Effects and Externalities" in M. Intriligator, *Frontiers of Quantitative Economics* , Amsterdan: North-Holland, p. 22.

Axelord R. , 1997, *The Complexity of Cooperation*, Princeton: Princeton University Press, pp. 41 – 47.

Axelrod R. , Hamilton W. D. , 1981, "The Evolution of Cooperation," *Science*: 1390 – 1396.

Axelrod R. , 1984, *The Evolution of Cooperation*, New York: Basic Books, p. 174.

Baland J. M. , Platteau J. P. , 2001, "Collective Action on the Commons: The Role of Inequality. " Accessed July 12. http://economix. fr/pdf/ profs/Platteau_Inequality_santa-fe. pdf.

Baland J. M. , Platteau J. P. , 1997, *Wealth Inequality and Efficiency on the Commons Part I: the Unregulated Case*, Oxford Economic Papers, pp. 451 – 482.

Balliet D. P. et al. , 2011, "Reward, Punishment and Cooperation: A Meta-analysis," *Psychological Bulletin* 94: 1163 – 1184.

Banerjee A. V. , Newman, A. , 1998, "Information, the Dual Economy and Development," *the Journal of Economic Studies*: 631 – 653.

Bardhan P. , 2000, "Irrigation and Cooperation: An Empirical Analysis of 48 Irrigation Communities in South India," *Economic Development and Cultural Change* 48: 847 – 865.

Bardhan P. , 1993, "Symposium on Management of Local Commons," *The Journal of Economic Perspectives* 7: 87 – 92.

Bauman Z. , 1996, "Morality in the Age of Contingency" in Heelas P. et al. , eds. , *Detraditionalization* , Oxford: Blackwells, pp. 49 – 58.

Bechara A. , DamasioA. R. , 2005, "The Somatic Marker Hyphesis: A Neural Theory of Economic Decision," *Games and Economic Behavior* 52: 336 – 372.

Bechara A. et al. , 1997, "Deciding Advantageously Before Knowing the Advantageous Strategy," *Science* 275: 1293 – 1295.

Berg J. et al. , 1995, "Trust, Reciprocity and Social History," *Games and Economic Behavior* 10: 122 – 142.

Bergstrom T. C. , 2001, "The Algebra of Assortative Encounters and the Evolution of Cooperation. " Accessed August 12. http://escholarship. org/uc/ item/8640n6qz#page – 1.

Bergstrom T. et al. , 1986, "On the Private Provision of Public Goods," *Journal of Public Economics* 29: 25 – 49.

Bhandari H. , Yasunobu K. , 2009, "What is Social Capital? A Comprehensive Review of the Concept," *Asian Journal of Social Science* 37: 480 – 510.

Biel A. , Gärling T. , 1995, "The Role of Uncertainty in Resource Dilemmas," *Journal of Environmental Psychology* 15: 221 – 233.

Biggart N. W. , 2000, "Banking on Each Other: The Situational Logic of Rotating Savings and Credit Association. " Accessed March 13. http:// weber. ucsd. edu/ ~ aronatas /conference/ Banking_on_each_other. pdf.

Bilodeau M. , Gravel N. , 2004, "Voluntary Provision of a Public Good and Individual Morality," *Journal of Public Economics* 88: 645 – 666.

Blomqvist K. , 1997, "The Many Faces of Trust," *Scandinavian Journal of Management* 13: 271 – 286.

Boadway R. et al. , 1989, "Tax-transfer Policies and the Voluntary Provision of Public Goods," *Journal of Public Economics* 39: 157 – 175.

Boerlijst M. C. et al. , 1997, "The Logic of Contrition," *Journal of Theoretical Biology* 185: 281 – 293.

Bohm P. , 1972, "Estimating the Demand for Public Goods: An Experiment," *European Economic Review* 3: 111 – 130.

Bourdieu P. , 1977, *Outline of a Theory of Practice*, New York: Cambridge University Press, pp. 34 – 35.

Bowles S. et al. , 2002, "Social Capital And Community Governance," *The Economic Journal* 112: 419 – 436.

Bowles S. , GintisH. , 2002, "Origins of Human Cooperation. " Accessed July 12. http://www. sciencedirect. com/science/article/pii/S0956522197846441.

Bowles S. , Gintis H. , 2004, "The Evolution of Strong Reciprocity: Cooperation in Heterogeneous Populations," *Theoretical Population Biology* 65: 17 – 28.

Boyd R. et al. , 1990, "Group Selection among Alternative Evolutionarily Stable Strategies," *Journal of Theoretical Biology* 145: 331 – 342.

Boyd R. et al. , 1988, "The Evolution of Reciprocity in Sizable Groups," *Journal of Theoretical Biology* 132: 337 – 356.

Buchanan J. M. , 1965, "An Economic Theory of Clubs," *Economica* 32: 1 – 14.

Buchanan J. M. , 1967, "Cooperation and Conflict in Public-goods Interaction," *Economic Inquiry* 5: 109 – 121.

BustonP. M. , BalshineS. , 2007, "Cooperating in the Face of Uncertainty: a Consistent Framework for Understanding the Evolution of Cooperation," *Behavioural Processes* 76: 152 – 159.

Caldwell M D. , 1976, "Communication and Sex Effects in a Five-Person Prisoner's Dilemma Game," *Journal of Personality and Social Psychology* 33: 273 – 280.

Camerer C F. , Fehr, E. , 2006, "When Does 'Economic Man' Dominate Social Behavior?" *Science*: 47 – 52.

Cardenas J. C. , Carpenter, J. , 2008, "Behavioral Development Economics: Lessons from Field Labs in the Developing World," *Journal of Development Studies* 44: 311 – 338.

Cardenas J. C. , 2003, "Real Wealth and Experimental Cooperation: Experiments in the Field Lab," *Journal of Devlopment Economics* 70: 263 – 289.

Churchland P. S. , 1996, "Feeling Reasons," in Damasio A. R. and DamasioH. , Christen Y. , *Neurobiology of Decision Making*, New York: Springer, p. 199.

Clark P. B. , Wilson J. Q. , 1961, "Incentive Systems: A theory of Organizations," *Administrative Science Quarierly* 6: 129 – 166.

Clutton-Brock et al. , 1995, "Punishment in Animal Societies," *Nature*: 209 – 216.

Coleman J. S. , 1990, *Foundations of Social Theory* , Cambridge: Harvard University Press, p. 125.

Coleman J. S. , 1988, "Social Capital in the Creation of Human Capital," *American Journal of Sociology*: 95 – 120.

Collard D. A. , 1983, "Economics of Philanthropy: A Comment," *Economic Journal* 93: 637 – 638.

Colman A. , 2006, "The Puzzle of Cooperation," *Nature* 440: 744 – 745.

Connor R. C. , 1995, "Altruism Among Non-relatives: Alternatives to the 'Prisoner's-Dilemma' ," *Trends in Ecology and Evolution* 10: 84 – 86.

Cremer D. D. , Dijk E. V. , 2002, "Reactions to Group Success and Failure as a Function of Identification Level: A Test of the Goal-transformation Hypothesis in Social Dilemmas," *Journal of Experimental Social Psychology* 38:

435 – 442.

Cremer D. D. et al. , 2001, " 'The Less I Trust, the Less I Contribute? ' The Effects of Trust, Accountability and Self-monitoring in Social Dilemmas," *European Journal of Social Psychology* 31: 93 – 107.

Damasio A. R. , 1994, *Descartes' Error: Emotion, Reason and the Human Brain* (New York: G. P. Putnam), pp. 34 – 51.

Davison D. , 1980, *Essays on Actions and Events*, New York: Oxford University Press, pp. 39 – 56.

Dawes R. M. , 1980, "Social Dilemmas," *Annual Review Psychology*: 169 – 193.

Dawes R. M. , Thaler R. H. , 1998, "Anomalies: Cooperation," J*ournal of Economic Perspectives* 2: 187 – 197.

Daws R. , et al. , 1977, "Behavior, Communication and Assumptions about other People's Behavior in a Common Dilemma Situation," *Journal of Personality and Social Psychology* 35: 1 – 11.

Deci E. L. et al. , 1999, "A Meta-analytic Review of Experiments Examining the Effects of Extrinsic Rewards on Intrinsic Motivation," *Psychological Bulletin* 125: 627 – 668.

Denison R. F. , 2000, "Legume Sanctions and the Evolution of Symbiotic Co-operation by Rhizobia," *American Natuarlist*: 567 – 576.

Denscombe M. , 2000, "The Good Research Guide for Small-scale Social Research Projects," *International Journal of Social Research Methodology* 3: 75 – 85.

Denzau A. T. , North, D. C. , 1994, "Shared Mental Models: Ideologies and Institutions," *Kyklos* 47: 3 – 31.

De Oliverira, et al. , 2008, Are Preferences Stable Across Domains? An Experimental Investigation of Social Preferences in the Field, CBEES Working Paper, University of Texas.

De Quervain, D. et al. , 2004, "The Neural Basis of Altruistic Punishment," *Science* 305: 1254 – 1258.

Dixit A. , SkeathS. , 1999, *Games of Strategy*, New York: W. W. Norton & Company, pp. 271 – 276.

Durkheim E. , 1938, *The Rules of Sociological Method*, Free Press, pp. 23 – 27.

Eek D. et al. , 2002, "Spill-over Effects of Intermittent Costs for Defection in Social Dilemmas," *European Journal of Social Psychology* 32: 801 – 813.

Eshcrick J. W. , 1990, Rankin M. B. , *Chinese Local Elites and Patterns of Dominance*, Berkeley: University of California Press.

Fehr E. et al. , 1993, "Does Fairness Prevent Market Clearing? An Experimental Investigation," *Quarterly Journal of Economics* 108: 437 – 459.

Fehr E. et al. , 1997, "Reciprocity as a Contract Enforcement Device," *Econometrics* 65: 833 – 860.

Fehr E. , Fischbacher U. , 2003, "The Nature of Human Altruism," *Nature*: 785 – 791.

Fehr E. , Fischbacher U. , 2002, "Why Social Preferences Matter—The Impact of Non-Selfish Motives on Competition, Cooperation and Incentives," *The Economic Journal* 112, c1 – c33.

Fehr E. , Gächter S. , 2002, "Altruistic Punishment in Humans," *Nature*: 137 – 140.

Fehr E. , Gächter S. , 2000, "Cooperation and Punishment in Public Goods," *American Economic Review* 90: 980 – 994.

Fehr E. , Gächter S. , 1998, "Reciprocity and Economics: the Economic Implications of Homo Reciprocans," *European Economic Review* 42: 845 – 859.

Fehr E. , Schmidt K. , 1999, "A Theory of Fairness, Competition and Cooperation," *Quarterly Journal of Economics* 114: 817 – 868.

Ferree M. M. , Miller F. D. , 1985, "Mobilization and Meaning: Toward an Integration of Social Psychological and Resource Perspectives on Social Movements," *Sociological Inquiry* 55: 38 – 61.

Fershtman C. , Nitzan S. , 1991, "Dynamic Voluntary Provision of Public Goods," *European Economic Review* 35: 1057 – 1067.

Fireman B. , Gamson W. A. , 1979, "Utilitarian Logic in the Resource Mobilization Perspective," in Mayer N. et al. , *In the Dynamics of Social Movement*, Cambridge, Mass: Winthrod, pp. 1 – 60.

Fischbacher U. et al. , 2001, "Are People Conditionally Cooperative? Evidence from a Public Goods Experiment," *Economics Letters* 71: 397 –404.

Fischbacher U. , Gächter S. , 2006, Heterogeneous Social Preferences and the Dynamics of Free Riding in Public Goods (Working Paper No. 261, Institute for Empirical Research in Economics University of Zürich).

Fischbacher U. , Gächter S. , 2010, "Social Preferences, Beliefs, and the Dynamics of Free Riding in Public Good Experiments," *The American Economic Review* 100: 541 –556.

Forsythe R. et al. , 1994, "Fairness in Simple Bargaining Experiments," *Games and Economic Behavior* 6: 347 –369.

Frank S. A. , 1996, "Policing and Group Cohesion When Resource Vary," *Animal Behaviour*: 1163 –1169.

Friendman J. W. , 1971, "A Noncooperative Equilibrium for Supergames," *The Review of Economic Studies* 38: 1 – 12.

Frohlich N. et al. , 1971, *Political Leadership and Collective Good*, Princeton: Princeton University Press, p. 6.

Fudenberg D. , Maskin E. , 1986, "The Folk Theorem in Repeated Games with Discounting or with Incomplete Information," *Econometrica* 54: 533 –554.

Gambetta D. , 1988, "Can We Trust Trust?" In Diego Gambetta, ed. , *Trust: Making and Breaking Cooperative Relations*, Oxford: Basil Blackwell: 213 –237.

Gasparta F. , Seki E. , 2003, "Cooperation, Status Seeking and Competitive Behaviour: Theory and Evidence," *Journal of Economic Behavior & Organization* 51: 51 –77.

Gaspart F. , PlatteauJ. -P. , 2002, "Heterogeneity and Collective Action for Effort Regulation: Lesson from the Senegalese Small-scale Fisheries," *Journal of Economic Behavior & Organization*: 189 – 197.

Gächter S. et al. , 2008, "The Long-Run Bennefits of Punishment," *Science*: 1510.

Gächter S. , Hermann B. , 2011, "The Limits of Self-governance When Cooperators Get Punished: Experimental Evidence from Urban and Rural Russia," *European Economic Review* 55: 193 –210.

George C. , 1961, *Humans, Social Behavior: Its Elementary Forms*, Harcourt: Brace & World, pp. 211 – 220.

Gibson C. C. , Koontz, T. , 1998, "When Community is Not Enough: Institutions and Values in Community-based Forest Management in Southern Indiana," *Human Ecology* 26: 621 – 647.

Gintis H. et al. , 2001, "Costly Signaling and Cooperation," *Journal of Theoretical Biology* 213: 103 – 119.

Gintis H. et al. , 2003, "Explaining Altruistic Behavior in Humans," *Evolution and Human Behavior*: 153 – 172.

Gintis, H. , 2000, "Strong Reciprocity and Human Sociality," *Journal of Theoretical Biology*, Vol. 206. No. 2.

Gintis H. , 2004, "The Genetic Side of Gene-culture Coevolution: Internalization of Norms and Prosocial Emotions," *Journal of Economic Behavior & Organization* 53: 57 – 67.

Gneezy U. , 2005, "Deception: The Role of Consequences," *The American Economic Review* 95: 384 – 394.

Goeree J. K. et al. , 2002, "Private Costs and Public Benefits: Unraveling the Effects of Altruism and Noisy Behavior," *Journal of Public Economics* 83: 255 – 276.

Gordon H. S. , 1954, "The Economic Theory of a Common-property Resource: The Fishery," *Journal of Political Economy* 62: 124 – 142.

Gould R. V. , 1993, "Collection Action and Network Structure," *American Sociological Review* 58: 182 – 196.

Gradstein M. , 1993, "Rent Seeking and the Provision of Public Goods," *Economic Journal* 103: 1236 – 1243.

Granovetter M. , 1985, "Economic Action and Social Structure: The Problem of Embeddedness," *American Journal of Sociology* 91: 481 – 510.

Granovetter M. , 1983, "The Strength of Weak Ties: A Network Theory Revisited," *Sociological Theory*: 201 – 233.

Granovetter M. , 1978, "Threshold Models of Collective Behavior," *American Journal of Sociology* 83: 1420 – 1443.

Grief A. , 1994, "Cultural Beliefs and the Organization of Society: A Histori-cal and Theoretical Reflection on Collectives and Individualist," *Journal of Political Economic* 102: 912 – 950.

Güth W. et al. , 1982, "An Experimental Analysis of Ultimatum Bargain-ing," *Journal of Economic Behavior and Organization* 3: 367 – 388.

Gupta M. D. , 1987, "Informal Security Mechanisms and Population Retention in Rural India," *Economic Development and Cultural Change* 36: 101 – 120.

Hamilton W. D. , 1972, "Altruism and Related Phenomena, Mainly in Social Insects," *Annual Review of Ecology and Systematics* 3: 193 – 232.

Hamilton W. D. , 1964, "The Genetical Evolution of Social Behavior," *Jour-nal of Theoretical Biology* 7: 17 – 52.

Hardin G. , 1968, "The Tragedy of the Commons," *Science*: 1243 – 1248.

Hardin R. , 1982, *Collective Action*, The Johns Hopkins University Press, pp. 15 – 35.

Harris M. B. et al. , 1975, "The effects of confession on altruism," *The Jour-nal of Social Psychology* 96: 187 – 192.

Hayek F. A. , 1976, *Law, Legislation and Liberty*, Chicago: University of Chicago Press, pp. 88 – 89.

Hayek F. A. , 1973, *Law, Legislation and Liberty: Rules and Order* (1), Chicago: The University of Chicago Press, p. 43.

Hayek F. A. , 1988, *The Fatal Conceit: the Errors of Socialism*, Chicago: University of Chicago Press, pp. 12 – 28.

Head J. G. , 1975, "Public Goods and Public Policy welfare," *Durham* 210.

Heiner R. A. , 1983, "The Origin of Predictable Behavior," *American Eco-nomic Review*: 560 – 595.

Heinsohn R. , Packer C. , 1995, "Complex Cooperative Strategies in Group-territorial African Lions," *Science*: 1260 – 1262.

Henrich J. , Boyd R. , Bowles S. , Camerer C. , Fehr E. , Gintis H. & McElreath R. , 2001, "In Search of Homo Economicus: Behavioral Ex-periments in 15 Small – Scale Societies," *American Economic Review*, Vol. 91, No. 2.

Henrich J. , Boyd R. , 2001, "Why People Punish Defectors: Weak Conformist Transmission Can Stabilize Costly Enforcement of Norms in Cooperative Dilemmas," *Journal of Theoretical Biology* 208: 79 – 89.

Herzberg R. , 2005, "Commentary on Richard Wagner's 'Self-governance, Polycentrism, and Federalism: Recurring Themes in Vincent Ostrom's Scholarly Oeuvre' ," *Journal of Economic Behavior & Organization* 57: 189 – 197.

Hirsch F. , 1976, *Social Limits to Growth*, Cambridge: Harvard University Press, p. 117.

Hirschman A. , 1982, *Shifting Involvements*, Princeton, N. J. : Princeton University Press, p. 82.

HirshleiferJ. , 1985, "The Expanding Domain of Economics," *The American Economic Review* 75: 53 – 68.

Hobbes T. , 1962, *Leviathan*, New York: Collier Books edition, pp. 23 – 45.

Hobfoll S. , E. , 2011, "Conservation of Resource Caravans and Engaged Settings," *Journal of Occupational and Organizational Pschology* 84: 116 – 122.

Hobfoll S. , E. , 1989, "Conservation of Resources: A New Approach at Conceptualizing Stress," *American Psychologist* 44: 513 – 524.

Hoffman, M. L. , 1985, "Affect, Motivation, and Cognition", In Higgins, E. T. , Sorrentino, R. M. , (eds.) . *Handbook of Motivation and Cognition: Foundations of Social Behavior*, NY: Guilford.

Hoffman M. L. , 1977, "Moral internalization: current theory and research," In Berkowitz L. , ed. , *Advances in Experimental Social Psychology*, New York: Academic Press, pp. 86 – 135.

Holt C, A. , 2005, "Markets, Games, and Strategic Bahavior: Recipes for Interactive Learning. " Accessed July 13. http://doc. mbalib. com/view/f89f800aac47c3b8c5ed3eba33f4bad1. html.

Horsman M. , Marshall A. , 1994, *After the Nation-State: Citizens, Thibalism and the New World Disorder*, London: Harper-Collins, pp. 20 – 35.

Isaac R. M. , Walker J. M. , 1988, "Communication and Free-Riding Behavior: The Voluntary Contribution Mechanism," *Economic Inquiry* 26: 585 – 608.

Itaya J. , ShimoiationsK. , 2001, "A Dynamic Conjectural Variations Model in the Private Provision of Public Goods: A Differential Game Approach," *Journal of Public Economics* 81: 153 – 172.

Janssen M. A. , Ahn T. K. , 2006, "Learning, Signaling, and Social Preferences in Public-Good Games. Ecology and Society. " Accessed July 13. http://www. Ecology and society. org/vol11/iss2/art21/.

Jin N. et al. , 1996, "Bilateral Dependency and the Minimal Group Paradigm," *The Japanese Journal of Psychology* 67: 77 – 85.

Joshi N. V. , 1987, "Evolution of Cooperation by Reciprocation Within Structured Demes," *Journal of Genetics* 66: 69 – 84.

Kahan D. M. , 2002, "The logic of Reciprocity: Trust, Collective Action, and Law. " http://digitalcommons. law. yale. edu/lepp_papers/281.

Kahneman D. , 2000, "A Psychological Point of View: Violations of Rational Rules as A Diagnostic of Mental Process," *Behavioral and Brain Science* 23: 681 – 683.

Kameda T. et al. , 2003, "The Logic of Social Sharing: An Evolutionary Game Analysis of Adaptive Norm Development," *Personlity and Social Psychology Review* 7: 2 – 19.

Karp D. et al. , 1993, "Raising the Minimum in the Minimal Group Paradigm," *Japanese Journal of Experimental Social Psychology* 32: 231 – 240.

Katz, E et al. , 1990, "Rent Seeking For Pure Public Goods," *Public Choice* 65: 49 – 60.

Kelley H. H. , Stahelsk, A. J. , 1970, "Social Interaction Basis of Cooperators' and Competitors' Beliefs about Others," *Journal of Experimental Social Psychology* 16: 66 – 91.

Kiyonar T. et al. , 2000, "Social Exchange and Reciprocity: Confusion or a Heuristic?" *Evolution and Human Behavior* 21: 411 – 427.

Knack S. , Keefer, P. , 1997, "Does Social Capital Have an Economic Payoff? A Cross-Country Investigation," *The Quarterly Journal of Economics*

122: 1251 – 1288.

Kooiman J. , Van Vliet M. , 1993, "Governance and Public Management," In Eliassen, K. A. and Kooiman J. , eds. , Managing Public Organizations: Lessons from Contemporary European Experience, London: Sage Publications, pp. 58 – 72.

Korobkin R. B. , UlenT. S. , 2000, "Law and behavioral science: removing the rationality assumption from law and economics," *California Law Review* 88: 1051 – 1144.

Krackhardt, D. , 1992, "The Strength of Strong Ties," in Nohria N. et al. , eds. , *Networks and Organization*, Cambridge, MA. : Harvard Business School Press, pp. 216 – 239.

Kreps D. et al. , 1982, "Rational Cooperation in the Finitely Repeated Prisoners' Dilemma," *Journal of Economic Theory* 27: 245 – 252.

Kurian M. , Dietz T. , 2004, "Irrigation and Collective Action: A Study in Method with Reference to the Shiwalik Hills, Haryana," *Natural Resources Forum* 28: 34 – 49.

Kurzban R. , Houser D. , 2005, "Experiments Investigating Cooperative Types in Humans: A Complement to Evolutionary Theory and Simulations," *PNAS* 102: 1803 – 1807.

Laffont J. J. , 1975, "Macroeconomic Constraints, Economic Efficiency and Ethics: An Introduction to Kantian Economics," *Economica* 42: 430 – 437.

Laumann E. , 1973, *Bonds of Pluralism: the Form and Substance of Urban Social Network*, New York: Wiley.

Ledyard J. O. , 1995, "Public Goods: A Survey of Experimental Research," in Kagel J. H. and Roth A. E, ed. , *The Handbook of Experimental Economics*, Princeton: Princeton University Press, pp. 111 – 194.

Lehmann L. et al. , 2007, "Strong Reciprocity or Strong Ferocity? A Population Genetic View of the Evolution of Altruistic Punishment," *The American Naturalist* 170: 21 – 36.

Leimar O. , Connor R. C. , 2003, "By-product Benefits, Reciprocity, and Pseudoreciprocity in Mutualism," in Peter *Hammerstein Genetic and Cul-*

ture Evolution of Cooperation, The MIT Press, pp. 203 – 222.

Leimar O. , Hammerstein P. , 2001, "Evolution of Cooperation through Indirect Reciprocity. " Accessed July 12. http://rspb. royalsocietypublishing. org/content/268/1468/745. short.

Leon Festinger, 1953, "Group Attraction and Membership," In Cartwright et al. , eds. , *Group Dynamics: Research and Theory*, Evanston Ⅲ: Row, Peterson, pp. 92 – 101.

Lewicki R. J. , Bunker B. B. , 1995, "Trust in Relationships: A Model of Development and Decline," In Bunker B. B. and Rubin J. Z. , ed. , *Conflict, Cooperation, (and Justice: Essays Inspired by the Work of Morton Deutsch*, San Francisco, CA, US: Jossey-Bass, pp. 133 – 173.

Liebrand W. B. G. et al. , 1986, "Might over Morality: Social Values and the Perception of other Players in Experimental Games," *Journal of Experimental Social Psychology* 22: 203 – 215.

Lin, Justin Yifu, 1990, "Collectivization and China's Agricultural Crisis in 1959 – 1961," *Journal of Political Economy* 98: 1228 – 1252.

Lin N. , 1999, "Building a Network Theory of Social Capital," *Connections* 22: 28 – 51.

Mac Donald G. , Leary M. R. , 2005, "Why Dose Social Exclution Hurt? The Relationship Between Social and Physical Pain," *Psychological Bulletin* 131: 202 – 223.

Macintyre A. , 1981, *After Virtue: A Study in Moral Theory*, London: Duckworth, pp. 1 – 25.

Macy M. W. , 1993, "Backward-looking Social Control," *American Sociological Review* 58: 819 – 836.

Maine H. S. , 1963, *Ancient Law: Its Connection with the Early History of Society and Its Relation to Modern Ideas*, Boston: Beacon Press, pp. 163 – 164.

Marshall A. , 1920, *Pinciplesof Economics*, 8*th. Ed.* , London: Macmillan, 1920, p. 772.

Marwell G. , OliverP. , 1993, *The Critical Mass in Collective Action: A Micro-Social Theory*, Cambridge: Cambridge University Press.

Masclet D. et al. , 2003, "Monetary and Nonmonetary Punishment in the Voluntary Contributions Mechanism," *American Economic Review* 93: 366 - 380.

Mayer P. et al. , 1993, *Regime Theory: State of the Art and Perspectives*, Oxford University Press, pp. 390 - 431.

McAdam D. , 1982, *Political Process and the Development of Black Insurgency: 1930 - 1970*, Chicago: University of Chicago Press.

McCarthy J. D. , ZaldM. N. , 1973, The Trend of Social Movement in America: Professionalization and Resource Mobilization, Morristown N. J. : General Learning Corporation.

McCuskerC. , Carnevale P. J. , 1995, "Framing in Resource Dilemmas: Loss Aversion and the Moderating Effects of Sanctions," *Organizational Behavior and Human Decision Processes* 61: 190 - 201.

Melucci A. , 1989, *Nomads of the Present: Social Movements and Individual Needs in Contemporary Society*, London: Hutchinson Radius, pp. 1 - 25.

Merry S. E. , 1981, *Urban Danger: Life in a Neighborhood of Stranger*, Philadelphia, PA: Temple University Press, p. 196.

Moe T. M. , 1980, *The Organization of Interests: Incentives and the Internal Dynamics of Political Interest Groups*, Chicago: University of Chicago Press, p. 3.

Molander P. , 1985, "The Optimal Level of Generosity in a Selfish, Uncertain Environment," *Journal of Conflict Resolution* 29: 611 - 618.

Mueller D. C. , 1989, *Public Choice*, Combridge: Cambridge University Press, pp. 2 - 10.

Mulder L. B. et al. , 2006, "Undermining Trust and Cooperation: The Paradox of Sanctioning Systems in Social Dilemmas," *Journal of Experimental Social Psychology* 42: 147 - 162.

Mulder L. B. et al. , 2006, "When Sanctions Fail to Increase Cooperation in Social Dilemmas: Considering the Presence of an Alternative Defection Option," *Personality and Social Psychology Bulletin* 32: 1312 - 1324.

Nakamaru M. , Iwasa Y. , 2006, "The Coevolution of Altruismand Punishment: the Role of Selfish Punishers," *Journal of Theoretical Biology* 240:

475 – 488.

Nelissen R. M. A. , ZeelenbergM. , 2009, "When guilt evokes self-punishment: evidence for the existence of a dobby effect," *Emotion*: 118 – 122.

Neu, J. , 1980, "Jealous Thoughts", In Rorty A. O. , (eds.), *Explaining Emotions*, Berkeley: university of California Press.

Nikiforakis N. , NormannH. T. , 2008, "A Comparative Statics Analysis of Punishment in Public-good Experiments," *Experimental Economics* 11: 358 – 369.

NikiforakisN. , 2008, "Punishment and Counter-punishment in Public Good Games: Can We Really Govern Ourselves?" *Journal of Public Economics* 92: 91 – 112.

Nitzan S. , 1991, "Collective Rent Seeking," *Economic Journal* 101: 1522 – 1534.

North D. C. , 1990, *Institutional Change and Economic Performance*, New York: Cambridge University Press, p. 188.

Noussair C. , Tueker S. , 2005, "Combining Monetary and Social Sanctions To Promote Cooperation," *Economic inquiry* 43: 649 – 660.

Nowak M. A. , 2006, "Five Rules for the Evolution of Cooperation," *Science*: 1560 – 1563.

Nowak M. A. , 1993, Sigmund K. , "Chaos and the Evolution of Cooperation," *PNAS* 90: 5091 – 5094.

Nowak M. A. , Sigmund, K. , 2005, "Evolution of Indirect Reciprocity by Image Scoring," *Nature*: 1291 – 1298.

Ohtsuki H. et al. , 2009, "Indirect Reciprocity Provides only a Narrow Margin of Efficiency for Costly Punishment," *Nature* 457: 79 – 82.

Oliver P. E. , 1988, "Marwell G. , The Paradox of Group Size in Collective Action: A Theory of the Critical Mass II ," *American Sociological Review* 53: 1 – 8.

Oliver P. E. , 1980, "Selective Incentive in an Apex Game: An Experiment in Coalition Formation," *Journal of Conflict Resolution* 24: 113 – 141.

Oliver P. E. , 1980, "Rewards and Punishments as Selective Incentives for Collective Action: TheoricalInvestigations," *American Journal of Sociolo-*

gy 80: 356 – 375.

Ostrom E. A. , 1998, "A Behavioral Approach to the Rational Choice Theory of Collective Action," *The American Political Science Review* 92: 1 – 22.

Ostrom E. A. et al. , 1992, "Covenants with and without a Sword: Self-governance is Possible," *American Political Science Review* 86: 404 – 417.

Ostrom E. A. , 1990, *Governing the Commons: the Evolution of Institutions for Collective Actions*, Cambridge: Cambridge University Press, pp. 1 – 9.

Ostrom E. A. , 2000, "The Danger of Self-Evident Truths," *PS: Political Science and Politics* 33: 33 – 44.

Palfrey T. R. , PrisbreyJ. E. , 1996, "Altruism, Reputation and Noise in Linear Public Goods Experiments," *Journal of Public Economics* 61: 409 – 427.

Palfrey T. R. , PrisbreyJ. E. , 1997, "Anomalous Behavior in Public Goods Experiments: How Much and Why?" *The American Economic Review* 85: 829 – 846.

Parks C. D. et al. , 2002, "The Effects of Envy on Reciprocationin a Social Dilemma," *Personality and Social Psychology Bulletin*: 509 – 520.

Pellmyr O. , HuthC. J. , 1994, "Evolutionary Stability of Mutualism Between Yuccas and Yucca Moths," *Nature*: 257 – 260.

Platteau J. P. , SekiE. , 2007, "Heterogeneity, Social Esteem and Feasibility of Collective Action," *Journal of Development Economies* 83: 302 – 325.

PopkinS. L. , 1979, *The Rational Peasant: The Political Economy of Rural Society in Vietnam*, Los Angeles: University of California Press, pp. 17 – 28.

Powell W. W. , 1990, "Neither Market Nor Hierarchy: Network Forms of Organization," *Research in Organization Behavior*: 295 – 336.

Putnam R. , 1993, *Making Democracy Work*, Princeton: Princeton University Press, pp. 4 – 16.

Queller D. C. , 1994, "Genetic Relatedness in Viscous Populations," *EvolEcol* 8: 70 – 73

Quervain D. et al. , 2004, "The Neural Basis of Altruistic Punishment," *Science*: 1254 – 1258.

Rand D. G. et al. , 2009, "Positive Interactions Promote Public Cooperation," *Science*: 1272 – 1275.

Ratnieks F. L. W. , WenseleersT. , 2007, "Altruism in Insect Societies and Beyond: Voluntary or Enforced," *Trends in ecology & evolution* 23: 45 –52.

Ratnieks F. L. W. , WenseleersT. , 2005, "Policing Insect societies," *Science* 307: 54 –56。

Reeve H. K. , 1992, "Queen Activation of Lazy Workers in Colonies of the Eusocial Naked Mole-rat," *Nature*: 147 – 149.

Reimann M. , BecharaA. , 2010, "The Somatic Marker Framework as A Neurological Theory of Decision-making: Review, Conceptual Comparisionsand Neuroecnomics Research," *Journal Of Economic Pschology* 31: 767 –776.

Richerson P. J. et al. , 2003, "Cultural Evolution of Human Cooperation," in Hammerstein P. ed. , *Genetic and Cultural Evolution of Cooperation*, MA: MIT Press, pp. 357 – 388

Riolo R. L. et al. , 2001, "Evolution of Cooperation Without Reciprocity," *Nature*: 441 –443.

Robbins T. L. , 1995, "Social Loafing on Cognitive Tasks: An Examination of the 'Sucker Effect'," *Journal of Business and psychology* 9: 340 – 342.

Roberts G. , 1998, "Competitive altruism: from reciprocity to the handicap principle," *Proceedings of the Royal Society B: Biological Sciences* 265: 427 – 431

Roberts G. , 2005, "Cooperation through Interdependence," *Animal Behaviour*70: 901 – 908.

Roberts G. , SherrattT. N. , 2007, "Cooperative Reading: Some Suggestions for Integration of the Cooperation Literature," *Behavioural Processes* 76: 126 – 130.

Rogers A. R. , 1990, "Group Selection by Selective Emigration: The Effects of Migration and Kin Structure," *American Naturalist* 135: 398 – 413.

Rousseau, Jean-Jacques, 1968, *The Social Contract*, Translated by Maurice Cranston, New York: Pengu in Books, pp. 1 – 12.

Rule, J. B. , 1994, "Dilemmas of Theoretical Progress," *Sociological Forum*

9: 241 - 257.

Ruttan, H. , 2002, "Book Review of ' A Rice Village Saga: Three Decades of Green Revolution in the Philippines, by Yujiro Hayami and Masao Kiku-chi' ," *Economic Development and Cultural Change* 50: 460 - 463.

Ruttan L. M. , 2008, "Economic Heterogeneity and the Commons: Effects on Collective Action and Collective Goods Provisioning," *World Development* 36: 969 - 985.

Salamon L. , 1987, "Of Market Failure, Voluntary Failure, and Third-Party Government: Toward a Theory of Government-Nonprofit Relations in the Modern Welfare State," *Journal of Voluntary Action Research* 16: 29 - 49.

Salisbury R. H. , 1969, "An Exchange Theory of Interest Groups," *Midwest Journal of Political Science* 13: 1 - 32.

Samuelson P. A. , 1954, "The Pure Theory of Public Expenditure," *The Review of Economics and Statistics* 36: 387 - 389.

Sandler T. , 1992, *Collective Action: Theory and Applications*, Ann Arbor: U-niversity of Michigan Press, pp. 25 - 27.

Schelling T. C. , 2006, *Micromotives and Macrobehavior*, New York: Norton, ch. 7.

Scott J. C. , 1976, *The Moral Economy of the Peasant: Rebellion and Subsist-ence in the Southeast Asia*, New Haven, Conn. : Yale University Press.

Sefton M. et al. , 2007, "The Effect of Rewards and Sanctions in Provision of Public Goods," *EconomicInquiry* 45: 671 - 690.

Sen A. , 1977, "Rational Fools, a Critique of the Behavioural Foundations of Economic Theory," *Philosophy &Public Affair* 6: 317 - 344.

Sigmund K. at al. , 2001, *Reward and Punishment*, Proceedings of the National Academy of Sciences of the United States of America, pp. 10757 - 10761.

Sigmund K. , 2007, "Punish or Perish? Retaliation and Collaboration among Humans," *Trends in Ecology & Evolution*22: 593 - 600.

Simmel G. , 1910, "How is Society Possible?" *The American Journal of Sociology* 16: 372 - 391.

Simmel G. , 1908, *On Individuality and Social Forms*, Chicago: University of Chicago, p. 23.

Simmel G. , 2002, "The Metropolis and Mental Life (1903)," in Gary Bridge and Sophie Watson, eds. , The Blackwell City Reader (Oxford and Malden, MA: Wiley-Blackwell, pp. 11 – 19.

Simpson B. , 2006, "Social Identity and Cooperation in Social Dilemmas," *Rationality and Society* 18: 443 – 470.

Sitkin S. B. , Roth N. L. , 1993, "Explaining the Limited Effectiveness of Legalistic 'Remedies' for Trust/Distrust," *Organization Science* 4: 367 – 392.

SmelserN. J. , 1962, *Theory of Collective Bahavior*, New York: Free Press, pp. 4 – 16.

Smirnov O. , 2007, "Altruistic Punishment in Politics and LifeSciences: Climbing the Same Mountain in Theory and Practice," *Perspectives on Politics* 5: 489 – 501.

Smith, H. R. , 2004, "Envy and Its Transmulations," In Tiedens, L. Z. , Leach, W. , (eds.), *The Social Life of Emotions*, Cambridge, United Kingdom: Cambridge University Press.

Sonnemans J. et al. , 1999, "Strategic Behavior in Public Good Games: when Partners Drift Apart," *Economics Letters* 62: 35 – 41.

Stone C. , 1989, *Regime Politic*, Kansas: Lawrence University Press, p. 4.

Sugden R. , 1982, "On the Economics of Philanthropy," *Economic Journal* 92: 341 – 350.

Sugden R. , 1989, "Spontaneous Order," *Journal of Economic Perspectives* 3: 85 – 97.

Sugden R. , 1986, *The Economics of Rights, Co-operation and Welfare*, Oxford: Blackwell, pp. 1 – 25.

Sugden R. , 1993, "Welfare, Resources, and Capabilities: A Review of Inequality Reexamined by Amartya Sen," *Journal of Economic Literature* 31 (1993): 1947 – 1962.

Taylor M. , 1982, *Community Anarchy and Liberty*, Cambridge: Cambridge University Press, p. 91.

Taylor P. D. , 1992, "Altruism in Viscous Populations—an Inclusive Fitness

Model," *EvolEcol* 6: 352 – 356

Taylor S. E., Brown J. D., 1988, "Illusion and Well-being: A Social Psychological Perspective on Mental Health," *Psychological Bulletin* 103: 193 – 210.

Tenbrunsel A. E., Messick D. M., 1999, "Sanction Systems, Decision Frames and Cooperation," *Administrative Science Quarterly* 44: 684 – 707.

Thibaut J. W., Kelley H. H., 1959, *The Social Psychology of Groups*, Oxford, England: John Wiley, p. 313.

Tilly C., 1975, *The Formation of National States in Western Europe*, Princeton: Princeton University Press.

Tocqueville A., 1969, *Democracy in America*, New York: Anchor Books, p. 308.

Trivers R. L., 1971, "The Evolution of Reciprocal Altruism," *The Quarterly Review of Biology* 46: 35 – 57

Tsui A., Farh J. L., 1997, "Where Guanxi Matters: Relational Demographyand-Guanxi in the Chinese Context," *Work and Occupations* 24: 56 – 79.

Tuomela R., 2000, *Cooperation: A Philosophical Study*, Dordrecht, Boston: Kluwer Academy Publishers, p. 15.

Turner R. H., Killian L. M., 1987, *Collective Behavio*, Englewood Cliffs: Prentice-Hall, pp. 1 – 25.

Van Vugt M., Cremer D. D., 1999, "Leadership in Social Dilemmas: The Effects of Group Identification on Collective Actions to Provide Public Goods," *Journal of Personality and Social Psychology* 76: 587 – 599.

Vernon Smith, 1998, "Two Faces of Adam Smith," *Southern Economic Journal* 65: 1 – 19.

Wakeman F. Jr, 1993, "The Civil Society and Public Sphere Debate: Western Reflections on Chinese Political Culture," *Modern China* 19: 108 – 138.

Walker J. L., 1983, "The Origins and Maitenance of Interest Groups in America," *The American Political Science Review* 77: 390 – 406.

Walker J. M., Halloran M. A., 2004, "Rewards and Sanctions and the Provision of Public Goods in One-shot Settings," *Experimental Economics* 7:

235 - 247.

Walzer, M. , 1983, *Sphere of Justice: A Defense of Pluralism and Equality*, New York: Basic Books.

Wang R. W. et al. , 2010, "Diffusive Co-evolution and Mutualism Maintenance Mechanisms in a Fig-fig Wasp System," *Ecology*: 1308 - 1316.

Weber J. M. , 2004, *Catalysts for Cooperation Consistent Contributors in Public Good Dilemmas*, University Microfilms International, pp. 4 - 22.

Weber J. M. , MurnighanJ. K. , 2008, "Suckers or Saviors? Consistent Contributors in Social Dilemmas," *Journal of Personality and Social Psychology* 95: 1340 - 1353.

West S. A, Cunningham J. P. , 2002, "A General Model for Host Plant Selection in Phytophagous Insects," *Journal of Theoretical Biology* 214: 499 - 513.

WieviorkaM. , 1994, "Racism in Europe: Unity and Diversity," in Rattansi A. and Westwod S. , eds. , *Racism, Modernity and Identity on the West Front*, Cambridge: Polity Press, pp. 173 - 188.

Williams B. , 1988, "Formal Structures and Social Reality," in Gambetta D. , eds, *Trust: Making and Breaking Cooperative Relations*, London: Blackwell Publishers, pp. 3 - 13.

Williams G. C. , 1966, *Adaptation and Natural Selection*, Princeton: Princeton University Press, pp. 1 - 12.

Williams K. D. , ZadroL. , 2005, "Ostracism: An Indiscriminate Early Detection System," In WilliamsK. D. et al. , eds. , *The Social Outcast: Social Exclution, Rejection and Bullying*, New York: Psychology Press, pp. 19 - 34.

Wilson D, S. et al. , 1992, "Can Altruism Evolve in Purely Viscous Populations," *EvolEcol* 6: 331 - 341.

Wilson Q. J. , 1995, *Political Organizations*, Princeton: Princeton University Press, pp. 33 - 34.

Wit A. , Wilke H. A. , 1990, "The Presentation of Rewards and Punishments in a Simulated Social Dilemma," *Social Behavior* 5: 231 - 245.

Yamagishi T. , 1992, "Group Size and the Provision of a Sanctioning System in a Social Dilemma," in Liebrand et al., ed., *Social Dilemmas: Theo-retical Issues and Research Findings. International Series in Experimental Social Psychology*, NY: Pergamon Press, pp. 267 – 287.

Yamagishi T., 1986, "The Provision of a Sanctioning System as a Public Good," *Journal of Personality and Social Psychology* 51: 110 – 116.

Yelling J. A., 1982, "Rationality in the Commons Fields," *Economic History Review* 35: 409 – 415.

Yin R. K., 1994, *Case Study Research: Design and Methods* 2nd, London: Sage, pp. 1 – 36.

Young D. J., 1989, "A 'FairShare' Model of Public Good Provision," *Journal of Economic Behavior&Organization* 11: 137 – 147.

Yuval Shilony, 2000, "Diversity and Ingenuity in Voluntary Collective Ac-tion," *European Journal of Political Economy* 16: 429 – 443.

ZahaviA., 1995, "Altruism as a Handicap: the Limitations of Kin Selection and Reciprocity," *Journal of Avian Biology* 26: 1 – 3.

ZajacE. P., 1985, "Perceived Economic Justice: The Example of Public U-tility Regulation," in Young H. P., ed., *Cost Allocation*, Amsterdam: North-Holland, pp. 119 – 153.

ZimbauerD., 2001, From Neo-classical Economics to New Institutional Eco-nomics and Beyond-Prospects for an Interdisciplinary Research Pro-gramme? (Working Paper Series, LSE Development Studies Institute, London School of Economics and Political Science), pp. 1 – 19.

图书在版编目（CIP）数据

转型期村庄集体资源的合作治理 / 周怀峰著. -- 北
京：社会科学文献出版社，2022.12
　国家社科基金后期资助项目
　ISBN 978 - 7 - 5228 - 0503 - 0

　Ⅰ. ①转… Ⅱ. ①周… Ⅲ. ①农村 - 群众自治 - 研究
- 中国 Ⅳ. ①D638

　中国版本图书馆 CIP 数据核字（2022）第 137660 号

国家社科基金后期资助项目
转型期村庄集体资源的合作治理

著　　者 / 周怀峰

出 版 人 / 王利民
责任编辑 / 孙　瑜　佟英磊
责任印制 / 王京美

出　　版 / 社会科学文献出版社·群学出版分社 （010）59366453
　　　　　　地址：北京市北三环中路甲 29 号院华龙大厦　邮编：100029
　　　　　　网址：www. ssap. com. cn
发　　行 / 社会科学文献出版社 （010）59367028
印　　装 / 三河市龙林印务有限公司

规　　格 / 开　本：787mm × 1092mm　1/16
　　　　　　印　张：13.75　字　数：218 千字
版　　次 / 2022 年 12 月第 1 版　2022 年 12 月第 1 次印刷
书　　号 / ISBN 978 - 7 - 5228 - 0503 - 0
定　　价 / 89.00 元

读者服务电话：4008918866